MBTI로 푸는
소통의 공식

MBTI로 푸는 소통의 공식

발행일   2025년 2월 27일

지은이   고영재
펴낸이   류정은
펴낸곳   인스퍼레이션
출판등록   제2016-000015호
주소   경기도 성남시 분당구 정자일로 177 C동 812
전화번호   0502-700-0115   팩스   031-726-1006

ISBN   979-11-88929-04-7 03180 (종이책)   979-11-88929-05-4 05180 (전자책)

MBTI 유형별 맞춤형 소통 전략

고영재 지음

MBTI로 푸는 소통의 공식

THE MBTI
COMMUNICATION

다양성의 포용이 필수가 된 시대,
각자의 고유한 심리 특성을 활용하는 소통 방법

'MBTI 전문가들의 전문가'
한국MBTI연구소 고영재 교수가 전하는 MBTI
그 두 번째 이야기!

인스피레이션

누군가를 '존중'하고 싶다면
그 사람의 '존재방식'을 이해하는 것이
선행되어야 합니다.

'성격'이란 그 사람만의
'고유한 존재방식'입니다.
'성격'을 이해하면
'깊이 있는 존중'이 가능해집니다.

이 원리는 자기 자신에 대한 존중에도
타인에 대한 존중에도 똑같이 적용됩니다.

이 책은 삶 속에서
그러한 존중감을 경험하기를
원하는 사람들을 위해 쓰였습니다.

이 책에 관하어

본서는 필자의 또 다른 책『당신이 알던 MBTI는 진짜 MBTI가 아니다』(이하『진짜 MBTI』)를 바탕으로 집필되었다. 『진짜 MBTI』는 MBTI 핵심이론을 총망라한 '백과사전' 느낌의 책이다.

반면 본서는 '활용법' 컨셉에 가까운 책이다.『진짜 MBTI』의 내용 중에 'MBTI 사용법'과 '커뮤니케이션'에 해당하는 내용만을 뽑아서 보다 실용적인 방식으로 풀어놓았다(새롭게 추가된 내용도 있다). 책의 흐름을 따라가다 보면 자연스럽게 'MBTI 핵심이론'들을 어느 정도 경험할 수 있도록 구성되어 있다.

'MBTI의 올바른 사용법'에 대해 더 많은 사람들이 보다 쉽게 알아가기를 바라는 마음으로 기획된 책이라고 생각하면 될 것 같다. 책을 다 읽고 나서 좀 더 자세하게 공부하고 싶다면『진짜 MBTI』를 참고하기 바란다.

많은 사람들이 '왜곡된 MBTI'를
'진짜 MBTI'로 알고 있다

"MBTI 좀 그만 물어봐!"

'MBTI에 대한 거부감'을 표시하는 사람들이 점점 더 많아지고 있다. MBTI 정보만 가지고 자신에 대해서 쉽게 단정 짓는 것에 대한 거부감이 확산되고 있는 것이다. 그러나 엄밀히 말하면, 이는 'MBTI에 대한' 거부감이 아니라 '왜곡된 MBTI'에 대한 거부감이다. 많은 사람들이 제대로 된 MBTI가 아니라 '왜곡된' MBTI를 경험하고 있다.

"ESTJ는 성질이 더러워", "INFP는 조직 부적응자야", "ISTP는 공감을 전혀 못 해" 이런 식의 이야기를 들어본 적이 있다면, 당신은 '왜곡된' MBTI를 경험한 것이다. MBTI에서는 이런 식으로 유형을 정의하지 않기 때문이다. 이러한 관점은 MBTI의 본래의 목적과 용도에서 완전히 벗어난 것이다.

제대로 된 MBTI를 경험하려면, MBTI의 올바른 사용법부터 알아야 한다. 그러나 MBTI 사용법에 관심이 있는 사람은 많지 않다. 대부분 재미 위주의 자극적인 콘텐츠를 통해서만 MBTI를 접하고 있기 때문이다. 그리고 그로부터 발생한 '부작용'을 곧 'MBTI'라고 인식하고 있다. '왜곡된 MBTI'와 '진짜 MBTI'가 혼재되어 있는 것이다.

여기에 MBTI에 대한 일부 심리학자들의 비판이 더해지면서 제대로 된 MBTI를 경험하는 것은 더욱 어려워졌다. 가뜩이나 부정적인 경험이 늘고 있는 상황에서 학술적인 영역의 비판이 더해지다 보니 훨씬 더 복잡한 오해들이 생겨났다. 이제 'MBTI가 진짜 하고 싶은 말'은 완전히 사장되어버린 듯하다.

MBTI의 존재 이유: 존중

MBTI는 사람을 16가지 유형으로 나누는 것에 초점을 두고 있지 않다. 재미 위주로 사용되다 보니 마치 유형을 나누는 것이 MBTI

의 목적인 것처럼 잘못 알려져 있을 뿐이다. 상식적으로 생각해보라. 어떻게 수많은 사람을 16가지 유형만으로 나눌 수 있겠는가? MBTI 역시 그 부분을 잘 알고 있다.

MBTI가 사람을 16가지 유형으로 구분하는 이유는 그렇게 했을 때 각 사람의 고유한 특성을 이해하고 존중하기가 훨씬 더 용이하기 때문이다. MBTI의 존재 이유는 자신과 타인을 있는 그대로의 모습으로 '존중'하는 데 있다.

다만 그렇게 하려면 먼저 MBTI가 어떤 도구인지 정확하게 이해하는 것이 필요하다. 이 책은 MBTI를 본래의 용도대로 사용하는 방법을 알려주기 위해 쓰인 책이다. MBTI를 통해 자신과 상대방을 이해하고 존중하는 방법을 알려주는 것이 이 책을 쓴 목적이다.

이 책을 효과적으로 활용하려면? 유형 파트만 읽지 않기!

이 책은 크게 두 파트로 나누어져 있다. PART 1은 MBTI의 올바른 사용법에 해당하는 'MBTI 바로 알기'이고, PART 2는 'MBTI를 활용한 유형별 커뮤니케이션 방법'이다. 앞서 언급했던 것처럼, 많은 사람들이 '왜곡된 MBTI'를 경험하고 그에 대한 거부감을 느끼고 있다. 이러한 오류를 깨려면 반드시 PART 1을 제대로 읽어야 한다. 그 부분을 건너뛰고 유형 설명 파트만 읽는다면 또 다른 편견과 고정관념에 사로잡힐 가능성이 매우 높다. 어떤 정보든 사용법을 모르면 제멋대로 해석하기 마련이다. '규정짓기', '특정 유형 폄하' 등의 부작용은 MBTI 사용법을 잘 모르는 데서 기인한 것이다.

그러니 자신의 MBTI 유형 파트를 읽기 전에, 반드시 PART 1을 먼저 읽어보기 바란다. 그것이 PART 2에 대한 이해도를 확연히 높여줄 것이다.

MBTI를 알아도 그 유형에 맞는 커뮤니케이션 방법은 모를 수 있다

'MBTI 유형을 아는 것'과 '그 유형에 맞는 커뮤니케이션 방법을 아는 것' 사이에는 큰 차이가 있다. 단순히 유형적 특징을 안다고 해서 그 사람을 존중하는 방법을 알게 되는 것은 아니기 때문이다.

MBTI는 커뮤니케이션과 관련한 유용한 정보들을 제공해준다. 선의와 진정성에 기반하여 적절히 활용한다면, 매우 큰 효과를 경험할 수 있다.

특히 사랑하는 사람과 의도치 않은 '상처'를 주고받고 있다면, MBTI는 매우 적절한 대안이 될 수 있을 것이다. 의도치 않은 상처는 상대방에 대한 '무지'로부터 출발하는 경우가 많다. 자신이 소중히 여기는 사람에게 깊은 존중감을 경험하게 해주고 싶다면, 이 책의 내용을 진지하게 적용해보기 바란다.

모쪼록 이 책을 통해 당신의 삶이 좀 더 존중과 배려로 채워지길 기도한다.

2025년 초봄에
고영재

contents

PART 1 | MBTI 바로 알기

PART 2 | MBTI로 커뮤니케이션하기

에필로그

PART 1

MBTI
바로 알기

PART 1에서는 MBTI에 대한 '오해와 진실', 'MBTI의 사용법'에 대해서 다룬다. 여러 책과 미디어에서 다루고 있는 MBTI는 대부분 '유형 특징'에만 초점을 두고 있다. 그러한 정보들을 '어떤 관점에서 해석해야 하는지'에 대해서 다루는 콘텐츠는 거의 없다. MBTI의 남용과 부작용은 이 지점에서 시작된다.

Chapter

1

—

MBTI는
지금 너무 억울하다!

자신에 대한 유언비어로 인해 억울함을 느껴본 경험이 있는가? 아마 한 번쯤은 있을 것이다. 누군가 당신의 이야기를 제대로 듣지 않고 부분적으로만 듣는다. 그리고 그 내용을 자신의 관점으로 편집해서 왜곡된 정보를 퍼뜨린다. 어느 순간 그것이 팩트가 되어서 당신에게 되돌아온다. 날카로운 비판, 평가와 함께.

안타깝게도 그렇게 퍼져 나간 말은 바로잡기가 무척 어렵다. 이야기가 전해지는 과정에서 '자극적인 콘텐츠' 위주로 와전이 되면서 전혀 다른 이야기로 재탄생하는 경우가 많기 때문이다. 팩트를 바로잡으려 해도 그에 대해 관심을 갖는 사람은 많지 않다. 사람들은 자극적인 콘텐츠에만 집중하는 경향이 있기 때문이다.

지금 MBTI에 대한 오해들을 보면 그러한 상황과 크게 다르지 않은 듯하다. 만약 MBTI가 살아 있는 인격체라면 매우 억울함을 느낄 것 같다. 아마 이렇게 외칠지도 모른다.

"내가 하고 싶은 말은 그게 아니었다고! 왜 듣고 싶은 것만 듣냐고! 억울해!"

'규정짓기', '특정 유형 폄하', '채용 시 특정 유형 배제하기', 'MBTI 궁합', 'MBTI 유형으로 순위 매기기', '인성, 태도의 문제를 MBTI 특성으로 합리화하기' 등은 사실 MBTI를 제대로 이해하지 못했을 때 발생하는 '부작용'들이다. MBTI의 올바른 사용법을 알고 있다면 애당초 생기지 않았을 문제라는 말이다.

사람은 16가지 유형만으로 규정될 수 없다!

MBTI 전문교육기관인 '한국MBTI연구소' 공식 홈페이지에는 다음과 같은 문구가 적혀 있다.

"You are not just one of 16 types, You are one in a million!"

"당신은 단지 16가지 유형 중 하나가 아니다. 당신은 백만 명 중의 하나다(매우 특별하고 보기 드문 독보적 존재다)."

이 문장에서 알 수 있듯이 MBTI에서도 사람을 단지 16가지로 나눌 수 없음을 분명히 하고 있다. 모든 사람이 자신만의 독특성을 가진 특별한 존재임을 강조하고 있다. 16가지로 사람을 구분하는 것은 MBTI의 핵심목적이 아니다.

16가지로 나누는 이유: 존중! 그리고 또 존중!

사람을 몇 가지 유형으로 구분하려는 시도는 아주 오래전부터 있어왔다. 서양의학의 선구자인 히포크라테스(B. C. 460~377)는 다혈질, 우울질, 담즙질, 점액질 등 4가지로 인간의 타고난 기질을 구분했다. 에니어그램에서는 인간의 성격을 9가지 유형으로 구분한다. 그 외에도 DISC, 버크만 등 다양한 심리검사들이 인간 유형을 특정 기준으로 분류한다.

그렇다면 왜 이런 시도들이 끊임없이 이어져왔을까? 추상적이고 복잡한 인간의 심리를 이해하는 데 큰 도움이 되기 때문이다. 자신만의 심리적 독특성을 찾고 이해하는 것은 쉬운 일이 아니다. 어쩌면 평생에 걸쳐 탐구해도 우리는 우리 자신을 완벽하게 이해할 수 없을 것이다. 이러한 주제에 대해 오랫동안 고민하고 연구했던 사람들이 인간 심리의 패턴을 발견하고 그것을 유산으로 남겨준 것이다.

MBTI도 마찬가지다. 16가지 유형으로 사람을 구분했을 때 자신과 타인을 이해하고 존중하는 데 커다란 도움이 되기 때문에 MBTI를 사용하는 것일 뿐이다. 목적에만 맞게 사용하면 '나다움'을 찾고 자신에게 맞는 '내면적 성장'을 이루어가는 데 유용하게 활용될 수 있는 것이다.

MBTI의 핵심목적은 16가지로 사람을 구분하는 것이 아니라, 각 사람에게 맞는 존중의 방법을 찾도록 도움을 주는 것이다. MBTI를 올바르게 사용하면 자신과 타인을 사랑하고 존중하는 데 큰 도움을 얻을 수 있다.

MBTI가 진짜 하고 싶은 말

MBTI가 하나의 인격체로서 말을 할 수 있다면 아마도 다음과 같이 얘기하지 않을까 싶다.

저는 당신이 타고난 내면적 특성을 발견하고 자신에게 맞는 방식으로 성장하는 것을 돕기 위해 태어났습니다. 저는 사람들을 16가지로 규정짓고 단정 지으려는 의도가 전혀 없어요. 각 사람이 자신의 심리적 특성을 찾는 데 그러한 구분이 큰 도움이 되기 때문에 그렇게 하는 것뿐입니다.

무지개를 생각하시면 이해가 더 쉬우실 것 같아요. 스펙트럼의 관점에서 보면 색깔은 일곱 가지만으로 나눌 수 없잖아요. 보라색이라는 색깔 안에도 색조가 조금씩 다른 보라색이 무한하게 존재하고 있지요. 다만 일곱 가지 색으로 구분했을 때 우리는 보다 편리하게 색깔을 구분할 수 있습니다. 무엇보다 '공통된 언어'로 색깔을 이해하고 설명할 수 있게 되겠지요.

사람을 16가지로 구분하는 것도 비슷한 원리라고 보시면 됩니다. 똑같은 사람은 단 한 사람도 없다는 것을 저도 잘 알고 있습니다. 다만 추상적인 인간의 내면을 성격유형이라는 언어로 개념화하고 범주화하면 자신의 심리를 이해하는 데 큰 도움이 될 수 있습니다. 모쪼록 제가 하는 얘기를 부분적으로만 듣지 마시고 조금 더 자세하게 경청해주시면 좋겠습니다. 저를 활용하는 방법을 제대로 이해하실수록 큰 도움이 되실 겁니다!

이 책의 목적 역시 다르지 않다. MBTI의 사용법을 제대로 알고 활용하면 '자아존중의 깊이'가 훨씬 더 깊어진다. 사람은 자기 자신의 모습으로 살아갈 때 가장 유능하고 행복하기 때문이다. 필자는 당신이 MBTI를 올바르게 사용하여 자신을 더 깊이 존중하고 사랑하게 되기를 바란다. 당신만의 꽃을 활짝 피우길 바란다. 그리고 그러한 경험을 바탕으로 사랑하는 누군가를 깊이 존중하게 되기를 진심으로 바란다. 이 책이 그러한 과정에서 의미 있는 '디딤돌' 역할을 할 수 있다면 더 바랄 것이 없겠다.

Chapter

2

—

'MBTI 남용의 문제'와
'MBTI 문제'를 구분하기

누군가 망치로 사람을 때렸다고 해서 망치를 탓하는 사람은 없을 것이다. 그것은 망치의 문제가 아니라 망치라는 도구를 본래의 용도에 맞게 사용하지 않은 '사용자의 문제'다. MBTI는 하나의 '심리 도구'에 불과하다. 그 도구를 어떻게 쓸 것인가 하는 것은 전적으로 그것을 사용하는 사람에게 달려 있다는 뜻이다.

MBTI 전문가의 입장에서 보면, 'MBTI 남용의 문제'를 곧 'MBTI 의 문제'로 보는 것 같아 참으로 안타깝다. 이전 챕터에서 언급했던 것처럼, '규정짓기', '특정 유형 폄하', '채용 시 특정 유형 배제하기', 'MBTI 궁합', 'MBTI 유형만으로 순위 매기기', '인성, 태도의 문제를 MBTI 특성으로 합리화하기' 등은 MBTI를 남용한 결과이다. **MBTI 를 '잘못 사용한 것의 문제'라는 말이다.**

그런데 그러한 현상을 보고 'MBTI가 문제'라는 식의 비판들이 등장했다. 문제는 그러한 비판들이 대부분 매우 사변적(경험에 의하지 않고 순수한 이성에 의하여 인식하고 설명하는)이라는 것이다. 마치 "무지개는 일곱 가지로 나눌 수 있어요"라고 얘기하자 "색깔은 일곱 가지만으로 나눌 수 없다. 과학적으로 보면 색깔은 무한대다", "무지개를 일곱 가지로 구분하는 과학적 근거는 무엇인가?", "빨강은 과연 빨강이라고만 할 수 있는가?" 하는 식이다.

위와 같은 사변적인 질문에 답을 하다 보면 이야기는 산으로 가게 되어 있다. 마치 청문회장에서 공격적인 질문에 답하느라 땀을 뻘뻘 흘려가며 질문에 끌려다니는 사람의 처지와 비슷하다. 그런 처지에 놓이게 되면 이미 자신이 말하고자 하는 논점에서 완전히 벗어난 채로 대화가 진행될 수밖에 없다.

이렇다 보니 정작 'MBTI가 하고 싶은 이야기들'은 완전히 묻혀버린 것 같다. 'MBTI가 어떤 용도로 만들어졌는지', '올바른 사용 방법이 무엇인지', 'MBTI가 올바로 사용되었을 때 어떤 유익을 경험할 수 있는지'와 같은 이야기들에 관심을 가진 사람은 많지 않다.

이전 챕터에서 언급했듯이, MBTI가 사람이라면 너무나 억울한 상황이 만들어지고 있는 것이다. 자신이 하고 싶은 말은 제대로 하지 못하고 외부 사람들로부터 매도당하는 상황에 놓여버렸기 때문이다.

'**MBTI 사용법**'을 제대로 알면 대부분의 오해가 해소된다

필자는 '한국MBTI연구소'에서 MBTI 전문가 양성 교육을 진행하고 있다. 이 과정에 참여하는 분들 중에는 심리학 전공자들도 많다. 그분들로부터 "MBTI가 이런 것이었군요. 그동안 오해한 부분이 많았던 것 같습니다"라는 말을 자주 듣곤 한다. 올바른 사용법을 토대로 MBTI를 경험하고 나면, 대부분의 오해는 자연스럽게 풀리게 된다.

필자는 MBTI가 완벽한 심리도구라는 말을 하려는 것이 아니다. 어느 심리도구와 마찬가지로 MBTI 역시 완벽한 심리도구는 아니다. 필자가 하고 싶은 말은 'MBTI의 사용법'을 제대로 알고 사용해보는 것이 선행되어야 한다는 것이다. 먼저 그러한 경험을 해보고 나서 비판을 해도 하자는 것이다. '**MBTI 남용**'의 문제를 곧 '**MBTI 문제**'로 바라보기 전에 '**MBTI 사용법**'을 먼저 제대로 공부하는 것이 중요하다는 말을 하고 싶은 것이다.

MBTI에 대한 3가지 오해

MBTI 사용법을 설명하기에 앞서, 먼저 MBTI에 대한 대표적인 오해들에 대해 간략히 짚고 넘어가려 한다. 오해들이 해소되지 않으면 그 도구에 대한 신뢰도가 급격히 떨어지기 때문이다. MBTI가 워낙 유행하다 보니, 잘못 알려진 부분이 너무 많다. 여기서는 그중에서 대표적인 3가지 오해들을 살펴보려 한다.

첫 번째 오해: MBTI는 비과학적이다

'MBTI는 비과학적이다', '유사과학이다', '과학보다는 철학에 가깝다' 등의 이야기를 한 번쯤 들어봤을 것이다. 그러나 이러한 표현은 그 자체만으로 커다란 오해를 불러일으킨다. '비과학적'이라는 말 자체가 신뢰성을 떨어뜨리기 때문이다. 비과학적이라는 말을 들으면 흔히 '점성술'과 같은 이미지를 떠올린다. 많은 사람들이 MBTI를 '별자리 운세'나 '혈액형' 등과 비슷한 것으로 여긴다.

그러면서 등장한 것이 'MBTI는 재미로만 하라'는 말이다. 그러나 이는 매우 무책임한 발언이다. '규정짓기'와 같은 MBTI 남용 문제의 대부분은 MBTI를 재미로만 사용해서 발생하기 때문이다. 재미로만 접근하면 대개는 왜곡된 이해로 이어지고 누군가에게 큰 상처를 주는 경우가 생길 수밖에 없다.

필자는 'MBTI를 재미로만 하라'는 말에 절대적으로 반대한다. 그렇게 쓰려면 차라리 MBTI를 사용하지 않는 것이 낫다. MBTI는 만들어진 목적과 용도를 제대로 이해한 상태에서 사용되어야 한다. 자, 그럼 질문을 한번 해보겠다.

"심리검사가 '과학적'이라는 말은 무슨 뜻인가? 설명할 수 있는가?"

이 질문에 분명하게 답을 하지 못했다면, 당신 역시 'MBTI는 비과학적이다'라는 말에 대해 막연한 이미지를 가지고 있을 수 있다. 사람의 심리는 눈에 보이지 않는다. 엑스레이를 찍듯이 물리적으로 확인할 수 없는 영역이다. 그렇다면 눈에 보이지 않는 심리를 어떻게 과학적으로 측정한다는 말일까? 심리학에서 과학적이라는 말의 뜻은 자연과학에서 말하는 과학적이라는 말과는 다소 다른 의미를 갖는다. 방법론 자체가 자연과학적이라는 의미가 아니라 자료를 수집하고 처리하는 과정에서 개인의 주관이 아닌 객관적, 체계적 절차를 지향한다는 의미이다. 쉽게 말하면, 통계학적 분석과 결괏값을 바탕으로 증명할 수 있을 때 '과학적'이라는 말을 쓴다.

따라서 '과학적'이라는 말은 '진리'라는 말과 동일한 의미로 쓰일 수 없다. 단지 진리일 확률이 더 높다는 의미일 뿐이다. 실제로 '과학적' 근거가 있다고 생각했던 이론들이 새로운 이론으로 대체된 사례는 무수히 많다. 앞으로도 많은 과학적 이론들이 새로운 이론으로 대체될 것이다. 무엇보다 통계학적으로 100% 증명된 심리이론은 존재하지 않는다. 다만 학계에서 인정한 최소한의 통계수치를 만족시킬 때 '과학적'이라는 타이틀을 달아주는 것이다.

이런 사실을 모르면, '과학적'이라는 수식어가 붙으면 곧 '진리'이고, 그렇지 않으면 '비진리'라는 식의 생각을 가질 가능성이 높다. MBTI가 비과학적이라는 주장은 단지 '과학적 연구 방법에 따른 근거를 가지고 있지 못하다'라는 말일 뿐이다. '과학적=진리'는 아닌 것이다.

그리고 무엇보다 중요한 사실은, 연구 방법에 비추어 봤을 때 MBTI는 충분히 과학적인 검사로 볼 수 있다는 것이다. MBTI는 과학적 연구 방법에 따른 임상자료와 결괏값을 보유하고 있다. 이러한 사실이 잘 알려지지 않았을 뿐이다. 한국MBTI연구소 김재형 소장의 이야기를 들어보자.

"엄밀히 말하면 MBTI는 과학적 도구이다. MBTI는 융의 심리유형론을 바탕으로 개발된 문항을 갖고 있으며, 다양한 연령층의 검사 대상자들의 응답을 분석하는 과정을 거쳤다. 그 측정 결과를 바탕으로 선호지표별, 16가지 성격유형별로 사람을 분류했다. 검사 대상자들의 응답 결과는 통계의 신뢰도와 타당도를 기준으로 분석된다. MBTI는 오랜 세월 동안 신뢰도와 타당도를 확보하기 위해 노력해 왔고, 심리검사도구로서 받아들여질 수 있을 수준의 결괏값을 가지고 있다(출처: 당신이 몰랐던 MBTI, 김재형)."

보통 신뢰할 만한 심리도구로 인정받기 위해서는 신뢰도와 타당도의 통계수치를 충족해야 한다. 신뢰도란 '측정의 일관성'을 뜻한다. 심리검사를 여러 번 받아도 동일한 결과를 얻을 확률이 높을수록 신뢰도가 높은 것이다. 타당도란 '측정의 정확성'을 뜻한다. 심리도구가 측정하고자 하는 것을 정확하게 측정할수록 타당도가 높다. MBTI는 신뢰도와 타당도 측면에서 심리도구로서 받아들여질 수 있는 결괏값을 가지고 있다(이에 대한 자세한 내용이 궁금하다면 '한국 MBTI연구소' 홈페이지에 들어가서 관련 논문을 검색해보기 바란다).

그렇다면 왜 많은 심리학자들이 MBTI의 신뢰도와 타당도가 매우 낮다고 비판하는 것일까? 이러한 결괏값이 있다는 것을 잘 모르기 때문이다. MBTI를 비판하는 사람들의 얘기를 들어보면 대부분 아주 오래전 자료를 근거로 드는 경우가 많다. MBTI가 만들어진 초창기 때의 문제점을 기반으로 비판하는 것이다. MBTI 전문가의 입장에서 살펴보면 대부분의 비판은 MBTI 전문가 교육에서 충분히 설명하고 있는 내용일 때가 많다. 이러한 내용을 모르는 채로 비판하다 보니 MBTI가 심각한 문제를 안고 있는 검사처럼 여겨질 때가 많은 것이다.

일부 심리학자들이 MBTI를 싫어하는 이유

이번 챕터의 제목이 「'MBTI 남용의 문제'와 'MBTI 문제'를 구분하기」임을 되새겨보자. '규정짓기'와 같은 'MBTI 남용의 문제'는 MBTI를 전문적으로 교육받지 않은 일반 사람들로부터 발생했다. 그런데 이에 대해 'MBTI가 문제'라는 식의 심리학자들의 비판이 등장했다. **'남용의 문제'와 'MBTI 문제'가 혼재되어버린 것이다.**

MBTI 전문가의 입장에서 보면, 'MBTI 남용의 문제'와 'MBTI 자체에 대한 문제'는 엄연히 구분되어 다루어지는 것이 맞다. **MBTI의 원래 목적과 용도에서 벗어난 것은 남용의 문제이고, MBTI 도구 자체에 대한 이슈는 또 다른 문제이기 때문이다.** 그런데 마치 MBTI 자체가 문제라서 남용이 발생한다는 식의 주장들이 등장한 것이다. 이러한 배경에는 '심리학자들은 MBTI를 좋아하지 않는다'라는 배경이 깔려 있다. MBTI는 심리학계에서 인정받지 못하는 검사로 알려져 있다.

그렇다면 왜 심리학자들은 MBTI를 좋아하지 않는 걸까? 이 부분에 대해서 잘 정리해놓은 칼럼이 있어 그 칼럼의 일부 내용을 공유하려 한다. 더 자세한 내용이 궁금하다면, 심리학 작가 한민(사회 및 문화심리 박사, Ph.D.)이 쓴 「심리학계의 미운 오리, MBTI를 위한 변명」이라는 칼럼을 읽어보기 바란다.

심리학자들은 MBTI를 안 좋아한다. 단언컨대 그렇다. 아는 사람의 70% 정도가 심리학자지만 MBTI를 좋게 말하는 사람은 한 명도 본 적이 없다. MBTI가 그렇게 형편없는 도구라면 대학 심리상담소에는 왜 갖다놨을까? 필자가 심리학과에 입학해서 제일 처음 접한 성격검사가 MBTI다. 그렇게까지 비과학적인 검사를 미래 심리학의 동량들에게 시키고 있었다니 이런 모순이 없다.

단도직입적으로 MBTI는 그렇게 나쁜 검사가 아니다. 나름의 이론적 배경을 갖고 있으며 임상 자료도 풍부하다. 적어도 자기 자신과 타인을 이해하기 위한 목적으로는 충분한 검사다. 문제는 그 이상의 목적에 이용하려 할 때다. 회사에서 특정 유형의 사람들을 뽑지 않겠다든가 특정 유형의 사람들은 사귀지 않겠다는 등 MBTI로 사람들을 규정하고 판단하는 일은 MBTI의 개발 목적을 넘어서는 일이다. 이러한 경우에 대해서는 명확한 검사 사용 지침이 마련되어야 할 것이다.

그러나 많은 심리학자들은 MBTI를 입에 올리는 것만으로도 알

러지 반응을 보이며 누군가가 MBTI 유형을 물어보기라도 할라치면 영조 임금께서 그랬던 것처럼 귀라도 씻어낼 것처럼 군다. 심리학계에서 한발 물러나 있는 사람의 눈으로 보기에는 그게 그 정도까지 그럴 일인가 싶다.

심리학자들이 MBTI에 대해 보이는 거부감은 MBTI의 유형론적 속성에 기인한다. 80억 명에 이르는 사람들의 성격을 기술하기에 MBTI의 16개 유형은 너무 적으며, 무엇보다 빈도분석 수준 이상의 과학적 연구가 불가능하다는 것이다('외향: E' 또는 '내향: I'와 같은 범주형 자료로 다양한 통계분석을 하기에 한계가 있다는 의미 — 저자 주). 때문에 심리학자들은 이런 단점을 극복할 수 있는 Big5(성격 5요인 이론)와 같은 특성론적 성격이론을 채택하여 많은 연구들을 진행해오고 있다.

MBTI와 Big5는 목적이 다르다. 유형론의 목적은 성격의 분류에 있고 특성론의 목적은 성격을 구성하는 성분의 비율과 다른 행동들 사이의 관계를 밝히는 데 있다. 애초에 목적이 다른 검사를 두고 비과학적이니 타당도가 모자라니 비판하는 건 모순이다.

대부분의 사람들은 두드러진 행동 특성을 바탕으로 사람들의 유형을 이해하고 싶을 뿐, 준거 타당도가 어떻고 신뢰도가 어떻고 하는 이야기까지는 알고 싶어 하지 않고 또 알아야 할 이유도 없다. 과일을 사러 간 사람이 진열된 과일의 모양과 색깔을 보고 고르지, 과일들의 구성 성분과 화학 작용을 알고 고르는 게 아닌 것처럼 말이다.

물론 과일을 고를 때도 성분까지 고려해야 하는 경우가 있긴 하다. 감에는 탄닌 성분이 있어 변비를 유발하고, 사과 씨에는 아미그달린이 있어 경련이나 호흡 곤란을 야기할 수 있어 환자나 어린이들의 주의가 필요하다. 하지만 그 정도의 주의 사항은 TV 건강 프로에 나오는 의사 선생님이 철마다 한마디씩 해주시면 충분하다. 달라는 과일은 안 주고 과일의 구성 성분과 섭취 시 주의 사항을 끊임없이 읊어대는 과일 가게에 가고 싶어 하는 사람은 없다.

또 한 가지 기억해야 할 사실은 '모든' 심리학자들이 MBTI를 싫어하는 것은 아니라는 점이다. MBTI를 적극적으로 활용하는 심리학자들도 많다. 예를 들어 심리학자 김태형이 쓴 『심리학자, 정조의 마음을 분석하다』(역사의 아침)라는 책에서는 조선시대의 여러 인물들을 MBTI 유형으로 설명하고 있다(MBTI뿐 아니라 여러 심리학 이론을 활용하여 정조, 이이, 허균, 연산군의 삶을 다각적으로 분석해준다). 매우 흥미로운 책이니 관심이 있다면 한번 읽어보기 바란다.

두 번째 오해: MBTI는 비전문가가 만든 검사라서 신뢰할 수 없다

　MBTI는 프로이트, 아들러와 함께 유럽의 3대 심리학자라 불리는 칼 융(C. G. Jung)의 심리유형론에 이론적 뿌리를 두고 있다. 그러나 이를 심리검사로 개발한 캐서린 브릭스(Catherine Briggs)와 이사벨 마이어스(Isabel Myers)는 심리학 전공자가 아니었다(마이어스와 브릭스는 모녀지간이다). 많은 이들이 이 사실을 근거로 MBTI가 신뢰할 수 없는 검사라고 비판한다.

　그러나 이는 너무나 단순한 접근방식이다. 어떤 개발 과정을 거쳤는지는 자세히 살펴보지 않고 단순히 '비전문가가 만들었으니 믿을 수 없다' 하는 식의 논리이기 때문이다. 마이어스와 브릭스가 비전공자인 것도 맞고, 심리개발을 위한 연구 방법론이나 기초 통계학을 공부하지 않은 사람인 것도 맞다. 그래서 MBTI가 표준화되기까지 매우 오랜 시간이 걸린 것도 맞다.

　그러나 마이어스가 연구 방법론의 한계를 인지하고 이후 심리학과 통계학을 공부했던 것 역시 간과할 수 없는 사실이다. 무엇보다 첫 시작은 개인적인 관심에서 출발했지만, MBTI가 심리도구로서의 타당성을 갖추기까지 '심리학을 전공한' 많은 전문가들이 참여한 연구가 이루어졌다. 그러한 과정을 거치고 거쳐서 지금의 MBTI가 존재하는 것이다. 이러한 과정은 다 제쳐두고 단순히 마이어스와 브릭스가 비전공자였던 것만을 강조하는 것은 옳지 않다.

　MBTI는 1900~1975년에 걸쳐 개발되었으며, 우리나라에는 1990년에 도입되었다. 우리나라에 MBTI를 처음 도입한 분들은 김정택 교수(서강대 심리학과)와 심혜숙 교수(부산대학교 교육학과 상담심리)이다. 이 두 분에 의해 1990년 6월 1일에 ㈜한국MBTI연구소가 설립되었으며, 설립 이후 꾸준한 교육, 저술, 연구 및 번역 활동이 이루어지고 있다. 아울러 표준화된 MBTI 검사를 사용할 수 있는 전문 자격 교육을 실시하고 있다.

세 번째 오해: 칼 융의 이론은 검증된 이론이 아니므로 신뢰할 수 없다

　또 하나의 대표적인 비판은 심리학자 칼 융에 대한 것이다. 앞서 MBTI의 이론적 토대는 심리학자 칼 융의 이론이라고 이야기한 바 있다.

　펜실베니아대학교 와튼스쿨의 조직심리학자 아담 그랜트(Adam Grant)는 「MBTI의 한계」라는 글에서 칼 융의 이론이 '심리학이 실험과학이기 이전에 만들어진 이론'에 기초하고 있음을 지적한다. 칼 융의 이론이 자신의 경험을 바탕으로 만들어졌기 때문에 '검증되지 않은 이론'이라는 것이다.

물론 이는 충분히 나올 만한 비판이다. 현대 심리학의 체계화된 실험과 데이터에 근거한 연구 방법론에 비춰보면, 이 시기에 나온 이론들은 검증되지 않은 이론일 수밖에 없기 때문이다. 현대 심리학이 등장하면서 그 시기에 나온 많은 이론들이 큰 비판을 받고 있다(프로이트도 그중 한 명이다).

그러나 이 부분 역시 그렇게 간단하게 논의될 수만은 없는 영역이다. 현대 심리학의 연구 방법으로 연구되지 않았다고 해서 모든 이론이 다 틀렸다고 볼 수는 없기 때문이다. 무엇보다 현대 심리학의 과학적 연구 방법 역시 여러 오류와 한계들을 가지고 있다.

아담 그랜트가 틀렸다는 말을 하려는 것이 아니다. 그는 매우 탁월한 조직심리학자이고 그의 주장 역시 이론적으로 매우 타당한 측면이 있기 때문이다. 필자가 말하고자 하는 것은, 이러한 발언들이 일반인들에게는 큰 오해를 불러 일으킬 수 있다는 점이다. 'MBTI는 비과학적이다'라는 말과 같이 단지 저명한 인물이 이야기했다는 이유만으로 절대 진리인 것처럼 받아들여질 수 있기 때문이다.

학문적 측면에서는 지속적인 토론과 검증이 필요하겠지만, 아담 그랜트의 주장 역시 또 한 명의 심리학자의 주장으로 보는 것이 적절하다. 칼 융의 이론은 아직도 여러 학자들에 의해 활용되고 있기 때문이다. 앞서 언급했듯이 칼 융은 프로이트, 아들러와 함께 유럽의 3대 심리학자라고 불린다. 그만큼 지금도 심리학 분야에서 큰 영향을 미치고 있다는 뜻이다. 아담 그랜트의 주장만으로 칼 융의 이론 자체가 완전히 부정될 수는 없는 것이다.

칼 융의 이론이 절대불변의 진리라는 말을 하려는 것은 당연히 아니다. 융의 이론 중에서 지금까지 유지되어 온 것들도 있지만, 사장된 것들도 많다. 아울러 새롭게 조명되고 연구되는 것들도 있다. MBTI 역시 칼 융의 이론에 뿌리를 두고 있는 것은 맞지만, 융의 이론을 그대로 사용하고 있지는 않다. 모든 이론은 시대의 흐름에 따라 새롭게 해석되고 평가될 수밖에 없다. 이는 당연한 현상이다. 아담 그랜트의 주장 역시 이러한 맥락에서 바라보는 것이 적절하다고 생각한다.

칼 융의 이론이 영향을 미치고 있는 사례들

칼 융의 이론이 여전히 영향을 미치고 있는 사례들을 살펴보면 필자의 주장이 더 와닿을 것이다. 대표적인 3가지 사례를 살펴보자.

1) Big5 모델과 MBTI의 유사성

'16Personalities'라는 사이트에서 무료 성격유형검사를 받아본적이 있을 것이다. ENTP-A, ENTP-T와 같은 식으로 나오는 그 검사 말이다. 많은 사람들이 MBTI 검사로 알고 있지만, 이 검사는 MBTI 검사가 아니다(MBTI에는 뒤에 -A, -T가 붙지 않는다). MBTI 표기 방식을 거의 그대로 따라 하고 있긴 하지만, 그것은 Big5(성격 5요인 이론)에 근거한 'NERIS 유형검사'라는 성격검사이다.

Big5는 심리학자들이 과학적이라고 인정하는 성격 모델이다. Big5는 어떤 이론이나 주관적인 관찰이 아니라 통계 기법으로 만들어졌다. 순수하게 통계 자료에 의해서만 얻어진 결과이므로 객관적, 과학적이라고 보는 것이다.

재밌는 점은, Big5에 근거한 'NERIS 유형검사'와 MBTI 정식검사를 했을 때 같은 유형으로 나오는 경우가 꽤 많다는 점이다. 왜 그럴까? Big5의 요인들과 MBTI의 특징들이 매우 유사하기 때문이다.

MBTI		Big5		
I 유형 ←————→ E 유형	낮음	외향성	높음
S 유형 ←————→ N 유형	낮음	개방성	높음
T 유형 ←————→ F 유형	낮음	우호성	높음
P 유형 ←————→ J 유형	낮음	성실성	높음
	낮음	신경성	높음

위의 그림을 보면 Big5의 마지막 요소인 '신경성'을 제외하고 외향성은 E-I, 개방성은 S-N, 우호성은 T-F, 성실성은 J-P 척도와 매우 유사하다는 것을 확인할 수 있다. **'과학적인 방법'으로 만들어진 Big5와 칼 융, 마이어스·브릭스의 '관찰'을 통해 만들어진 MBTI가 거의 비슷한 성격특징을 측정하고 있는 것이다.** 『MBTI의 의미』라는 책에도 그러한 설명이 나온다.

> MBTI를 비판하고 싶어 하는 사람들은 이런 소리를 한다: MBTI는 심리학자들이 신뢰하는 Big5에 비해 과학적이지 않다느니, 타당성이 없다느니 ― 그러나 MBTI와 Big5를 비교하는 것은 적절한 비판이 못 된다. MBTI가 측정하는 게 바로 그 Big5의 5대 성격 차원이기 때문이다. … MBTI가 크게 성공한 데에는 여러 가지 이유가 있겠지만, 무엇보다도 그냥 정말 성격이란 현상을 잘 담아내기 때문인 바가 크다고 본다.
>
> ― 박철용, 『MBTI의 의미』

현대 성격심리학의 권위자이며 5차원 성격 구조 모형 확립에 핵심적인 공헌을 한, 폴 코스타와 로버트 맥크레이 역시 비슷한 이야기를 했다.

상관관계 연구는 MBTI가 일반 성격의 5대 차원 중 네 개를 정말
로 측정한다는 것을 보여준다.

— 코스타·맥크레이, 『MBTI의 재해석』

이러한 사실은 칼 융의 이론이 통계학적인 방법에 근거하지는 않
았지만 꽤 잘 정리되었으며 신뢰할 만한 이론임을 보여준다.

• Big5(성격 5요인 이론)과 MBTI의 차이

그렇다면 Big5와 MBTI는 어떤 차이가 있을까? 이 부분이 궁금
한 사람도 있을 것 같아서 3가지로 간략히 정리하고자 한다.

첫째, 두 검사는 성격을 기술하는 방식이 전혀 다르다. 성격을
기술하는 방식은 크게 둘로 나눌 수 있다. 하나는 유형론의 관점에
서 어느 유형에 속하는지 나누는 방식이다. MBTI가 이에 속한다.
다른 하나는 성격을 연속적 특성으로 보고 점수를 매겨 집단의 평
균과 비교해보는 방식이다. Big5가 여기에 속한다. Big5는 사람을
유형으로 나누지 않고, 각 성격 차원의 특질들을 얼마나 가지고 있
는지 점수로 표시한다. 예를 들어 '외향성 40, 개방성 50, 우호성 45'
와 같은 식으로 평가한다. 각각의 요인에 대해 다른 사람들의 평균
과 비교해 어느 정도인지 점수로 평가하는 것이다. MBTI는 융의 유
형론을 기반으로 하지만, Big5는 이론적 근거가 존재하지 않는다.

있는 그대로의 보이는 특성을 잘 정리해놓은 통계적 분류체계라고 보면 된다.

둘째, Big5는 행동을 설명할 뿐 행동의 '원인'이 되는 심리적 특성에 대해서는 설명하지 않는다. 사실 Big5는 성격적 특질을 분류하기만 할 뿐, 그 원인에 대한 어떤 이론적 토대를 가지고 있지 않다. 이에 반해 MBTI는 겉으로 드러나는 행동의 원인을 설명하는 이론을 가지고 있다(칼 융의 심리유형론). 칼 융은 각 사람 안에는 행동의 원인이 되는 '설계도'가 있다고 보았다. 그것을 겉으로 드러나는 행동 위주로 정리한 것이 MBTI다. MBTI는 각 유형의 '설계도'를 아는 것이 무척 중요하다. 뒤에 유형 설명 파트에서 각 유형의 설계도에 대해서도 다룰 예정이다.

셋째, Big5는 평가의 요소를 가지고 있지만 MBTI는 평가의 요소를 가지고 있지 않다. 과거에 심리학은 환자와 정상인을 구분하는 것에 중점을 두었다. 그렇다 보니 성격을 '정상적인 것'과 '비정상적인 것'으로 나누는 경향이 강했다. 그러한 면은 여러 심리검사들에 자연스레 녹아 있다. Big5 역시 그렇다. Big5에서는 외향성, 개방성, 우호성, 성실성, 신경성 점수가 높으면 좋은 성격으로 보지만, 점수가 매우 낮을수록 좋지 않은 성격으로 보는 경향이 강하다. Big5 관점에서 보면 ISTP 유형은 매우 좋지 않은 유형으로 분류될 수 있다.

반면 MBTI는 모든 성격유형을 동등하고 가치 있는 것으로 간주

한다. 성격에는 좋고 나쁨이 없으며 각 유형은 그 자체로 소중하다. 사람은 누구나 자신의 타고난 성격에 대해 존중받아야 하며, 그랬을 때 비로소 자신만의 탁월성을 꽃피울 수 있다고 본다. MBTI가 갖는 심리검사로서의 차별성 역시 여기에서 드러난다. 대부분의 심리검사는 좋고 나쁨으로 성격을 평가하는 경향이 있기 때문이다. MBTI에는 평가의 요소가 전혀 없다. MBTI는 타고난 고유한 성격 특성만을 측정하는 검사이다.

2) GOLDEN 성격유형검사

Big5 모델에 근거한 'NERIS 검사'에는 ENTP-A, ENTP-T와 같이 뒤에 -A, -T가 붙는다. A는 '적극적인, 확신에 찬, 단호한'의 뜻을 가진 Assertive의 약자이고, T는 '격동의, 요동을 치는, 마음이 요동치는'의 뜻을 가진 Turbulent의 약자이다. 즉, '정서적 민감성'을 측정하는 척도라고 보면 된다. 이는 MBTI에는 포함되지 않고, Big5에만 존재하는 '신경성' 지표를 반영한 것이다(일각에서는 MBTI에 대한 저작권 위반을 교묘히 피해 가기 위한 표기 방법이라고 말하기도 한다).

Assertive형의 사람은 스트레스에 강한 편이다. 자신감이 있고, 낙관적이며, 상처를 비교적 덜 받는다. 안 좋은 일을 금방 잊어버리고 긴장할 수 있는 상황에서도 차분하고 느긋한 경향을 보인다. 반면 Terbulent형의 사람은 감정 기복이 크고, 예민하며, 상처를 잘 받는 편이다. 자신의 행동에 대한 결과를 걱정하고 긴장을 잘하며 스트레스에 약하다.

일부 심리학자들은 MBTI 역시 정서적 민감성을 측정하는 신경성 지표를 추가해야 한다고 주장한다. 그런 배경에서 만들어진 검사가 'Golden 성격유형검사'이다. Golden 검사는 칼 융의 심리유형론과 Big5 성격이론을 결합한 검사이다.

Golden 검사는 다섯 가지 포괄 척도(Global Scales)를 가지고 사람의 성격을 설명하는데, 그중 네 가지 척도는 융의 이론을 기반으로 하고 있고 나머지 한 척도만 Big5 이론에 기반하고 있다.

처음의 4가지 포괄적 차원들은 Jung의 이론에 기반하여 에너지 방향, 정보 처리, 의사결정 및 생활양식에 나타나는 개인의 특성을 설명한다. 다섯 번째 포괄적 차원은 Big5 이론에 기반한 것으로, 일상생활에서 스트레스에 어떻게 반응하는지 개인의 정서적 안정성을 설명한다.

— GOLDEN 성격유형검사 전문가 지침서

두 이론을 결합한 검사에도 융의 이론이 매우 비중 있게 활용되고 있는 것이다.

3) 김창윤 교수의 『성격과 삶』

『성격과 삶』이라는 책이 있다. 울산대 의과대학, 서울아산병원 정신건강의학과 김창윤 교수가 집필하였다. 김창윤 교수는 서울대 의과대학을 졸업하고 동 대학원에서 의학박사 학위를 받았으며 미국 코넬대 분자신경생물학 연구소에서 연수한 경험이 있는 탁월한 학자이다. 김 교수는 약물치료뿐만 아니라 심리치료에도 관심이 많다. 심리치료는 특정 이론이나 기법에 얽매이기보다는 개개인을 있는 그대로 보고 개별적 사례에 따라 가장 적절한 치료 방식을 따른다고 한다. 그의 심리치료 방식은 칼 융과 동서양의 철학에 이론적 기반을 두고 있다. 그는 자신의 책에서 칼 융의 이론이 가진 탁월성에 대해 말하고 있다. 그의 이야기를 들어보자.

> 융의 성격유형론은 타당성이 통계적 방법으로 입증된 것은 아니나 오랜 세월에 걸쳐 수많은 사람의 사용 경험이 그 가치를 말해주고 있다.

이 책에는 융의 이론뿐 아니라 프로이트, 아들러의 이론, Big5 모델의 특징과 한계, MBTI에 대한 이야기 등 다양한 내용이 포함되어 있다. 기회가 된다면 꼭 한번 읽어보기 바란다. 김창윤 교수처럼 융의 이론을 매우 탁월한 이론으로 인식하고 활용하고 있는 학자들도 많이 있다는 사실을 기억하자.

지금까지 세 가지 사례를 통해 칼 융의 이론이 아직도 여러 방면에서 영향을 주고 있음을 확인해보았다. 현대 심리학의 연구 방법에 기인하지 않았다는 이유만으로 신뢰할 수 없는 이론으로 치부할 수 없다는 점은 충분히 설명되었다고 생각한다.

MBTI와 심리학자들 간의 보다 적극적인 상호 교류가 필요하다

사실 MBTI를 부정적으로 바라보는 심리학자들이 제기하는 문제들은 일반인이 이해하기가 매우 어렵다. 여기서는 그러한 과정에서 발생하는 오해들에 대해서 어떤 관점으로 바라봐야 하는지 정도를 살펴본 것뿐이다.

MBTI는 대중적으로 널리 사용되고 있는 검사이므로 심리학자들이 제기하는 비판과 문제 제기에 대해서도 적극적으로 대답해야 할 의무가 있다고 생각한다. 다만 지금처럼 적대적인(?) 분위기로 가는 것은 지양해야 하지 않나 싶다.

보다 근본적인 문제는 MBTI를 연구하는 심리학자들과 일반 심리학자들 사이에 대화가 거의 없었다는 것이 아닌가 한다. 인간관계에서도 서로 대화가 없으면 오해와 불신이 쌓이고 불필요한 논쟁이 생기기 마련이다. 앞서 살펴본 것처럼, MBTI에 대한 심리학계의 비판은 분명 과한 경향이 있다.

MBTI를 부정적으로 바라보는 심리학자들이 문제라는 것이 아니다. 필자가 강조하려는 것은 MBTI와 심리학자들 간의 보다 적극적인 상호 교류가 필요하다는 것이다. 조금 더 열린 마음으로 서로의 관점을 바라보고 적극적으로 대화한다면 MBTI도, 성격심리학도 한 걸음 더 나아갈 수 있다고 생각한다. 우리나라에서 MBTI가 하나의 공통된 언어로 자리 잡은 만큼 이는 더 중요한 작업이라는 생각이 든다. 모쪼록 서로 간의 건강하고 활발한 교류가 일어나기를 소망한다.

Chapter

3

–

MBTI
사용설명서

MBTI를 제대로 공부하려면 대학 수업 기준 최소 3학점 정도의 학습량이 필요하다. 하지만 만약 여기서 그렇게 한다면 아마도 당신은 이 책을 덮고 싶어질 것이다. 그래서 10가지 핵심적인 내용만을 간략히 정리하려 한다. 방대한 내용 중에서 핵심만 추린 '간이 설명서'를 읽는다고 생각하고 꼼꼼하게 읽어주기 바란다. 자, 그럼 시작해보자.

MBTI는 '진단성 검사'가 아니다(비진단성 검사)

MBTI는 진단성 검사가 아니다. 우울증, 정신장애, IQ, 스트레스, 도덕성, 역량과 같이 진단이 필요한 요소들은 측정이 불가능하다. MBTI는 개인의 '심리적 고유성'만을 측정하기 때문에 평가나 진단의 요소가 전혀 없다.

이것은 MBTI로 모든 영역을 싸잡아서 해석하면 안 된다는 뜻이기도 하다. 특히 불성실한 태도나 인성의 문제를 MBTI 유형의 문제로 일반화시키는 것을 매우 주의하여야 한다. 같은 성격유형을 가진 사람이라도 인성과 태도에서 매우 큰 차이를 보일 수 있다. 인성이 건강한 ENTJ가 있을 수도 있고, 인성이 안 좋은 ENTJ가 있을 수도 있다는 뜻이다.

인터넷에 떠돌아다니는 MBTI별 '성격 더러운 순위', '정신연령 순위', '우울증 잘 걸리는 순위' 등의 각종 순위들은 모두 재미를 위해 만들어진 '잘못된 정보'라고 생각하면 된다. MBTI 유형만으로 순위를 매긴다는 것 자체가 이미 MBTI의 용도를 벗어난 것이다.

MBTI를 채용에 활용하는 것도 마찬가지다. 'OOOO 유형은 원치 않는다'라는 공고를 본 적이 있는데 이는 매우 잘못된 접근이다. 역량은 가치관, 흥미, 적성, 성격유형, 태도, 자존감, 신념 체계, 정서 수준, 경험 등 그야말로 다양한 요소가 어우러져 나타나는 것이기 때문이다. 스티브 잡스와 같은 유형이라고 모두가 스티브 잡스와 같은 역량을 발휘한다면 이 세상은 MBTI 유형만으로 성공이 결정될 것이다. 상식적으로 생각해봐도 그것은 말이 되지 않는다.

성격유형이 한 사람에 대한 매우 핵심적인 정보를 주는 것은 분명하다. 하지만 사람을 성격유형만으로 설명할 수는 없다. 가치관, 태도, 인성 등 다양한 요소가 어우러져 그 사람만의 고유한 특성이 결정되기 때문이다. 같은 성격유형을 가진 사람도 저마다 인품이 다르고 역량이 다르다. 다만 그 모든 과정에서 심리적 구조로 인한 공통된 특성을 가지고 있을 뿐이다. 따라서 모든 것을 싸잡아서 성격유형으로 해석하는 오류를 범하지 않도록 주의해야 한다.

MBTI는 '비진단' 검사임을 꼭 기억하기 바란다. MBTI는 고유한 성격특성만을 측정할 뿐, 그 사람의 인성, 태도, 정신장애 등 '평가적 요소'를 측정하지 못한다.

정신질환이나 우울증을 앓고 있는 사람에게는 적합하지 않은 검사

다음은 MBTI 검사를 받기 전에 필수적으로 안내되어야 하는 사항이다.

MBTI 적용이 부적절한 경우

- 정신질환이나 우울증을 앓고 있는 사람
- 정신질환까지는 아니더라도 극심한 상황 변화로 인해 심리적 불안감을 겪고 있는 사람(예: 이혼, 실연, 사별, 사업 실패, 이직, 스트레스 등의 상황에 있는 사람)
- 특정한 조건하에서 검사를 받는 사람(예: 신입사원, 군대의 신병, 연애 중인 사람 등)

위와 같은 상태에서는 '타고난 심리적 고유성'을 측정하기가 매우 어렵다. 특정 상황에서의 '심리적 상태'가 반영된 결과가 나올 가능성이 높기 때문이다. MBTI 전문가 교육에서는 검사를 실시하기 전에 이러한 부분에 대해 분명하게 설명하도록 하고 있다. 검증되지 않은 무료 검사들이 많아지다 보니 이 부분이 간과되고 있을 뿐이다. 이러한 내용을 알지 못한 상태에서 검사를 실시하면 검사결과가 그때그때 달라질 가능성이 매우 높다.

삶에 대한 회의나 업무적 스트레스 상황에 놓여 있을 때 MBTI 검사를 실시하는 경우가 많다. 그런 상황일수록 자신에 대해 보다 진지하게 생각하게 되기 때문이다. 하지만 그런 상황에서 자신의 '심리적 고유성'을 인식하는 것은 매우 어렵다. MBTI 검사는 보다 여유롭고 편안한 상태에서 받아보는 것이 좋다. 자신에 대해 차분하게 성찰해볼 수 있는 상태에서 검사를 실시했을 때 검사결과가 제대로 나올 확률이 높다.

종종 'MBTI 검사는 검사결과를 신뢰할 수 없어서 정신과에서 사용되지 않는다'라는 이야기들을 한다. 그러나 이러한 주장은 전제 자체가 잘못된 주장이다. 방금 살펴봤던 것처럼, **MBTI는 정신적 어려움을 겪고 있는 사람을 대상으로 만들어진 검사가 아니기 때문이다. MBTI는 심리치료가 필요한 사람이 아닌 정상(normal)으로 분류되는 일반인을 대상으로 만들어진 심리검사이다.**

MBTI는 '정신병리적 상태'를 평가할 수 없다. 앞서 말했듯이 MBTI는 평가나 진단의 요소가 전혀 없다. 그 사람만의 타고난 심리적 특성을 측정할 뿐이다. 따라서 정신과에서 사용하기에 적합하지 않은 검사이다.

MBTI 유형을 결정하는 기준은 '행동'이 아닌 '내면적 특성'

MBTI는 '타고난 심리적 특성'을 기준으로 성격유형을 결정한다. 여기서 중요한 핵심은 두 가지다. **첫째, MBTI에서는 성격을 '타고나는 것'으로 본다.** 따라서 사회적 통념, 사회적 위치, 직업 등의 환경 요인을 최대한 배제한 상태에서 검사를 실시하는 것이 중요하다.

둘째, 행동이 아닌 내면의 '심리적 특성'을 근거로 성격을 측정한다. MBTI에서는 단순히 행동이 바뀐 것을 성격이 바뀌었다고 말하지 않는다. 사람은 이성을 갖고 있기 때문에 상황적 필요에 따라 행동을 달리할 수 있기 때문이다. 예를 들어 논리적인 성격의 남성이 연인을 대할 때 일시적으로 정서적이고 감성적인 행동을 할 수는 있다. 하지만 그러한 행동을 지속해야 한다면 불편함과 피로감을 느낄 것이다.

MBTI는 겉으로 드러난 행동이 아닌 '타고난 심리적 특성'을 기준으로 성격유형을 결정한다. **MBTI의 목적은 태어날 때부터 가지고 있는 '심리적 특성'을 발견하는 것이다.** 이러한 사실을 아는 것은 무척 중요하다. 그렇지 않으면 검사를 할 때마다 결과가 바뀔 가능성이 높기 때문이다.

'환경의 영향'으로 인해 부분적으로 다른 모습이 나타날 수 있다

MBTI는 타고난 심리적 특성을 찾는 검사이긴 하지만, 환경과의 상호작용 역시 매우 중시한다. 같은 유형이라도 환경에 따라 많은 차이를 보일 수 있기 때문이다. 식물로 비유해보면, 같은 해바라기라도 해바라기의 특성에 맞는 환경에서 자란 해바라기와 그렇지 못한 해바라기는 큰 차이를 보일 수 있다. 마찬가지로 자신의 유형적 특성을 지지받으면서 성장한 사람과 그렇지 못한 사람은 같은 유형 간에도 커다란 차이를 보인다.

이러한 부분에 대한 이해를 돕기 위해 MBTI에서는 참유형(True Type), 가유형(Falsified Type), 직업유형(Occupational Type)의 개념을 제시한다. 참유형은 MBTI에서 말하는 '타고난 심리적 특성'을 의미한다. 반면 가유형은 '거짓유형'을 말한다. 말 그대로 자신의 타고난 유형이 아닌 가짜 유형이다. 어린 시절에 자신의 타고난 특성을 지지받지 못한 정도가 클수록 거짓유형이 나타날 가능성이 높다. 이럴 경우 자신의 고유한 잠재력이 제대로 발달하지 못했기 때문에 유능감과 만족감이 떨어지는 삶을 살아갈 확률이 크다. 자존감이 낮고 자신에 대한 확신감도 부족하다.

직업유형은 자신이 처한 환경에 적응하면서 일시적이고 부분적으로 나타나는 유형이다. 가정, 학교, 직장 등에서 요구되는 것들이 모두 자신의 유형과 일치될 수는 없기 때문에 누구나 어느 정도는 직업유형적 모습을 보일 수 있다.

직업유형은 과도하지만 않으면 삶의 균형을 가져다주기도 한다(약점 보완). 건강하게 직업유형을 활용할 경우 환경에 잘 적응하는 모습으로 나타날 수 있다. 다만 직업유형 역시 자신의 고유한 특성은 아니므로 과도하게 나타날 경우 스트레스로 이어질 수 있다.

종종 검사결과가 달라지는 이유는 환경의 영향이 일시적으로 반영되었기 때문일 때가 많다. 연애 중이거나 스트레스 상황에 있을 때, 또는 자신의 유형과 맞지 않는 일을 할 때 MBTI 검사를 하면 검사결과가 달라질 수 있는 것이다.

성격유형은 환경과의 상호작용 안에서 변화무쌍하게 움직인다.

다만 고유한 기본적 틀은 변하지 않는다. 검사결과가 변한 것은 일시적인 상태가 반영된 것으로 보아야 한다. 예를 들어 미국의 대통령인 도널드 트럼프가 스트레스를 받아 말수가 줄었다고 해서 I(내향)가 되었다고 할 수는 없을 것이다(문재인 전 대통령과 비교해보면 이해가 쉬울 것 같다). 타고난 I(내향)가 내향적인 모습을 보이는 것과 E(외향)가 일시적으로 내향적 모습을 보이는 것은 확연히 다르다.

MBTI를 적절히 사용하려면 환경과의 상호작용을 이해하는 것이 필요하다. 같은 성격유형이라도 환경과의 상호작용으로 인해 차이를 보일 수 있기 때문이다.

'규정'이 아닌 '존중'과 '이해'에 초점을 두어야 함

MBTI는 평가나 규정을 목적으로 성격을 이야기하지 않는다. 그 사람만의 타고난 특성을 이해하고 존중하는 데 초점을 둔다. 사과는 사과의 속성에 따라 재배되었을 때 최상의 열매를 맺을 수 있다. 사람도 마찬가지다. 자신만의 타고난 심리적 특성을 존중받고 지지받을 때 최상의 능력을 발휘할 수 있다.

MBTI는 '타고난 강점'에 초점을 둔 검사이다. MBTI를 올바르게 사용하기 위해서는 성격유형의 약점이 아닌 강점에 초점을 두어야한다. 비슷한 역량을 가지고 있어도 성격의 강점 패턴이 간과되면전혀 다른 결과를 가져올 수 있다. 마치 유재석에게 강호동과 같은스타일로 웃겨달라고 요구하면 유재석의 역량이 발휘되지 못하는것과 같다.

각 사람마다 자신의 심리적 특성에 맞는 성과 패턴이 있다. 모든 사람에게 획일적으로 적용될 수 있는 방법은 존재하지 않는다. MBTI는 각자에게 맞는 성과 패턴을 찾는 데 매우 유용한 매뉴얼을제공해준다. MBTI를 올바른 방향으로 사용하면 당신은 당신만의'탁월함에 이르는 길'을 발견할 수 있다. 현장에서 다양한 인재들을만나고 있지만, 특정 성격유형의 사람만이 탁월한 역량을 발휘하는경우는 없었다. 성격유형과 상관없이 자신의 내면적 특징을 강점으로 활용하는 사람이 성과가 높았다.

MBTI에서 말하는 성격은 '타고나는 것'임을 꼭 기억하라. 그러한 고유성을 무시한 채로는 절대 당신만의 잠재력을 최대한으로 끌어낼 수 없다. **성격을 뜯어고치려 하지 말고 그 고유성을 건강하게활용할 방안을 찾아보라. 그것이 MBTI의 핵심목적이다. MBTI 안에는 '당신은 당신만의 고유한 특성에 따라 존중받고 이해받아야합니다'라는 의도가 담겨 있다.** 이러한 용도를 벗어나면 MBTI는 매우 파괴적인 도구가 될 수 있다.

나와 상대방의 잠재력을 알아보고, 그에 맞는 존중 방법을 찾는데 MBTI를 사용해보라. 그러한 관점으로 접근하는 것만으로도 많은 차이가 생길 것이다.

자기합리화는 금물!

성격을 존중하라고 해서 자신이 한 일의 결과까지 합리화시키라는 뜻은 아니다. '결과에 대한 책임'과 '과정의 존중'은 명확히 구분해야 한다. 예를 들어, '나는 I(내향) 유형이어서 발표를 잘하지 못한다. 그래서 이번 발표에서 좋은 성과를 내지 못했다'라는 식으로 반응하는 것은 MBTI를 잘못 사용하는 것이다. 발표를 준비하는 과정에서 성격유형을 고려한 배려와 존중은 필요하다(과정의 존중). 앞서 살펴본 것처럼, 각 사람마다 역량이 발휘되는 과정이 다르기 때문이다. 그러나 성격유형을 핑계로 자신이 한 일의 결과까지 정당화하는 것은 바람직하지 않다(결과에 대한 책임). 특히 'I(내향)여서', '원래 그렇게 생겨 먹어서 실패했다' 하는 식의 사고방식은 매우 위험하다.

이렇게 되면 성격유형을 아는 것이 오히려 크나큰 장애요소가 된다. 자신과 타인의 가능성을 제한하기 때문이다. **뛰어난 인재들의 공통점은 성격으로 자신을 제한하지 않는다는 것이다. 오히려 성격 유형 정보를 활용해서 자신의 한계를 뛰어넘는다.**

일을 하는 과정에서 성격을 존중하는 것은 매우 중요하다. 그러나 성격이란 그 사람의 능력이 최대한 발휘되기 위해 과정을 존중할 때 활용하는 것이지, 그 결과까지 합리화하기 위한 수단이 되면 안 된다. 결과에 대한 책임은 성격과 상관없이 스스로 져야 하는 것이다.

이러한 태도로 MBTI를 활용했을 때 자신의 강점이 극대화될 수 있다. 무엇보다 자신의 한계를 건강하게 극복해나갈 수 있다. 자신의 특성을 고려한 한계 극복 방법을 모색할 수 있기 때문이다. '일하는 과정은 존중하되, 결과에 대해서는 확실하게 책임지는 태도'를 가지는 것이 올바른 MBTI 사용법이다.

성장 마인드셋(growth mindset)의 관점에서 활용해야 한다

심리학 분야의 세계적인 석학인 캐롤 드웩(Carol S. Dweck)교수는 우리가 '어떤 관점을 택하느냐'에 따라 '무엇을 성취하는가'가 결정된다고 주장한다. 마인드셋(마음가짐)에 따라 모든 것이 달라진다는 것이다.

그녀에 따르면, 사람들은 '고정 마인드셋(인간의 자질이 돌에 새겨진 듯 불변한다는 관점)'과 '성장 마인드셋(인간의 자질은 얼마든지 계발될 수 있다는 관점)' 중 어느 한 관점을 가지고 있다. 고정 마인드셋을 가진 사람들은 자신의 재능과 능력은 정해져 있다고 믿기 때문에 자신의 가능성을 제한하고 규정한다. 반면 성장 마인드셋을 가진 사람들은 자신을 성장할 수 있는 존재로 믿는다. 자신의 자질이 고정되어 있는 것이 아니라 성장하는 것이라고 믿기 때문에 끊임없는 도전과 배움을 통해 잠재력을 계발시켜나간다.

고정 마인드셋의 관점에서 MBTI를 활용하면, 당신은 성격유형의 틀 속에 갇히게 된다. 당신은 성격유형을 활용하는 것이 아니라 성격유형에 지배당하게 된다. 성격유형은 당신과 타인을 규정하고 제한하는 기준이 되어버린다.

MBTI는 성장 마인드셋의 관점에서 만들어진 심리검사이다. MBTI는 각 유형의 강점을 극대화하고 약점을 보완하는 법을 알려준다. 자신의 타고난 고유성을 있는 그대로 받아들이고 적절히 활용하면 자신만의 스타일로 높은 성취를 이룰 수 있다고 말한다. **자신의 MBTI 유형 정보를 어떤 관점에서 어떻게 활용하는가에 따라 같은 MBTI 유형이어도 전혀 다른 모습으로 살아갈 수 있다는 사실을 꼭 기억하자. 핵심은 자신의 타고난 유형을 있는 그대로 받아들이고 사랑하는 것이다. 그래야 자신감 있는 삶을 살아갈 수 있다.**

MBTI 유형은 일생에 걸쳐 계속 진화한다

MBTI에서는 우리의 성격이 가만히 머물러 있는 것이 아니라 일생에 걸쳐 계속 진화한다고 말한다. 유형이라는 기본적 틀은 변하지 않지만, 그 틀 안에서 우리는 계속 변화해나간다.

MBTI 이론의 창시자인 심리학자 칼 융은 각 유형에 따라 자신만의 꽃을 피워가는 과정이 있다고 생각했다. 예를 들어 꽃의 씨앗 속에는 이미 무슨 꽃으로 피어날 것인지가 내재되어 있다. 코스모스는 장미로 피지 않고 코스모스로 피어난다. 그와 같이 우리도 우리의 타고난 심리적 특성에 맞게 꽃을 피우게 되는 것이다. 융은 이러한 과정을 '개별화(Individuation)'라는 용어로 설명했다.

개별화는 크게 인생의 전반기와 후반기로 나누어 진행된다(보통 35세 이전까지를 인생의 전반기로, 이후를 후반기로 본다). 인생의 전반기에는 자신의 유형적 특성을 지지받는 것이 중요하다. 자신의 성격에 대해 부정당하거나 비난받으면 자신의 유형적 강점이 제대로 발달하지 못하기 때문이다. 특히 20세 이전까지의 시기에 그러한 지지를 받았는지가 무척 중요하다. **이 시기를 어떻게 보냈는가에 따라 자존감이 높고 유능한 INFP가 될 수도 있고, 위축되고 무능한 INFP가 될 수도 있다. 같은 유형 간에도 커다란 차이를 보일 수 있다는 의미다.**

인생의 전반기에 건강한 발달이 이루어졌다면, 후반기에는 자연스럽게 자신의 약점이 발달하기 시작한다. 이 시기에는 한없이 부드럽기만 하던 INFP가 냉철하고 분석적인 모습을 보일 수 있다. 체계적이고 계획적인 특징이 나타나기도 한다. 이러한 과정을 통해 보다 통합적인 INFP가 되어간다.

여기에서 포인트는 성격유형을 찾는 것은 시작에 불과하다는 것이다. MBTI는 우리가 자신의 유형을 중심으로 인생 전체를 조망하도록 안내한다. 그리고 유형이 고정된 것이 아니라 끊임없이 변화하고 성장하는 것임을 말해준다. **같은 유형이라도 성숙도에 따라 매우 큰 차이를 보일 수 있다. 그러니 같은 유형이라고 모두 다 싸잡아서 평가하는 오류는 범하지 않도록 하자.**

MBTI 유형에 맞는 발달 원리가 궁금하다면, 필자의 또 다른 책 『당신이 알던 MBTI는 진짜 MBTI가 아니다』를 참고하기 바란다.

가치관, 인성, 태도가 더 중요하다

오랫동안 MBTI를 활용해온 전문가로서 확실하게 말할 수 있는 점은 '가치관, 인성, 태도'가 더 중요하다는 것이다. 이러한 요소들은 성격유형이 발현되는 기본 토대가 되는 요소들이기 때문이다. 인성, 태도가 건강하지 않으면 성격유형의 특징들이 매우 건강하지 않은 형태로 나타난다. 자신의 유형적 관점만 고수하고 다른 것을 잘 보지 못하기 때문이다. 같은 유형을 가지고 있어도 히틀러와 같은 독재자가 될 수도 있고, 이순신 장군과 같은 성군이 될 수도 있는 것이다.

종종 책임감의 문제를 성격유형의 문제로 합리화하는 사람들을 본다. 그러나 이는 말도 안 되는 소리다. 성격적 요소에서 기인한 것과 태도나 인성으로부터 기인한 것은 엄연히 구분되어야 한다. **인성과 태도가 좋을수록 성격의 강점은 극대화되고 약점은 건강하게 보완될 가능성이 높다.**

가치관 역시 중요한 요소이다. 가치관은 '개인이 중요하게 여기는 것으로, 실제로 어떻게 행동하는가를 결정하는 내적 판단이나 믿음'을 의미한다. 자신을 움직이는 근본적인 'WHY'를 가치라고 볼 수 있다. 팀 코칭을 하다 보면 성격유형이 같아도 가치관이 달라서 갈등을 겪는 경우를 종종 본다. 많은 사람들이 인간관계에 있어 어떤 유형끼리 궁합이 좋은지를 자꾸 묻는다. 필자는 가치관이 맞는 것이 훨씬 더 중요하다고 답하곤 한다. **가치관이 맞으면 유형이 달라도 함께할 수 있지만, 가치관의 차이가 클수록 같은 성격유형 간에도 갈등이 발생할 확률이 높아진다.** 성격유형은 같지만, 정치이념이 완전히 다른 두 사람을 떠올려보면 이해가 쉬울 것이다.

성격유형 자체보다는 '가치관, 인성, 태도'가 훨씬 더 중요하다. **당신이 좋아하는 사람을 떠올려보라. 성격이 비슷한 부분보다는 가치관, 인성, 태도가 훨씬 더 큰 영향을 미치고 있다는 것을 어렵지 않게 알게 될 것이다.**

'나다움'을 넘어 '우리다움'으로 나아가야 한다

MBTI를 통해 스스로를 이해하고 존중하는 경험을 해보았다면, 그다음 단계로 나아가야 한다. 그렇지 않으면 자기 중심성만 강화되는 결과를 초래할 수도 있다. '나다움'은 '너다움'을 지나 '우리다움'으로 이어져야 한다.

MBTI 이론 안에는 우리 모두가 '서로의 도움이 필요한 존재'라는 전제가 깔려 있다. T(사고)인 사람은 F(감정)의 도움이 필요하고, F(감정)인 사람에게는 T(사고)의 도움이 필요하다. MBTI에 따르면 그 두 가지가 모두 발달된 사람은 존재하지 않는다(물론 인생의 후반기에는 어느 정도 균형이 생길 수는 있다). 우리는 한쪽이 강하면 한쪽이 약한 심리적 특성을 가지고 있는 것이다.

다른 사람을 이해한다는 것은 곧 자신의 또 다른 면을 보는 것과 같다. 우리는 어느 한쪽의 기능만으로 세상을 살아갈 수 없다. 각각의 기능이 필요한 상황들이 존재하기 때문이다. 필자 역시 T(사고)이지만, 가족들과의 관계에서는 F(감정)의 필요성을 절감한다. 그리고 F(감정)인 아내와 딸을 이해하면서 훨씬 더 지혜로운 내가 되었음을 느낀다. MBTI 이론의 창시자인 칼 융의 말을 빌리자면, '지혜란, 모든 것에는 양면이 존재한다는 것을 아는 것'이기 때문이다. 우리는 다른 유형을 가진 서로를 이해하면서 세상을 바라보는 관점이 훨씬 더 넓어진다. 보다 유연하고 통합적인 내가 될 수 있는 것이다.

무엇보다 이러한 경험은 삶을 더욱 풍요롭고 아름답게 만들어준다. 인간은 함께 더불어 살아가는 존재이기 때문이다. 우리는 서로 안에서 의미를 발견할 때 보다 깊은 행복감을 느낀다. 삶이 '건강한 상호작용'과 '존중'의 기반 위에 디자인될수록 살아가는 의미를 느끼게 된다.

MBTI의 존재 이유는 자신과 타인을 '존중의 울타리 안에서 연결해주는 것'에 있다고 생각한다. 이러한 방향성을 가지고 MBTI를 사용한다면 삶에서 큰 변화를 경험할 수 있을 것이다. 필자는 이러한 관점으로 '사람 부자'가 되었다. 당신 역시 그렇게 되기를 바란다.

결론: MBTI는 서로에 대해 '공부하듯이 알아가는' 자아 탐색의 도구

같은 MBTI 유형이라도 커다란 차이를 보일 수 있다는 것을 이제는 분명히 알았을 것이다. 그러니 제발 직접 겪어보지도 않고 누군가를 MBTI 유형 정보만으로 '일반화'하지 않기를 바란다. MBTI는 서로를 '공부하듯이 알아가는' 방식으로 활용해야 한다.

자녀 교육을 예로 들어보면 이해가 쉬울 것 같다. MBTI로 자녀의 행동이나 반응을 규정하거나 단정 짓는 것은 오히려 부정적인 결과로 이어질 수 있다. 유형 정보들을 함께 살펴보면서 자녀의 성장을 위해 가장 도움이 되는 과정들을 함께 찾아나가는 것이 올바른 사용 방법이다. 사랑하는 사람과 그러한 과정을 꼭 함께해보기 바란다. MBTI는 어떻게 사용하는가에 따라 '존중의 도구'가 될 수도 있고 '규정과 판단'의 도구가 될 수도 있음을 꼭 기억하자.

사실 MBTI는 16가지 유형에 대한 이야기라기보다는 사람을 이해하고 존중하기 위한 16가지 심리 패턴에 대한 이야기이다. 사람을 이해하면 이해할수록 성격유형이라는 틀은 점점 더 희미해진다. 유형의 틀보다는 존중의 과정에 더 집중하게 되기 때문이다.

이제 우리는 MBTI를 올바로 사용하기 위한 최소한의 준비를 마쳤다. 앞으로 필요한 순간마다 본 챕터에서 다룬 내용을 가볍게 리마인드해줄 예정이다.

PART 2

MBTI로
커뮤니케이션하기

PART 2에서는 MBTI를 활용한 커뮤니케이션 방법을 다룬다. 'MBTI 유형을 아는 것'과 그에 맞는 '커뮤니케이션 방법을 아는 것'은 다른 이야기다. 이 점을 염두에 두고 각 유형을 '존중'하는 법을 학습해보자.

Chapter

4

–

MBTI를 의사소통에 활용할 때 기억해야 할 사항 3가지

MBTI 정보를 커뮤니케이션에 활용하려면 다음의 세 가지 사실을 기억해야 한다.

첫째, MBTI는 겉으로 드러나는 행동이 아닌 '내면적 특징'으로 성격유형을 구분한다. 따라서 MBTI 유형을 알면 그 사람의 스키마(Schema)를 이해할 수 있다. 스키마란 개인이 '세상을 이해하고 대처하는 틀'이다. 쉽게 말해 그 사람이 세상을 해석하는 프레임이다. MBTI는 상대방의 스키마를 이해하는 데 매우 유용한 정보를 제공해준다.

스키마를 이해하면 상대방이 어떻게 반응할지 어느 정도 예측이 가능할 뿐 아니라 그 사람이 그런 행동을 보이는 이면적 의미까지도 보다 깊이 이해할 수 있다. 각 유형의 스키마를 이해하는 데 초점을 두면 커뮤니케이션에 큰 도움이 된다.

둘째, MBTI의 지표에는 '가중치'가 있다는 것을 명심해야 한다. 유형이 다르다는 것은 중요도를 부여하는 영역과 가중치가 다르다는 의미이다. 예를 들어 T는 논리와 팩트를 보다 중시하며 F는 관계와 배려를 보다 중시한다. 그런데 여기까지만 얘기하면 "내가 왜 그렇게 맞춰줘야 하는데? 상대가 이상한 거 아냐?"라고 반응하는 사람들이 적지 않다. 유형적 차이를 하나의 특성으로만 이해하면 상대의 반응을 받아들이기가 쉽지 않다. '다른 것'이 '틀린 것'으로 보일 때가 많기 때문이다.

그러나 그러한 특성에는 '가중치'가 전제되어 있다고 생각하면 수용하기가 한결 쉬워진다. 그 사람이 그것을 중시하고 그것에 큰 가중치를 부여하고 있는 것이 인지되기 때문이다. MBTI 유형마다 보다 중시하고 소중히 여기는 배려 방식, 소통 방식이 있다. 사람은 자신이 중시하는 것들을 이해하고 존중해주는 사람에게 끌리게 되어 있다.

상대방이 중요시하는 것을 존중하면 그 사람의 마음을 얻기가 쉬워진다. 유형에 맞는 커뮤니케이션 방법을 사용한다는 것은 '당신이 중요시하는 부분을 이해하고 존중한다'라는 메시지를 보내는 것이다. 그러한 과정을 거치면 보다 빠르고 효과적으로 신뢰를 형성하는 것이 가능해진다.

셋째, 인성과 태도에 따라 같은 유형이어도 대화 방식에 차이가 있을 수 있다. 챕터 3 「MBTI 사용설명서」에서 언급했듯이, MBTI는 고유한 성격특성만을 측정할 뿐 인성, 태도와 같은 평가적 요소를 측정하지 못한다. 같은 성격유형을 가지고 있어도 인성과 태도에 따라 큰 차이가 날 수 있다.

인성과 태도가 건강하지 않으면 성격유형의 특징들이 매우 건강하지 않은 형태로 나타난다. 자신의 좋지 않은 태도에 대해 유형의 문제로 합리화를 하거나 자신의 관점만이 옳다는 식으로 '자기중심적 반응'을 보일 수 있다는 의미다.

MBTI를 커뮤니케이션 영역에 사용하려면 인성과 태도에 따라 같은 유형 간에도 차이가 있을 수 있다는 것을 이해하는 것이 중요하다. 아니면 '특정 유형은 좋지 않다' 하는 식의 또 다른 편견을 가질 수 있다. '유형적 차이'와 '태도, 인성 문제'를 구분해서 보는 것이 필요하다. 인성과 태도가 건강한 사람은 같은 유형을 가지고 있어도 훨씬 더 유연하고 수용적인 태도를 보인다.

MBTI를 소통에 활용할 때 기억해야 할 사항

1. MBTI는 겉으로 드러나는 행동이 아닌 '내면적 특징'으로 성격유형을 구분한다. 따라서 MBTI 유형을 알면 그 사람의 스키마(Schema, 세상을 이해하고 대처하는 틀)를 이해할 수 있다.

2. MBTI의 각 지표에는 '가중치'가 있다. MBTI 유형에 맞는 소통법을 활용하면, 상대방이 중요시하는 부분을 이해하고 존중함으로써 보다 빠르고 깊은 신뢰 형성이 가능해진다.

3. 같은 유형이어도 인성과 태도에 따라 차이가 있을 수 있다. '유형적 차이'와 '태도, 인성 문제'는 구분해서 봐야 한다.

Chapter

5

–

실용적인 문제를
진취적으로 해결하는 사람
- ESTJ

효과적인 커뮤니케이션을 위해서는 먼저 상대방을 이해하는 과정이 선행되어야 한다. 상대방에 대한 이해가 결여된 상태에서 소통 스킬만을 학습하는 것은 오히려 좋지 못한 결과를 초래할 수 있다. 따라서 다음의 3가지 단계를 거쳐서 ESTJ와의 소통 방법을 설명하려 한다.

1단계: ESTJ의 일반적 특징 이해하기

2단계: ESTJ의 행동 원인이 되는 '마음 설계도' 살펴보기. 이 과정을 통해 ESTJ의 스키마(세상을 이해하고 대처하는 틀)와 중요시 여기는 '가중치 영역'을 이해하기

3단계: 1, 2단계의 정보들을 기반으로 ESTJ와의 효과적인 소통법 학습하기

1단계: ESTJ의 일반적 특징 이해하기

ESTJ의 별명

• 사업가형

ESTJ의 대표적 별명은 '사업가형'이다. 논리와 현실 감각을 바탕으로 체계적으로 일을 추진해나가는 타입이기 때문이다. 목표지향적으로 경영활동을 하는 사업가의 모습을 떠올리면 된다.

• 속전속결(速戰速決)

속전속결은 손자병법에서 유래된 사자성어로, '싸움을 오래 끌지 않고 빨리 몰아쳐 이기고 짐을 결정함'이라는 뜻을 가지고 있다. 어떤 일을 빨리 진행하여 빨리 끝내는 사람을 비유적으로 표현하는 말이다. ESTJ는 속전속결로 일을 처리해나가는 사람이다.

• 불도저

불도저 역시 이들의 속성을 아주 잘 표현해주는 별명이다. 이들은 불도저처럼 밀어붙여서 결과를 만들어내는 사람들이다. ESTJ는 과감한 결단, 강력한 추진력으로 문제를 해결하는 사람이다.

• 모 아니면 도

도는 말을 1칸 앞으로 전진시키지만, 모는 5칸 전진에 1번 더 윷을 던질 수 있다. 단 하나의 윷에 따라 결정되는 모와 도지만 그 결과는 판이하게 다르다. 그야말로 극과 극이다. ESTJ에게 '어중간함'이란 존재하지 않는다. 이들은 애매모호한 표현을 좋아하지 않는다. GO 또는 STOP처럼 분명하고 확실한 태도를 보이는 사람들이다.

• 기세등등

위와 같은 속성들로 인해 주변 사람들은 ESTJ에게서 기세등등한 모습을 보게 된다. ESTJ는 자신의 주장이 확실할 뿐 아니라 그 주장을 자신감 있게 적극적으로 표현하는 사람이다.

ESTJ의 장점

• 논리적, 체계적인 사람

ESTJ는 논리를 바탕으로 일의 목표와 방향성, 실행 계획 등을 명료하게 제시한다. 그리고 목표 달성을 위해 사람, 시간, 자원 등을 체계적으로 활용한다. 이들이 어떤 프로젝트를 진행할 경우 그 바탕에는 논리성과 체계성이 전제되어 있을 것이다.

• 결과지향적인 사람

ESTJ는 매우 결과지향적인 사람이다. 목표 달성을 위해 체계적인 계획을 수립하고 그 계획들을 신속하고 진취적으로 실행한다. 이들은 추상적이고 장기적인 목표보다는 빠르게 가시적인 결과를 도출하는 일을 선호한다. 업무가 제대로 진행되고 구체적인 결과로 이어지고 있는지 지속적으로 관리한다. 이들에게는 일을 완수하는 것이 가장 중요하다. 자신이 맡은 일을 제시간에 확실하게 마무리한다. 그리고 대부분 높은 성과를 거둔다.

• 현실적인 문제 해결 능력이 뛰어난 사람(현실적, 실용적, 구체적)

문제점을 잘 찾아내며, 문제가 발생하면 실용적이고 현실적인 방법으로 해결하려 한다. 이들의 언어는 매우 단도직입적이고 간단명료할 뿐 아니라 구체적이다. ESTJ는 추상적인 방식을 선호하지 않는다. 실질적이고 현실적인 방식으로 구체적인 해결책을 제시하려 한다.

• 규칙과 절차를 중시하는 사람

전통과 관례를 바탕으로 기존의 절차를 유지하고 따르는 것을 선호한다. ESTJ에게 규칙과 절차는 매우 중요하다. 논리적 근거나 이유 없이 절차를 어기는 사람에게 매우 냉정하다. 과거의 경험이나 선례를 활용하는 것을 좋아하며, 구조적, 안정적, 예측 가능한 환경을 선호한다.

• 추진력과 목표 달성

ESTJ는 매우 적극적이고, 행동지향적이며, 자신감 넘치는 모습을 보여준다. 이들은 주도적, 목표지향적으로 업무에 임한다. 강력한 추진력으로 약속한 시점에 결과물을 산출한다. 이들은 높은 수준의 성취를 이루기 위해 도전적인 태도를 취하기 때문에 목표 이상의 결과물을 보여줄 때도 많다.

• 단호한 의사결정 능력

ESTJ는 솔직하고 단호한 사람이다. 애매모호하거나 우물쭈물한 것과는 거리가 멀다. 이들은 논리와 분석에 입각하여 신속하게 결단을 내린다.

ESTJ의 개선점

• 융통성의 부족(독단적 태도)

자신만의 논리, 절차, 규칙 등에 집착하여 상대방의 의견을 무시하는 듯한 태도를 주의해야 한다. 아무리 뚜렷한 논리가 있다 하더라도 융통성이 필요할 때가 있음을 감안하고 상대방의 의견을 경청하고 대화하는 과정을 충분히 갖는 것이 중요하다. 속전속결이 지나친 성급함으로 인해 속단하는 경향으로 이어질 수 있음을 늘 인지해야 한다.

•지나친 일 중심

ESTJ는 지나친 업무 중심성으로 인해 정서적 교감, 친밀한 표현 등 사람들과의 교류에서 어려움을 겪는 경우가 많다. 사람은 기계가 아니며 모든 사람이 자신과 같은 방식으로 사고하고 행동하는 것이 아님을 기억할 필요가 있다. 동료와의 관계 역시 성과에 영향을 미치는 주요 요인이라는 점을 인식하고 적절하게 관리하는 것이 필요하다.

•근시안적 안목

단기적인 목표와 가시적인 성과에만 집중해서 정작 중요한 일의 본질을 놓치는 경우가 있다. 일의 목적과 의미, 장기적인 영향, 인간관계에 미치는 파급효과 등 보다 근본적인 가치와 방향에 대해 생각해보는 것이 필요하다.

•커뮤니케이션 스킬 부족

상대방의 말을 끝까지 듣지 않고 중간에 자르거나 임의로 결론을 내리는 방식의 소통을 매우 주의해야 한다. 논리적이고 직설적인 어투가 때로는 상대방에게 무례함으로 작용할 수 있음을 기억하고 각 사람에게 맞는 커뮤니케이션 스킬을 습득할 필요가 있다.

2단계: ESTJ의 '마음 설계도' 이해하기

'유미의 세포들'이라는 웹툰이 있다. 드라마로 실사화될 정도로 인기가 많았던 작품이다. 주인공 유미가 연애를 하면서 일어나는 여러 가지 에피소드가 재미있게 묘사되어 있다. 이 작품이 인기가 많았던 가장 큰 요인 중 하나는 유미의 머릿속 세포들을 의인화했기 때문일 것이다. '유미의 세포들'은 유미의 마음속에서 일어나는 반응들을 뇌세포들의 대화를 통해서 그대로 보여준다. 사랑 세포, 이성 세포, 엉큼 세포, 오지랖 세포, 작가 세포 등 다양한 세포들이 등장하며, 이름에서 알 수 있듯이 각 세포들의 개성과 역할은 모두 다르다. 이 웹툰에는 약 70여 종의 세포들이 등장한다.

이러한 수많은 세포들을 진두지휘하며 컨트롤하는 세포가 있는데, 그 세포를 '프라임(Prime) 세포'라고 한다. 프라임 세포는 그 사람을 대표하는 '정체성 세포'라고 할 수 있다. 주인공 유미의 프라임 세포는 사랑 세포다.

각 사람이 가진 프라임 세포의 종류는 다 다르다. 감성 세포가 프라임 세포인 사람도 있고, 이성 세포가 프라임 세포인 사람도 있다. 프라임 세포의 진두지휘하에 여러 세포들이 상호작용하면서 그 사람만의 독특한 반응으로 나타나게 된다.

ESTJ의 프라임 세포를 찾아서

ESTJ의 마음 안에도 '프라임 세포'가 있다. 사실 MBTI는 마음 안에서 일어나는 심리기능 간의 상호작용에 대한 이론이다. 그것을 보다 쉽게 이해할 수 있도록 겉으로 드러나는 행동 위주로 정리해놓은 것이다. 지금부터 ESTJ의 성격유형 패턴을 만들어내는 '마음의 설계도'를 들여다보려 한다. ESTJ의 설계도를 알게 되면 ESTJ를 더 깊이 있게 이해할 수 있게 된다. ESTJ의 스키마(세상을 이해하고 대처하는 틀)를 알 수 있기 때문이다. 그럼 지금부터 ESTJ의 마음속으로 들어가보자.

ESTJ의 마음 설계도

ESTJ의 마음 설계도에는 4가지의 심리적 세포들이 등장한다. 이 4가지 심리 세포들이 서로 상호작용을 하면서 하나의 패턴을 만들어내는 것이다.

프라임 세포	보조 세포	어린아이 세포	열등 세포
논리적 행정가	꼼꼼한 점검자	이면을 보는 사람	진실한 사람
Te	Si	N	Fi

Te, Si, N, Fi는 ESTJ의 마음 안에서 영향력을 발휘하고 있는 순위라고 생각하면 된다(시각적 효과를 주기 위해 영향력의 순위에 따라 크기를 달리했다). ESTJ의 프라임 세포는 맨 앞쪽에 자리한 Te이다. Te를 중심으로 4가지 기능이 활발하게 역동을 일으키고 있는 것이다.

'유미의 세포들'에서 프라임 세포를 중심으로 세포들의 상호작용이 이루어지듯이, 위의 4가지 심리기능들 역시 Te를 중심으로 서로 상호작용하고 있다. 그 상호작용의 결과가 ESTJ의 성격유형 패턴으로 나타나는 것이다.

지금부터는 '유미의 세포들'에서 각 세포를 의인화했던 것처럼, ESTJ의 심리기능들도 의인화해서 살펴보고자 한다. 웹툰에 나오는 4명의 세포들을 만난다는 느낌으로 읽어보면 좋을 것 같다.

1) ESTJ의 프라임 세포: Te(논리적 행정가)

① Te: 논리적 행정가

Te는 T+e를 의미한다. T는 논리를 기반으로 의사결정을 하는 심리기능이다. e는 '외향형'을 의미하는 그 e다. 한마디로 Te는 'T를 외부로 쓰는 사람'이다. 논리적인 사고를 외부로 사용하면 어떤 모습으로 나타날까? 상황을 객관적으로 분석하고, 구체적인 목표를 세운 다음 그 목표를 달성하기 위해 사람, 시간, 공간 등의 자원을 조직적으로 활용하는 사람을 떠올릴 수 있을 것이다. Te는 최소한의 시간과 노력으로 목표에 도달할 수 있는 효율적 업무 프로세스를 설계하는 것을 좋아한다. 여러 자원을 조직하고 체계화해서 추진력 있게 목표를 달성하는 '논리적 행정가'의 모습을 떠올려보면 이해가 쉬울 것이다.

Te는 ESTJ의 '프라임 세포' 역할을 한다. ESTJ의 마음 안에서 가장 큰 영향력을 행사하고 있으며, ESTJ 성격의 전체적인 방향을 결정한다. ESTJ가 가장 신뢰하고, 가치를 두며 의지하는 정신적 세포라고 생각하면 된다. ESTJ는 Te를 중심으로 세상을 감지하고 이해한다. **ESTJ의 '스키마(세상을 이해하고 대처하는 틀)'를 이해하고 '가중치를 두는 영역'을 이해하는 데 필수적인 심리기능**인 셈이다.

② Te: '논리적 행정가'의 특징
- Te는 매우 목표지향적인 사람이다. 목표를 정확하게 정의하고, 이 일을 해야 하는 이유를 명시하려 한다. 또한 목표를 달성하는 데 필요한 사람, 자원, '해야 할 일'과 '하지 말아야 할 일' 등을 분명하게 정의하고 일을 진행하기 원한다. 일의 진행 과정이 합리성에 기초하지 않고 주먹구구식으로 이루어지는 것을 극도로 싫어한다.
- 이들은 대부분의 상황을 '해결해야 할 문제'로 인식하고 접근하는 경향이 있다. 예를 들어 여자친구가 감정적으로 힘들다고 호소하면 안아주고 공감해주기보다는 그런 감정을 느끼는 원인을 파악하고 문제를 해결해주려 한다.
- 이들은 측정 가능한 목표를 선호한다(막연한 기준을 좋아하지 않음). 이러한 면은 조직의 목표와 성과를 관리하는 영역에서 능력을 발휘한다.

- 논리적이고 간결한 의사소통 방식을 선호한다. '첫째, 둘째…
  그래서 결론은 -입니다'와 같은 식이다. 바로 본론으로 들어가
  는 것을 선호하며 핵심만 간결하게 전달하기를 원한다. 또한
  직설적일 때가 많다(F들에게 상처를 줄 수 있음).

- Te는 상황을 통제하고 싶어 한다. 가장 효율적인 업무 진행
  방법을 알고 있다고 생각하기 때문에 일이 효율적으로 진행되
  지 못하는 것을 매우 답답해한다. 그래서 지시를 받기보다는
  '지시할 수 있는 역할'을 선호한다. 이러한 특성 때문에 자신의
  역할과 상관없이 책임을 떠맡으려 할 때가 많다(답답한 것보다
  는 직접 관리하는 것이 낫다는 판단).

- 어떤 문제가 발생했을 때 그 문제가 발생하는 원인을 파악해
  서 그에 대한 기준과 원칙을 정하기 원한다(시스템과 구조를 통
  한 문제 해결).

③ ESTJ의 에너지원: '가중치'를 크게 두는 영역
- Te는 ESTJ가 '가장 중시하는' 기능이므로 ESTJ가 활력을 얻
  는 '에너지원'으로 작용한다.

- 논리적 절차, 효율성, 효과성이 중시되는 업무 환경에서 활력
  을 느낀다. 논리적인 언어로 편하게 토론하고 평가할 수 있을
  때 심리적 안정감을 느낀다.

- 잘 규정되고 구조화된 환경에서 일할 때 몰입감을 경험한다.
- '분명한 구조와 절차' 속에서 '구체적인 계획'을 토대로 '명백한 결과'가 나오는 일을 할 때 가장 적극적으로 일한다.
- 자신의 현실적, 실용적 문제 해결 방법을 주도적으로 실행할 수 있는 위치에 있을 때 만족감을 느낀다.

④ ESTJ의 스트레스원: '가중치'가 충족되지 않았을 때
- 반대로 Te적 요소가 충족되지 않거나 Te와는 반대되는 역할이 요구될 때 이들은 스트레스를 받는다.
- 제대로 정의되지 않은 기준과 절차, 비논리적인 업무 체계, 구조화되지 않은 환경에서 스트레스를 받는다.
- (자신과 타인의) 무능함을 느낄 때 스트레스를 경험한다. 특히 정서적인 배려만을 요구하고 목표지향적이지 않은 사람들과 일할 때 매우 힘들어할 수 있다.
- 논리적 토론이 어려운 상황에서 스트레스를 받는다. 업무에 대해서 논할 때 개인적이고 감정적인 면을 우선시하는 대화 방식에서 큰 스트레스를 받을 수 있다.
- 무엇보다 이러한 비논리적, 비효율적 상황을 통제할 수 없는 위치에 있을 때 가장 큰 스트레스를 경험한다.

2) ESTJ의 보조 세포: Si(꼼꼼한 점검자)

Si는 ESTJ의 프라임 세포인 Te를 도와서 ESTJ만의 강점 패턴을 만드는 심리기능이다.

Si는 S+i를 의미한다. S는 오감을 통해 정보를 인식하는 심리기능이다(현실적, 실용적). i는 '내향형'을 표현하는 바로 그 i다. Si는 이 둘의 의미가 더해졌다고 생각하면 이해하기 쉽다. 말 그대로 Si는 'S를 내면에서 쓰는 사람'이다. 오감을 통해 인식된 현실적, 감각적, 구체적인 정보들을 기반으로 꼼꼼하게 하나하나 체크하는 신중한 사람의 이미지를 떠올리면 된다(꼼꼼한 점검자). Si는 오감에 입각한 현실적 정보를 매우 중시한다(사실, 세부사항에 대해 적당히 얼버무리는 사람을 불신).

Si는 Te를 보완하여 현실적인 정보를 바탕으로 체계적이고 실용적인 계획을 세울 수 있도록 돕는다. ESTJ가 현실적, 실용적, 구체적 문제 해결 능력이 뛰어난 이유는 '보조 세포'인 Si 때문이다.

ESTJ의 강점 패턴은 'Te(논리적 행정가)'와 'Si(꼼꼼한 점검자)'의 '콜라보레이션'에서 기인된 것이다.

3) ESTJ의 어린아이 세포: N(이면을 보는 사람)

N은 ESTJ의 약점 패턴을 만드는 심리기능이다. '어린아이'처럼 미숙하고 잘 발달하지 못한 심리기능이다.

N은 직관을 통해 정보를 인식하는 심리기능이다. 현실, 사실보다는 아이디어, 이면의 의미, 미래, 패턴 등에 초점을 둔다. ESTJ는 자신의 계획 실행이 가져올 장기적인 파급효과와 새로운 가능성을 고려하는 것에 미숙하다. ESTJ가 전체적인 맥락, 일의 목적과 의미, 파급효과, 미래 가능성과 이면의 패턴 등을 읽는 것에서 어려움을 느끼는 이유는 N 기능이 내면의 어린아이 세포로 작용하기 때문이다.

4) ESTJ의 열등 세포: Fi(진실한 사람)

Fi는 ESTJ의 가장 큰 약점 패턴을 만드는 심리기능이다. ESTJ의 프라임 세포인 Te와 정반대의 기능이다. 가장 미숙하고 발달하지 않은 열등한 심리기능이다.

Fi는 F+i를 의미한다. F는 감정과 관계를 기반으로 의사결정을 하는 심리기능이다(상황을 '개인화'함). i는 '내향형'을 표현하는 바로 그 i다. Fi는 이 둘의 의미가 더해졌다고 생각하면 이해하기 쉽다. 말 그대로 Fi는 'F를 내면에서 쓰는 사람'이다. 친화, 온정, 동정, 자비, 존중과 같은 '인간적인 가치'를 중시하며 그에 따라 인생을 살아가기 원한다(밖으로 잘 표현하지는 않음). 자신의 내적 가치를 충실히 지키며 내면의 진실성(Integrity)을 유지하고 싶은 사람의 이미지를 떠올리면 된다(진실한 사람).

ESTJ는 인간적, 감정적인 영향을 고려하는 것에 있어 매우 미숙한 모습을 보인다(존중, 배려와 같은 감정적 요소를 간과하거나 논리에 비해 가중치가 현저히 낮음). 경청, 사람에 대한 인내심 부족 등 정서를 기반으로 한 대인관계 영역에서 큰 약점을 보이는 이유는 Fi가 열등 세포로 활동하기 때문이다.

ESTJ의 약점 패턴은 'N(이면을 보는 사람)'과 'Fi(진실한 사람)'의 '콜라보레이션'에서 기인된 것이다.

ESTJ의 내면 패턴 기억하기

ESTJ의 특징은 내면 설계도에서 나오는 하나의 패턴이다. MBTI 이론의 창시자인 심리학자 칼 융은 우리 마음 안에 '설계도'가 있다고 생각했다. 그러한 심리구조로부터 나타나는 일관된 행동 패턴을 정리한 것이 MBTI다. Te+Si로부터 ESTJ의 강점 패턴이 나오고

N+Fi로부터 약점 패턴이 나오게 되는 것이다. 이러한 심리구조를 이해하고 ESTJ와의 소통 방법을 살펴보면 훨씬 더 이해가 잘될 것이다.

		조직을 이끄는 타고난 재능(체계성, 추진력) / 규칙, 사실 기반 중시 / 비합리적, 일관성이 결여된 상태에 대한 뛰어난 통찰력 / 논리적 전개 능력 강함 / 실용적, 현실적
강점 패턴	Te (논리적 행정가) + Si (꼼꼼한 점검자)	
약점 패턴	N (이면을 보는 사람) + Fi (진실한 사람)	속단하는 경향 / 지나치게 업무 위주로 사람을 대함 / 타인의 정서적인 면에 관심을 가질 필요가 있음 / 비가시적 상황 몰이해(이면의 의미 등) / 추상적 이론을 고려하지 않는 경향 / 변화와 새로운 시도를 염두에 둘 필요가 있음

3단계: ESTJ와 효과적으로 소통하는 법

'프라임 세포'와 '보조 세포'에 주목하기

ESTJ가 프라임 세포인 Te(논리적 행정가), 보조 세포인 Si(꼼꼼한 점검자)를 중심으로 '스키마(세상을 이해하고 대처하는 틀)'를 형성하고 있다는 점에 주목하자. 프라임 세포는 ESTJ가 '가장 신뢰하고 의지하는 심리기능'이다. 이는 '해석의 틀'로 작용한다. 이러한 프라임 세포를 보조 세포인 Si가 보조하면서 ESTJ만의 스키마가 형성된다.

또 하나 기억해야 할 포인트는 '프라임 세포'와 '보조 세포'에 큰 '가중치'가 부여된다는 점이다. 즉, Te(논리적 행정가)와 Si(꼼꼼한 점검자)는 ESTJ가 중요시하고 가치 있게 여기는 심리기능이기 때문에 이 부분이 무시되거나 존중받지 못한다고 느낄 때 심각한 갈등을 야기할 수 있다. 반대로 그러한 부분을 이해받고 존중받는다고 느낄수록 마음의 문을 열 가능성이 높아진다.

'어린아이 세포'와 '열등 세포'는 주의할 점을 알려준다

ESTJ의 어린아이 세포인 N(이면을 보는 사람)과 열등 세포인 Fi(진실한 사람)는 '취약성'과 연관된 심리기능이다. ESTJ에게 이 세포들은 미숙할 뿐 아니라 '가중치'가 매우 떨어지는 심리기능이다. 이는 커뮤니케이션의 영역에서도 그대로 나타난다. ESTJ와 N, Fi를 중심으로 대화하면 신뢰를 얻어내기가 어렵다. 예를 들어 당신이 ESTJ에게 현실적 근거 없이 추상적 개념이나 미래의 비전을 제시하거나 감정적 호소에 근거한 주장만을 펼친다면 좋지 못한 결과로 이어질 가능성이 매우 높다. 기본적으로 N, Fi의 방식으로 이야기하는 것은 ESTJ의 집중력을 현저히 떨어뜨릴 때가 많다.

'프라임 세포와 보조 세포를 중심으로 대화하는 것'이 주요 포인트라는 사실을 기억하면서 ESTJ와의 소통법을 살펴보자.

ESTJ와의 소통법

1) ESTJ의 일반적 의사소통 스타일(Te+Si): 스키마 포인트 / 가중치를 두는 영역 파악하기

- 즉각적으로 문제를 해결하고자 하며, 분명하게 규정된 구체적인 결과물을 선호한다.
- 매우 목표지향적이다. 업무를 빠르게 완성하는 것에 초점을 둔다.
- 프로젝트를 통제하기 위해 자원을 획득, 관리, 조직하고 조율한다. 리더의 역할을 하는 것을 주저하지 않는다.
- 일을 계획에 따라 효율적으로 잘 진행시킨다.
- 규율, 절차, 표준, 기대치를 분명하게 제시한다.
- 토론하고 논쟁하며 경쟁하는 것을 즐긴다(논리적이고 직설적인 표현).

2) ESTJ와의 효과적인 소통 방법(To do): 효과적인 신뢰 구축 방법 이해하기(Te+Si)

- 분명하고 단호하게 말하라. 결론부터 곧바로 말해도 좋다 (논리에 입각한 자신감을 보여주면 ESTJ는 존중하는 태도를 보일 것이다).
- 실행 과정을 진행하기 위한 기준을 분명히 공유하라. 계획, 역할, 책임을 분명하게 제시하라(아니면 그에 대한 의견을 묻고 반영하라).
- 기준이나 표준, 기대치를 구체적으로 제시하라.
- 체계적이고 단계적인 방법으로 정보를 제시하라.
- 구체적인 시간 계획과 스케줄, 마감 기한을 분명히 하라.
- 정해진 규칙은 반드시 준수하라(합의된 규칙을 쉽게 어기는 모습을 보이면 ESTJ로부터 빠르게 신뢰를 잃을 것이다).

3) 주의할 점(Not to do): 신뢰를 빠르게 잃는 요인 파악하기(N+Fi)

- 추상적인 이론이나 아이디어만을 가지고 논의하지 말 것
- 모호하거나 불분명한 태도를 보이지 말 것(애매모호한 반응을 싫어함)

- 반응하거나 의사결정을 하는 데 너무 오랜 시간을 들이지 말 것(우물쭈물 No! 할 거면 하고, 말 거면 말고!)
- 일을 잘하지 못한 부분에 대해 개인적인 상황을 강조하여 변명하지 말 것(감정에 호소하는 것은 ESTJ에게는 가장 안 좋은 접근 방법)
- 업무 시간에 과도한 잡담을 하거나 사적인 정보를 공유하지 말 것(개인적인 관계와 친밀감이 형성되어 있는 경우에는 어느 정도 예외가 있을 수 있음)

당신이 ESTJ 유형의 사람이라면

소통의 출발점은 항상 '자기와의 대화'이다. 자기 자신을 존중하고 스스로와 건강하게 대화하는 사람이 타인과의 소통도 잘할 가능성이 훨씬 높다. 지금 이 내용을 읽고 있는 당신이 ESTJ라면, 먼저 자기 자신을 건강하게 돌보고 있는지부터 확인하라. 그리고 당신과 함께하는 사람들에게 당신에게 적합한 커뮤니케이션 방법이 무엇인지 적절히 설명할 방법을 생각해보라(함께 이 책을 읽으면서 서로를 존중하는 방법을 찾아가는 것도 좋은 방법이 될 수 있다). 건강한 소통의 출발점은 자신을 이해하고 그것을 건강하게 설명하는 것으로부터 시작된다는 점을 기억하고 꼭 시도해보기 바란다. 어쩌면 생각보다 쉽게 변화의 계기가 만들어질지도 모른다.

가치관, 인성, 태도에 따른 차이를 인식하기

챕터 4에서 이야기했듯이 같은 유형이어도 가치관, 인성, 태도에 따라 큰 차이를 보일 수 있다. 이 세 가지 요인은 성격유형이 발현되는 토양이기 때문이다. 보통 '좋은 사람'이라고 느껴지는 사람은 가치관, 인성, 태도가 좋은 사람이다. MBTI 유형은 그다음 문제다. 같은 ESTJ라 해도 가치관, 인성, 태도가 좋지 않을수록 '자기중심적'으로 성격특징이 나타날 것이다. 반면 가치관, 인성, 태도가 좋을수록 보다 유연하고 열린 태도를 보일 가능성이 높다.

개인 역량의 차이를 고려해야 한다

같은 MBTI 유형이라고 해서 역량까지 똑같은 것은 아니다. 역량은 해당 분야의 지식과 경험, 기술 등의 기반 위에서 나타나는 것이기 때문이다. 또한 성격유형 이외에도 흥미, 적성, 재능, 가치관, 자존감 등 다양한 내적 특성들이 함께 고려되어야 한다.

MBTI를 커뮤니케이션 영역에 사용하려면 가치관, 인성, 태도, 역량 수준 등에 따라 같은 유형 간에도 차이가 있을 수 있다는 점을 인식하는 것이 필요하다. '인성의 문제'를 'MBTI 유형의 문제'로 일반화할 수 있기 때문이다. 무엇보다 인성, 태도가 건강한 사람을 만나야 그 유형의 전형적인 모습을 제대로 경험할 수 있다.

이해와 존중에 집중하기

사실 MBTI는 16가지 '유형'에 대한 이야기라기보다는 사람을 이해하고 존중하기 위한 16가지 '심리 패턴'에 대한 이야기이다. 사람을 이해하면 이해할수록 성격유형이라는 틀은 점점 더 희미해진다. 유형의 틀보다는 존중의 과정에 더 집중하게 되기 때문이다.

Chapter

6

–

도전과 경험을 즐기는 사람
- ESTP

효과적인 커뮤니케이션을 위해서는 먼저 상대방을 이해하는 과
정이 선행되어야 한다. 상대방에 대한 이해가 결여된 상태에서 소통
스킬만을 학습하는 것은 오히려 좋지 못한 결과를 초래할 수 있다.
따라서 다음의 3가지 단계를 거쳐서 ESTP와의 소통 방법을 설명하
려 한다.

1단계: ESTP의 일반적 특징 이해하기

2단계: ESTP의 행동 원인이 되는 '마음 설계도' 살펴보기. 이 과
　　　　정을 통해 ESTP의 스키마(세상을 이해하고 대처하는 틀)와 중
　　　　요시 여기는 '가중치 영역'을 이해하기

3단계: 1, 2단계의 정보들을 기반으로 ESTP와의 효과적인 소통
　　　　법 학습하기

1단계: ESTP의 일반적 특징 이해하기

ESTP의 별명

• 수완 좋은 활동가

ESTP는 '순발력'과 '임기응변'이 뛰어난 사람이다. 예를 들어 수업 시간에 떠들다가 걸리면 "아, 방금 선생님께서 말씀하신 부분에 대해 토론 중이었습니다" 하는 식으로 익살스럽게 상황을 모면한다(이러한 면으로 인해 '잔머리의 대가'라고도 불린다).

• Just do it!

이들은 추상적인 관념의 세계가 아닌 현실의 세계 안에서 재미있는 활동을 하려 한다. 친구 만나기, 운동, 맛집 탐방 등 실제적 활동을 선호한다(그래서 충동적으로 행동하기도 한다).

• 폼생폼사

이들에게 중요한 것은 '현실', '재미', '물질'이다. 좋은 옷, 좋은 차, 명품 시계 등은 이들의 주요 관심사가 된다(이러한 것들을 통한 멋을 추구한다). 취미활동을 할 때도 장비를 다 갖춰서 하려 한다(한두 번 사용하고 대부분 먼지가 쌓인 채로 방치될 때가 많음).

• 발등의 불

ESTP는 '벼락치기의 대가'다. 시험 전날 공부 잘하는 친구에게 페이퍼를 얻어 꽤 괜찮은 시험점수를 얻어내는 스타일이다.

• 베짱이

ESTP에게 꿈이 뭐냐고 물어보면 '건물주'라고 말하는 경우가 많다. 건물주가 되면 일하지 않고 여행을 다니면서 재미있게 살 수 있기 때문이다. 이들은 베짱이처럼 유유자적한 삶을 원한다.

ESTP의 장점

• 유연하고 활기찬 사람

ESTP는 격식을 중요시 여기지 않으며 관료주의적이지 않은 환경을 조성한다(규칙, 기준, 절차에 구애받지 않음). 융통성, 즐거움이 느껴지는 활기찬 분위기를 잘 만들어낸다. ESTP 상사와 함께 회의를 한다면 딱딱하지 않게 자연스럽고 유연한 분위기 속에서 진행될 가능성이 높다.

• 선입견이 없고 개방적인 사람

어떤 일이나 사건에 대해 선입견이 없이 개방적으로 접근하려 한다. 다른 사람의 제안을 일방적으로 판단하지 않는다. 판단하고 결정을 내기리보다는 상황에 맞춰 유연하게 대처하는 것을 선호한다. 현재 상황에 유용하다고 판단되면 무엇이든지 선입견 없이 받아들이려 한다.

• 논리적, 실용적, 현실적인 사람

유머 감각이 좋고 사교적인 사람이지만, 문제를 해결할 때는 비판적이며 분석적인 면모를 보인다. 또한 매우 실용적이고 현실적인 방법으로 문제를 해결해나간다. 장기적인 비전이나 전략보다는 당면한 현실적인 문제를 객관적, 분석적으로 접근하여 즉시 적용할 수 있는 실용적 대안을 만들어낸다.

• 위기 상황에 강함

ESTP는 순발력과 순간적인 상황판단 능력이 뛰어나다. 변화에 즉각적이고 현실적으로 대응하며 위기 상황에 유연하게 대처한다 (유연함 + 논리적 + 실용적). 문제 해결이나 상황에 필요한 것들을 찾아내어 신속하게 대처하는 것이 자연스러운 사람들이다. 응급실 간호사, 소방관처럼 순발력과 상황판단 능력, 즉각적인 조치가 필요한 일에 ESTP가 많은 이유다.

• 협상 능력이 좋은 사람

사교성, 융통성, 논리적, 실용적인 면이 어우러져서 타인을 설득하고 협상력을 발휘하는 분야에서 능력을 발휘하는 경우가 많다. ESTP 중에는 고객이 원하는 현실적 니즈들을 신속하게 파악하고 좋은 조건을 설득력 있게 제시하는 딜러들이 많다.

ESTP의 개선점

• 지나친 즉흥성을 주의해야 함

현실, 재미, 물질과 같은 감각적 자극이나 흥분, 경험 등에만 집중하다 보면 책임감이 결여된 모습을 보일 수 있다. 즉흥적인 재미를 추구하다가 시간, 돈 관리가 되지 않아 어려움을 겪거나 자신이 맡은 일을 끝까지 완수하지 않아 책임감이 부족하다는 평가를 듣는다(기본적으로 ESTP는 '충동구매'를 매우 주의해야 한다).

• 감정적인 배려가 약함

다른 사람에게 끼칠 영향을 고려하지 않은 채 의견을 말하는 경향이 있다. 사교적이지만 또한 매우 논리적이고 직설적인 면이 있기 때문에 상대의 약점에 대해 차갑고 무뚝뚝한 태도로 지적을 하는 것을 주의할 필요가 있다.

• 이론, 개념 무관심(깊이 결여, 이면적 통찰력이 약함)

이면적 의미, 관념, 방향성, 목적의식과 같은 주제에 대해서는 관심이 없어서 '생각이 없다' 하는 얘기를 듣기도 한다. 이론이나 개념에 무관심하기 때문에 관념적 주제에 대해 긴 설명을 듣는 것을 싫어한다. 그런 면이 '진지함 부족', '깊이 결여'와 같은 모습으로 나타난다. 때로는 즉흥적인 행동을 잠시 멈추고 삶의 의미나 가치 등에 대해 생각해보는 시간이 필요하다. 자신의 행동이 가져올 파급효과, 장기적인 영향 등에 대해서도 주기적으로 돌아볼 필요가 있다.

2단계: ESTP의 '마음 설계도' 이해하기

'유미의 세포들'이라는 웹툰이 있다. 드라마로 실사화될 정도로 인기가 많았던 작품이다. 주인공 유미가 연애를 하면서 일어나는 여러 가지 에피소드가 재미있게 묘사되어 있다. 이 작품이 인기가 많았던 가장 큰 요인 중 하나는 유미의 머릿속 세포들을 의인화했기 때문일 것이다. '유미의 세포들'은 유미의 마음속에서 일어나는 반응들을 뇌세포들의 대화를 통해서 그대로 보여준다. 사랑 세포, 이성 세포, 엉큼 세포, 오지랖 세포, 작가 세포 등 다양한 세포들이 등장하며, 이름에서 알 수 있듯이 각 세포들의 개성과 역할은 모두 다르다. 이 웹툰에는 약 70여 종의 세포들이 등장한다.

이러한 수많은 세포들을 진두지휘하며 컨트롤하는 세포가 있는데, 그 세포를 '프라임(Prime) 세포'라고 한다. 프라임 세포는 그 사람을 대표하는 '정체성 세포'라고 할 수 있다. 주인공 유미의 프라임 세포는 사랑 세포다.

각 사람이 가진 프라임 세포의 종류는 다 다르다. 감성 세포가 프라임 세포인 사람도 있고, 이성 세포가 프라임 세포인 사람도 있다. 프라임 세포의 진두지휘하에 여러 세포들이 상호작용하면서 그 사람만의 독특한 반응으로 나타나게 된다.

ESTP의 프라임 세포를 찾아서

ESTP의 마음 안에도 '프라임 세포'가 있다. 사실 MBTI는 마음 안에서 일어나는 심리기능 간의 상호작용에 대한 이론이다. 그것을 보다 쉽게 이해할 수 있도록 겉으로 드러나는 행동 위주로 정리해

놓은 것이다. 지금부터 ESTP의 성격유형 패턴을 만들어내는 '마음의 설계도'를 들여다보려 한다. ESTP의 설계도를 알게 되면 ESTP를 더 깊이 있게 이해할 수 있게 된다. ESTP의 스키마(세상을 이해하고 대처하는 틀)를 알 수 있기 때문이다. 그럼 지금부터 ESTP의 마음속으로 들어가보자.

ESTP의 마음 설계도

ESTP의 마음 설계도에는 4가지의 심리적 세포들이 등장한다. 이 4가지 심리 세포들이 서로 상호작용을 하면서 하나의 패턴을 만들어내는 것이다.

프라임 세포	보조 세포	어린아이 세포	열등 세포
맛집 탐방가	논리적 분석가	따뜻한 지지자	예언자
Se	Ti	F	Ni

Se, Ti, F, Ni는 ESTP의 마음 안에서 영향력을 발휘하고 있는 순위라고 생각하면 된다(시각적 효과를 주기 위해 영향력의 순위에 따라 크기를 달리했다). ESTP의 프라임 세포는 맨 앞쪽에 자리한 Se이다. Se를 중심으로 4가지 기능이 활발하게 역동을 일으키고 있는 것이다.

'유미의 세포들'에서 프라임 세포를 중심으로 세포들의 상호작용이 이루어지듯이, 위의 4가지 심리기능들 역시 Se를 중심으로 서로 상호작용하고 있다. 그 상호작용의 결과가 ESTP의 성격유형 패턴으로 나타나는 것이다.

지금부터는 '유미의 세포들'에서 각 세포를 의인화했던 것처럼, ESTP의 심리기능들도 의인화해서 살펴보고자 한다. 웹툰에 나오는 4명의 세포들을 만난다는 느낌으로 읽어보면 좋을 것 같다.

1) ESTP의 프라임 세포: Se(맛집 탐방가)

① Se: 맛집 탐방가

Se는 S+e를 의미한다. S는 오감을 통해 정보를 인식하는 심리기능이다(현실적, 실용적). e는 '외향형'을 표현하는 바로 그 e다. Se는 이 둘의 의미가 더해졌다고 생각하면 이해하기 쉽다. 말 그대로 Se는 'S를 외부로 쓰는 사람'이다. 오감을 외부로 사용하여 현실적인 정보를 인식하는 사람의 모습을 떠올려보라. 맛집, 사고 싶은 옷, 패러글라이딩같이 실제 존재하고 경험할 수 있는 것들이 Se의 관심 대상이다. Se의 초점은 항상 '현재'에 있다. 이들은 늘 현재를 경험하고 즐기기 원한다. 따라서 '먹고 마시고 즐기자'가 Se의 자연스러운 슬로건이 된다. 맛집을 탐방하는 활동적이고 충동적인 사람의 모습을 상상하면 된다(맛집 탐방가).

Se는 ESTP의 '프라임 세포' 역할을 한다. ESTP의 마음 안에서 가장 큰 영향력을 행사하고 있으며, ESTP 성격의 전체적인 방향을 결정한다. ESTP가 가장 신뢰하고, 가치를 두며 의지하는 정신적 세포라고 생각하면 된다. ESTP는 Se를 중심으로 세상을 감지하고 이해한다. **ESTP의 '스키마**(세상을 이해하고 대처하는 틀)'**를 이해하고 '가중치를 두는 영역'을 이해하는 데 필수적인 심리기능**인 셈이다.

② Se: '맛집 탐방가'의 특징

- 오감을 사용하여 실재하는 정보들을 주관적인 해석 없이 '있는 그대로' 받아들인다. 친한 친구 집에 처음 방문한다면, Se는 벽지의 색깔, 방에서 나는 냄새, 바닥의 색깔과 질감 등 실재하는 정보들이 있는 그대로 들어온다. 음식을 먹을 때도 음식의 감촉, 냄새, 맛, 색깔 등이 자연스럽게 인식된다.
- '사실적인 정보'들을 잘 기억하고 그것들을 '생생하게' 묘사한다. 예를 들어 누군가 자신에게 했던 말을 전달할 때 그가 했

던 말뿐 아니라 억양, 톤, 바디 랭귀지까지 잘 기억하고 생동감 있게 묘사한다.

- 지금 여기(here and now)에 초점을 둔다. Se는 이면적 의미, 미래나 과거가 아닌 '현재'를 경험하고자 한다. 따라서 인생의 의미를 너무 깊이 있게 논하거나 추상적인 개념을 다루는 것을 선호하지 않는다(관념적 세계만을 다루는 철학 수업은 질색이다). 그보다는 '점심으로 뭘 먹지?'와 같이 현실적이고 눈앞의 재미를 느낄 수 있는 것들에 초점을 둔다.

- '감각적 자극'을 느낄 수 있는 '새로운 경험'을 추구한다. 이들은 '보는 것'보다 '직접 경험하는 것'을 추구한다. 예를 들어 파도타기하는 사람을 지켜보는 것보다는 자신이 직접 파도타기를 하는 것에서 훨씬 더 강한 자극을 느낀다. 래프팅, 카누, 행글라이딩, 오토바이 타기, 맛집 탐방 등의 감각적 경험을 통해 살아 있음을 느낀다(매우 활동적이고 자유로운 이미지).

- 이들은 '물리적 증거'가 없는 아이디어를 신뢰하지 않는다. 오감을 통해 실제 경험이 가능한 것을 현실로 받아들인다. 다른 사람의 말에 대해서도 문자 그대로 해석한다. '이면의 의미'를 파악하거나 '숨은 뜻을 읽어내는 것'은 이들에게 익숙하지 않은 일이다.

③ ESTP의 에너지원: '가중치'를 크게 두는 영역

- Se는 ESTP가 '가장 중시하는' 기능이므로 ESTP가 활력을 얻는 '에너지원'으로 작용한다.

- 분명한 구조와 단계, 절차, 상세한 지침 등이 있으면서도 동시에 자신만의 '자율성'이 허용되는 업무 환경을 선호한다. 이들은 스스로 시간을 조절하고, 자신의 속도에 맞춰 자신의 방식대로 일할 수 있는 유연하고 자유로운 업무 환경에서 활력을 얻는다. 누군가의 지시에 따르기보다는 타인을 이끌고 지시할 수 있는 역할에서 에너지를 얻는다.

- '구체적인 계획'과 '실제적인 결과'를 확인할 수 있는 실용적이고 활동적인 업무를 선호한다(추상적, 관념적 업무 No). 특히 '감각적인 자극'을 느낄 수 있고 '다양한 경험'을 할 수 있는 업무에서 보다 깊은 몰입감을 경험한다.

- 구체적인 목표를 달성하고 경제적인 성공의 기회를 갖는 것을 통해 활력을 얻는다. 이들에게 물질적 보상은 가장 좋은 동기 요인이 된다.

④ ESTP의 스트레스원: '가중치'가 충족되지 않았을 때

- 반대로 Se적 요소가 충족되지 않거나 Se와는 반대되는 역할이 요구될 때 이들은 스트레스를 받는다.

- 상세한 지침이 부족하고 모호하고 구조화가 잘 되어 있지 않은 환경에서 스트레스를 받는다. 모호한 지시, 불분명한 지침과 계획 등은 이들이 스트레스를 받는 주요 원인이 된다. 분명한 구조, 구체적 과제와 목표는 ESTP의 업무 몰입을 위한 기본 전제 조건이다.

- 일정을 엄격하게 맞추어야 하는 업무 환경, 유연하지 못한 업무 시간, 무엇을 할 것인지, 그것을 어떻게 성취할 것인지에 대해 선택의 자유가 거의 없는 상황에서 스트레스를 받는다. ESTP에게 '자율성'은 매우 중요한 요소이다.

- 비전, 전략, 장기 계획 등 추상적이고 관념적인 영역의 업무는 이들의 몰입도를 급격하게 떨어뜨릴 수 있다. 만약 이런 업무를 지속적으로 해야 한다면 이들의 능력은 반감될 가능성이 높다.

2) ESTP의 보조 세포: Ti(논리적 분석가)

Ti는 ESTP의 프라임 세포인 Se를 도와서 ESTP만의 강점 패턴을 만드는 심리기능이다.

Ti는 T+i를 의미한다. T는 논리를 기반으로 의사결정을 하는 심리기능이다(상황과 자신을 분리해서 판단). i는 '내향형'을 표현하는 바로 그 i다. Ti는 이 둘의 의미가 더해졌다고 생각하면 이해하기 쉽다. 말 그대로 Ti는 'T'를 내면에서 쓰는 사람'이다. 자신만의 논리체계로 상황을 관찰하고 해석하는 사람의 이미지를 떠올리면 된다(논리적 분석가). 이들은 상황을 조용히 관찰하고 논리를 바탕으로 심사숙고한다. Ti는 인생을 흥미로운 수수께끼로 여긴다. 그러나 좀처럼 자신의 생각을 표현하지는 않는다. 인간관계에 무관심하며 홀로 자신의 관심사에 몰입한 학자와 같은 심리 세포이다. 마치 어떤 것에도 얽매이지 않을 것 같은 초연한 이미지를 가지고 있다.

Ti는 Se를 보완하여 실질적인 문제 해결을 위한 손쉬운 방법을 찾도록 돕는다. ESTP가 논리적, 분석적, 객관적인 방식으로 문제에 접근하는 이유는 '보조 세포'인 Ti 때문이다. ESTP가 사교적이고 유머러스하면서도 동시에 비판적, 분석적인 면모를 보이는 것, 뛰어난 순발력과 상황 판단능력을 보여주는 것 역시 Ti가 Se를 보조하고 도우면서 나타나는 특징이다.

ESTP의 강점 패턴은 'Se(맛집 탐방가)'와 'Ti(논리적 분석가)'의 '콜라보레이션'에서 기인된 것이다.

3) ESTP의 어린아이 세포: F(따뜻한 지지자)

F는 ESTP의 약점 패턴을 만드는 심리기능이다. '어린아이'처럼 미

숙하고 잘 발달하지 못한 심리기능이다.

F는 감정과 관계를 중심으로 의사결정하는 심리기능이다(상황을 '개인화'해서 받아들임). ESTP는 자신의 말과 행동이 사람들에게 어떤 영향을 미치는지 잘 고려하지 못한다. 다른 사람의 감정을 적절히 배려하는 것에 미숙함을 보인다. ESTP가 종종 차갑고 무뚝뚝한 태도로 상대방의 약점에 대해 직설적으로 지적하고 상처를 주는 이유는 F 기능이 내면의 어린아이 세포로 작용하기 때문이다.

4) ESTP의 열등 세포: Ni(예언자)

Ni는 ESTP의 가장 큰 약점 패턴을 만드는 심리기능이다. ESTP의 프라임 세포인 Se와 정반대의 기능이다. 가장 미숙하고 발달하지 않은 열등한 심리기능이다.

Ni는 N+i를 의미한다. N은 직관을 통해 정보를 인식하는 심리기능이다. 현실, 사실보다는 아이디어, 이면의 의미, 미래, 패턴 등에 초점을 둔다. i는 '내향형'을 의미하는 그 i다. 한마디로 Ni는 'N을 내부로 쓰는 사람'이다. 영감처럼 나타나는 직관적 통찰력을 바탕으로 세상을 바라보고 해석하는 사람이다. 그래서 '예언자'라는 별명으로 불린다. 예언자는 이면에 내재되어 있는 패턴을 잘 파악하며, 직관적 통찰을 바탕으로 미래를 예측한다.

ESTP는 이면의 의미와 패턴, 추상적 개념, 직관적 통찰, 미래에 대한 비전을 그리는 것 등에 매우 미숙하다. ESTP가 이론, 개념에 무관심하여 종종 깊이가 결여된 모습을 보이거나 미래 비전, 장기적인 성장 전략 등을 세우는 것에서 큰 약점을 보이는 이유는 Ni가 열등 세포로 활동하기 때문이다.

ESTP의 약점 패턴은 'F(따뜻한 지지자)'와 'Ni(예언자)'의 '콜라보레이션'에서 기인된 것이다.

ESTP의 내면 패턴 기억하기

ESTP의 특징은 내면 설계도에서 나오는 하나의 패턴이다. MBTI 이론의 창시자인 심리학자 칼 융은 우리 마음 안에 '설계도'가 있다고 생각했다. 그러한 심리구조로부터 나타나는 일관된 행동 패턴을 정리한 것이 MBTI다. Se+Ti로부터 ESTP의 강점 패턴이 나오고 F+Ni로부터 약점 패턴이 나오게 되는 것이다. 이러한 심리구조를 이해하고 ESTP와의 소통 방법을 살펴보면 훨씬 더 이해가 잘될 것이다.

강점 배분	 Se (맛집 탐방가) + Ti (논리적 분석가)	생활 자체를 즐김(경험, 재미) / 타고난 재치와 사교력(밝고 유쾌함) / 예술적 멋과 감각 / 선입견 없고 개방적 / 순발력(어떤 상황에서도 이유를 댐) / 위기대처의 대가(순발력 + 상황 판단력)
약점 배분	 F (따뜻한 지지자) + Ni (예언자)	감정적 배려에 약함(약점 지적을 잘함) / 이론, 개념에 무관심 / 방향성이 없음 / 이면적 통찰력 약함 / 물질적인 면에 집착 / 진지함 부족 / 즉흥적 행동(시간, 돈 관리 약함)

3단계: ESTP와 효과적으로 소통하는 법

'프라임 세포'와 '보조 세포'에 주목하기

ESTP가 프라임 세포인 Se(맛집 탐방가), 보조 세포인 Ti(논리적 분석가)를 중심으로 '스키마(세상을 이해하고 대처하는 틀)'를 형성하고 있다는 점에 주목하자. 프라임 세포는 ESTP가 '가장 신뢰하고 의지하는 심리기능'이다. 이는 '해석의 틀'로 작용한다. 이러한 프라임 세포를 보조 세포인 Ti가 보조하면서 ESTP만의 스키마가 형성된다.

또 하나 기억해야 할 포인트는 '프라임 세포'와 '보조 세포'에 큰

'가중치'가 부여된다는 점이다. 즉, Se(맛집 탐방가)와 Ti(논리적 분석가)는 ESTP가 중요시하고 가치 있게 여기는 심리기능이기 때문에 이 부분이 무시되거나 존중받지 못한다고 느낄 때 심각한 갈등을 야기할 수 있다. 반대로 그러한 부분을 이해받고 존중받는다고 느낄수록 마음의 문을 열 가능성이 높아진다.

'어린아이 세포'와 '열등 세포'는 주의할 점을 알려준다

ESTP의 어린아이 세포인 F(따뜻한 지지자)와 열등 세포인 Ni(예언자)는 '취약성'과 연관된 심리기능이다. ESTP에게 이 세포들은 미숙할 뿐 아니라 '가중치'가 매우 떨어지는 심리기능이다. 이는 커뮤니케이션의 영역에서도 그대로 나타난다. ESTP와 F, Ni를 중심으로 대화하면 신뢰를 얻어내기가 어렵다. 예를 들어 당신이 ESTP에게 감정에 호소하는 방식으로 추상적이고 관념적인 주제로만 대화한다면 좋지 못한 결과로 이어질 가능성이 매우 높다. 기본적으로 F, Ni의 방식으로 이야기하는 것은 ESTP의 집중력을 현저히 떨어뜨릴 때가 많다.

'프라임 세포와 보조 세포를 중심으로 대화하는 것'이 주요 포인트라는 사실을 기억하면서 ESTP와의 소통법을 살펴보자.

ESTP와의 소통법

1) ESTP의 일반적 의사소통 스타일(Se+Ti): 스키마 포인트 / 가중치를 두는 영역 파악하기

- 처음에는 딱딱해 보일 수 있지만, 점차 활달하고 융통성 있는 모습을 보인다(격식을 차리지 않는 모습).
- 말보다는 행동이 앞선다(장시간의 이론적 토론을 좋아하지 않음).
- 사실적, 실용적인 정보들을 중시한다. 다만 사실적 정보라 하더라도 장황한 설명보다는 요약된 것을 선호한다(요점만 정리된 실용적 정보). 최소한의 지침과 즉흥적인 대응이 가능한 규율 구조를 원한다.
- 실용적인 측면에서 문제를 해결하려 한다. 추상적이고 이론적인 설명을 좋아하지 않는다. 장기적 전략과 비전, 미래에 미칠 영향에 대한 관심이 별로 없다.
- 과거의 경험과 관련지어 자료들을 분석하고 평가한다.
- 재미있고 활기찬 대화를 선호한다(깊이나 진지함이 부족해 보일 수 있음).

2) ESTP와의 효과적인 소통 방법(To do): 효과적인 신뢰 구축 방법 이해하기(Se+Ti)

- 논리와 합리성을 토대로 직접적으로 이야기하라(감정에 호소하거나 애매하게 돌려서 말하는 것은 효과적이지 않음).
- 실제적인 이익이나 실리적인 결과를 분명하게 제시하라.
- 10년 뒤 비전과 같은 추상적이고 장기적인 문제보다는 지금 당장 해결해야 할 당면한 문제를 제시하라.
- 자신만의 시간 계획과 방식을 사용하여 독립적으로 해결책을 찾을 수 있도록 해주어라(ESTP는 '자율성'을 매우 중시한다).
- 재미있고 활기찬 대화 분위기를 형성하라. 함께 웃고 즐겨라.
- 미팅은 가급적 짧게 하라. 요점을 위주로 핵심 정보를 전달하라(단, 정보에 대한 질문은 충분히 할 수 있게 해주는 것이 좋다).

3) 주의할 점(Not to do): 신뢰를 빠르게 잃는 요인 파악하기(F+Ni)

- 비논리적인 방식, 감정이나 인간적인 측면만이 강조된 정보만을 제시하지 말 것
- 질문이나 비판에 대해 개인적, 감정적으로 대응하지 말 것(하

나의 객관적 팩트와 의견으로 받아들일 것)

- 추상적인 아이디어나 장기적인 목표를 설명하는 데 너무 많은 시간을 할애하지 말 것
- 실용적인 가치에 대한 설명 없이 거시적인 미래 결과에만 초점을 두지 말 것
- 장황하고 간접적으로 돌려서 이야기하지 말 것(직접적으로 요점만 간단하게)

당신이 ESTP 유형의 사람이라면

소통의 출발점은 항상 '자기와의 대화'이다. 자기 자신을 존중하고 스스로와 건강하게 대화하는 사람이 타인과의 소통도 잘할 가능성이 훨씬 높다. 지금 이 내용을 읽고 있는 당신이 ESTP라면, 먼저 자기 자신을 건강하게 돌보고 있는지부터 확인하라. 그리고 당신과 함께하는 사람들에게 당신에게 적합한 커뮤니케이션 방법이 무엇인지 적절히 설명할 방법을 생각해보라(함께 이 책을 읽으면서 서로를 존중하는 방법을 찾아가는 것도 좋은 방법이 될 수 있다). 건강한 소통의 출발점은 자신을 이해하고 그것을 건강하게 설명하는 것으로부터 시작된다는 점을 기억하고 꼭 시도해보기 바란다. 어쩌면 생각

보다 쉽게 변화의 계기가 만들어질지도 모른다.

가치관, 인성, 태도에 따른 차이를 인식하기

챕터 4에서 이야기했듯이 같은 유형이어도 가치관, 인성, 태도에 따라 큰 차이를 보일 수 있다. 이 세 가지 요인은 성격유형이 발현되는 토양이기 때문이다. 보통 '좋은 사람'이라고 느껴지는 사람은 가치관, 인성, 태도가 좋은 사람이다. MBTI 유형은 그다음 문제다. 같은 ESTP라 해도 가치관, 인성, 태도가 좋지 않을수록 '자기중심적'으로 성격특징이 나타날 것이다. 반면 가치관, 인성, 태도가 좋을수록 보다 유연하고 열린 태도를 보일 가능성이 높다.

개인 역량의 차이를 고려해야 한다

같은 MBTI 유형이라고 해서 역량까지 똑같은 것은 아니다. 역량은 해당 분야의 지식과 경험, 기술 등의 기반 위에서 나타나는 것이기 때문이다. 또한 성격유형 이외에도 흥미, 적성, 재능, 가치관, 자존감 등 다양한 내적 특성들이 함께 고려되어야 한다.

MBTI를 커뮤니케이션 영역에 사용하려면 가치관, 인성, 태도, 역량 수준 등에 따라 같은 유형 간에도 차이가 있을 수 있다는 점을 인식하는 것이 필요하다. '인성의 문제'를 'MBTI 유형의 문제'로 일반화할 수 있기 때문이다. 무엇보다 인성, 태도가 건강한 사람을 만나야 그 유형의 전형적인 모습을 제대로 경험할 수 있다.

이해와 존중에 집중하기

나와 상대방의 잠재력을 알아보고, 그에 맞는 존중 방법을 함께 찾아나가는 것이 MBTI의 목적임을 꼭 기억하자. 규정과 판단이 아닌 이해와 존중에 집중해보라. 그러한 관점으로 접근하는 것만으로도 많은 차이가 생길 것이다.

사실 MBTI는 16가지 '유형'에 대한 이야기라기보다는 사람을 이해하고 존중하기 위한 16가지 '심리 패턴'에 대한 이야기이다. 사람을 이해하면 이해할수록 성격유형이라는 틀은 점점 더 희미해진다. 유형의 틀보다는 존중의 과정에 더 집중하게 되기 때문이다.

Chapter

7

–

매우 꼼꼼하고
신중한 사람
- ISTJ

효과적인 커뮤니케이션을 위해서는 먼저 상대방을 이해하는 과정이 선행되어야 한다. 상대방에 대한 이해가 결여된 상태에서 소통 스킬만을 학습하는 것은 오히려 좋지 못한 결과를 초래할 수 있다. 따라서 다음의 3가지 단계를 거쳐서 ISTJ와의 소통 방법을 설명하려 한다.

1단계: ISTJ의 일반적 특징 이해하기

2단계: ISTJ의 행동 원인이 되는 '마음 설계도' 살펴보기. 이 과정을 통해 ISTJ의 스키마(세상을 이해하고 대처하는 틀)와 중요시 여기는 '가중치 영역'을 이해하기

3단계: 1, 2단계의 정보들을 기반으로 ISTJ와의 효과적인 소통법 학습하기

1단계: ISTJ의 일반적 특징 이해하기

ISTJ의 별명

• 세상의 소금형

소금이 음식을 썩지 않게 하듯이, 이들은 자신이 속한 세계의 여러 가지 일들을 체계적으로 잘 관리한다. 소금은 특별하고 화려하기보다는 눈에 띄지 않는 필수 재료이기도 한데, 이들 역시 눈에 띄지는 않지만 자신의 업무를 묵묵히 꾸준하게 수행하는 사람들이다. 그러다가 어느 순간 소리 소문 없이 주요한 보직의 책임자가 되는 경우가 많다.

• FM

FM은 Field Manual(야전교범)이라는 군대 용어에서 비롯된 별명이다. 교범에 나온 원칙들을 있는 그대로 정확하게 수행하듯 행동하는 사람을 흔히 FM이라고 부른다. ISTJ 성향의 사람들은 기본적으로 정해진 규칙을 있는 그대로 꼼꼼하게 수행하려 한다. 이러한 특성으로 인해 이들은 타의 모범이 되는 모습을 보이는 경우가 많다. 반대로 종종 융통성이 없다는 이야기를 듣기도 한다.

• 우표

편지봉투에 붙어야 할 자리가 정해져 있는 우표처럼 이들은 기존의 정해진 방식을 선호한다(과거 경험 신뢰).

• 마스터 플랜

ISTJ는 매우 계획적인 사람들이다. 표준화된 양식, 계획표, 시간표 등은 이들에게는 필수 아이템이다. 이들은 자신이 세운 계획이 틀어지는 것을 매우 싫어한다. 이들이 공무원, 회계사, 국세청 관리원과 같은 직업에 많이 분포하는 것은 우연이 아니다. 시간 약속 또한 매우 중시하기 때문에 시간 약속을 어기는 사람을 매우 싫어한다. 습관적으로 시간 약속을 어기는 사람이 있다면 ISTJ에게 조용히 손절당할 가능성이 높다.

• 락앤락

빈틈없이 딱딱 맞아떨어지는 락앤락처럼 이들은 매우 철저한 사람들이다. '돌다리도 두드려보자'라는 말은 ISTJ 형을 두고 하는 말이다. 이들은 어떤 일을 하든 매우 신중하게 접근하고 철저하게 준비한다.

ISTJ의 장점

• 강한 책임감

이들은 강한 책임감을 바탕으로 자신에게 주어진 일은 어떻게든 해내는 사람들이다. 예를 들어 재미가 없는 자격증 시험을 준비해야 한다면 이들은 재미와 상관없이 반복 또 반복해서 자격증을 취득할 것이다. 이들은 반복에 능하다.

• 약속을 잘 지킴

시간 약속을 잘 지키며, 마감 시한을 절대 넘기지 않는다. 상황적인 이유로 마감 시한을 지키지 못할 것 같으면 사전에 미리 조율하려 한다.

• 세부사항과 사실을 잘 다룸

문서, 계획 등의 세부사항을 잘 기억하고 관리한다. 사실적 정보와 자료를 논리적이고 체계적으로 잘 정리한다.

• 조직적, 체계적 일 처리

매우 체계적이고 조직적으로 일을 처리한다. 이들은 절대로 두서없거나 즉흥적인 방식으로 일하지 않는다.

• 신중한 의사결정

과거의 경험, 사실적 정보를 활용하여 논리적인 검증 과정을 거쳐 신중하게 의사를 결정하려 한다. 예를 들어 옷을 한 벌 구매할 때도 이들은 매우 철저하게 비교, 분석하는 경우가 많다.

ISTJ의 개선점

• 타인 감성 무시(관계 취약)

타인의 정서적인 부분을 이해하고 수용하는 것을 어려워한다. 감정적인 요인으로 인해 자신의 책임을 다하지 못하는 사람들을 이해하지 못하는 경향이 있다. 감정적인 친밀함을 표현하거나 칭찬하는 것에 어려움을 느낄 수 있다.

• 큰 그림을 잘 보지 못함

세부사항, 현실적 제약에 집착하여 미래 가능성, 비전 등의 장기적, 추상적, 개념적인 것들을 이해하고 받아들이는 데 어려움을 겪는 경향이 있다.

• 변화를 거부함

자신의 생각과 방법만을 완벽한 것으로 고수하려는 경향이 있다. 일반적인 진행 절차에서 벗어나는 것에 지나치게 예민한 모습을 보일 수 있다. 변화 자체를 거부하는 경향이 있으므로 그러한 부분을 인식하고 열린 마음으로 다른 가능성에 대해 생각해보는 연습이 필요할 수 있다.

2단계: ISTJ의 '마음 설계도' 이해하기

'유미의 세포들'이라는 웹툰이 있다. 드라마로 실사화될 정도로 인기가 많았던 작품이다. 주인공 유미가 연애를 하면서 일어나는 여러 가지 에피소드가 재미있게 묘사되어 있다. 이 작품이 인기가 많았던 가장 큰 요인 중 하나는 유미의 머릿속 세포들을 의인화했기 때문일 것이다. '유미의 세포들'은 유미의 마음속에서 일어나는 반응들을 뇌세포들의 대화를 통해서 그대로 보여준다. 사랑 세포, 이성 세포, 엉큼 세포, 오지랖 세포, 작가 세포 등 다양한 세포들이 등장하며, 이름에서 알 수 있듯이 각 세포들의 개성과 역할은 모두 다르다. 이 웹툰에는 약 70여 종의 세포들이 등장한다.

이러한 수많은 세포들을 진두지휘하며 컨트롤하는 세포가 있는데, 그 세포를 '프라임(Prime) 세포'라고 한다. 프라임 세포는 그 사람을 대표하는 '정체성 세포'라고 할 수 있다. 주인공 유미의 프라임 세포는 사랑 세포다.

각 사람이 가진 프라임 세포의 종류는 다 다르다. 감성 세포가 프라임 세포인 사람도 있고, 이성 세포가 프라임 세포인 사람도 있다. 프라임 세포의 진두지휘하에 여러 세포들이 상호작용하면서 그 사람만의 독특한 반응으로 나타나게 된다.

ISTJ의 프라임 세포를 찾아서

ISTJ의 마음 안에도 '프라임 세포'가 있다. 사실 MBTI는 마음 안에서 일어나는 심리기능 간의 상호작용에 대한 이론이다. 그것을 보다 쉽게 이해할 수 있도록 겉으로 드러나는 행동 위주로 정리해놓은 것이다. 지금부터 ISTJ의 성격유형 패턴을 만들어내는 '마음의 설계도'를 들여다보려 한다. ISTJ의 설계도를 알게 되면 ISTJ를 더 깊이 있게 이해할 수 있게 된다. ISTJ의 스키마(세상을 이해하고 대처하는 틀)를 알 수 있기 때문이다. 그럼 지금부터 ISTJ의 마음속으로 들어가보자.

ISTJ의 마음 설계도

ISTJ의 마음 설계도에는 4가지의 심리적 세포들이 등장한다. 이 4가지 심리 세포들이 서로 상호작용을 하면서 하나의 패턴을 만들어내는 것이다.

Si, Te, F, Ne는 ISTJ의 마음 안에서 영향력을 발휘하고 있는 순위라고 생각하면 된다(시각적 효과를 주기 위해 영향력의 순위에 따라 크기를 달리했다). ISTJ의 프라임 세포는 맨 앞쪽에 자리한 Si이다. Si를 중심으로 4가지 기능이 활발하게 역동을 일으키고 있는 것이다.

'유미의 세포들'에서 프라임 세포를 중심으로 세포들의 상호작용이 이루어지듯이, 위의 4가지 심리기능들 역시 Si를 중심으로 서로 상호작용하고 있다. 그 상호작용의 결과가 ISTJ의 성격유형 패턴으로 나타나는 것이다.

지금부터는 '유미의 세포들'에서 각 세포를 의인화했던 것처럼, ISTJ의 심리기능들도 의인화해서 살펴보고자 한다. 웹툰에 나오는 4명의 세포들을 만난다는 느낌으로 읽어보면 좋을 것 같다.

1) ISTJ의 프라임 세포: Si(꼼꼼한 점검자)

① Si: 꼼꼼한 점검자

Si는 S+i를 의미한다. S는 오감을 통해 정보를 인식하는 심리기능이다(현실적, 실용적). i는 '내향형'을 표현하는 바로 그 i다. Si는 이 둘의 의미가 더해졌다고 생각하면 이해하기 쉽다. 말 그대로 Si는 'S를 내면에서 쓰는 사람'이다. 오감을 통해 인식된 현실적, 감각적, 구체적인 정보들을 기반으로 꼼꼼하게 하나하나 체크하는 신중한 사람의 이미지를 떠올리면 된다(꼼꼼한 점검자). Si는 오감에 입각한 현실적 정보를 매우 중시한다(사실, 세부사항에 대해 적당히 얼버무리는 사람을 불신).

Si는 ISTJ의 '프라임 세포' 역할을 한다. ISTJ의 마음 안에서 가장 큰 영향력을 행사하고 있으며, ISTJ 성격의 전체적인 방향을 결정한다. ISTJ가 가장 신뢰하고, 가치를 두며 의지하는 정신적 세포라고 생각하면 된다. ISTJ는 Si를 중심으로 세상을 감지하고 이해한다. **ISTJ의 '스키마**(세상을 이해하고 대처하는 틀)'**를 이해하고 '가중치를 두는 영역'을 이해하는 데 필수적인 심리기능**인 셈이다.

② Si: '꼼꼼한 점검자'의 특징

- 과거 실제 경험을 바탕으로 현재 상황을 평가하고 점검하고 해석하려 한다. 과거의 경험과 현재의 경험을 적극적으로 비교한다(새로운 제안이나 갑작스러운 변화를 선호하지 않음).

- 사실적인 정보를 토대로 차근차근 접근하려고 한다(속도는 느리지만 정확하고자 하는 욕구가 큼). 매우 신중하고 차분한 인상을 풍긴다.

- 자기 몸의 내부에서 일어나고 있는 현상에 대해 매우 민감하다. 예를 들어 졸릴 때, 배고플 때, 충분히 배가 부를 때, 피로를 느낄 때를 민감하게 알아차린다. ISTJ가 '적정량'의 음식을 먹고 '정해진' 시간에 잠자리에 들고 일어나는 것은 이러한 심리적 특성에서 기인한 것이다.

- 저장된 정보를 순차적인 방식으로 검색한다. 그래서 한 번에 한 주제만 다루는 것을 선호한다. 여러 주제를 동시에 다루거나 두서없이 이 얘기 저 얘기를 하는 것을 좋아하지 않는다.

- 상황에 대한 세부사항과 그에 대한 자신의 '내적반응'을 동시

에 저장한다. 예를 들어 지저분한 방에 머물렀을 때의 세부사항과 그에 대한 불쾌한 감정을 동시에 저장한다. 비슷한 상황을 보면 조건반사적으로 감정이 함께 올라온다.

- 전통을 유지하려 한다. Si는 전통을 하나의 상식처럼 생각한다. 복장 규칙, 인사 방식, 보고 방식, 행사 절차 등을 지키려 한다.

③ ISTJ의 에너지원: '가중치'를 크게 두는 영역

- Si는 ISTJ가 '가장 중시하는' 기능이므로 ISTJ가 활력을 얻는 '에너지원'으로 작용한다.
- 목표를 달성하기 위해 사실적인 세부정보를 수집하고 조직적으로 정리해서 제공할 때 이들은 활력을 얻는다.
- 분명한 목표와 기대치, 안정적인 구조와 절차가 있는 곳에서 업무에 몰입한다.
- 방해받지 않는 조용한 업무 공간에서 자신의 기준과 절차에 맞춰 일할 때 안정감을 느낀다. 이들은 업무 일정을 통제하기 원한다(예측 가능한 환경).

④ ISTJ의 스트레스원: '가중치'가 충족되지 않았을 때

- 반대로 Si적 요소가 충족되지 않거나 Si와는 반대되는 역할이

요구될 때 이들은 스트레스를 받는다.

- 기준, 목표, 우선순위 등이 분명치 않은 상태에서 일하는 것
  을 매우 힘들어한다.
- 자신의 업무 기준에 미치지 못하는 타인의 무능함과 너저분
  함을 느낄 때 스트레스를 받는다.
- 브레인스토밍, 장기적 비전, 추상적인 개념을 다루는 일은 이
  들에게는 매우 힘든 일이다.

2) ISTJ의 보조 세포: Te(논리적 행정가)

Te는 ISTJ의 프라임 세포인 Si를 도와서 ISTJ만의 강점 패턴을 만
드는 심리기능이다.

Te는 T+e를 의미한다. T는 논리를 기반으로 의사결정을 하는 심
리기능이다. e는 '외향형'을 의미하는 그 e다. 한마디로 Te는 'T를 외
부로 쓰는 사람'이다. 논리적으로 목표를 세우고 그 목표에 맞게 사
람, 시간, 공간 등의 자원을 조직적으로 통제하려는 사람의 이미지
를 떠올리면 된다(논리적 행정가).

Te는 Si를 보완하여 현실적인 문제를 해결하기 위해 외부세계를
논리적으로 조직하고 체계화하려 한다. ISTJ가 업무 중심인 이유는
'보조 세포'인 Te 때문이다. 이들은 과업 성취에 초점을 둔다. ISTJ

가 사실적, 세부적 정보들을 조직화하고 체계화하는 능력이 뛰어난 것은 Si를 Te가 보조하고 돕기 때문이다.

ISTJ의 강점 패턴은 'Si(꼼꼼한 점검자)'와 'Te(논리적 행정가)'의 '콜라보레이션'에서 기인된 것이다.

3) ISTJ의 어린아이 세포: F(따뜻한 지지자)

F는 ISTJ의 약점 패턴을 만드는 심리기능이다. '어린아이'처럼 미숙하고 잘 발달하지 못한 심리기능이다.

F는 감정과 관계를 중심으로 의사결정하는 심리기능이다. ISTJ는 자신의 결정이 사람들에게 어떤 영향을 미치는지 잘 고려하지 못한다. ISTJ는 정서적이고 관계적인 부분에서 취약성을 드러낼 때가 많다. ISTJ가 정서적 지지와 칭찬에 인색하고 타인의 감정을 배려하는 것에서 어려움을 느끼는 이유는 마음속에서 F가 어린아이 세포로 활동하고 있기 때문이다.

4) ISTJ의 열등 세포: Ne(브레인스토머)

Ne는 ISTJ의 가장 큰 약점 패턴을 만드는 심리기능이다. ISTJ의 프라임 세포인 Si와 정반대의 기능이다. 가장 미숙하고 발달하지 않은 열등한 심리기능이다.

Ne는 N+e를 의미한다. N은 직관을 통해 정보를 인식하는 심리 기능이다. 현실, 사실보다는 아이디어, 이면의 의미, 미래, 패턴 등에 초점을 둔다. e는 '외향형'을 의미하는 그 e다. 한마디로 Ne는 'N을 외부로 쓰는 사람'이다. 열린 사고방식으로 자유롭게 브레인스토밍을 즐기는 사람의 이미지를 떠올리면 된다(브레인스토머).

ISTJ는 새로운 아이디어를 떠올리거나, 새로운 가능성을 인식하는 것에 매우 미숙하다. 큰 그림을 그리고 미래의 비전을 그리는 것을 매우 힘들어한다.

ISTJ의 약점 패턴은 'F(따뜻한 지지자)'와 'Ne(브레인스토머)'의 '콜라보레이션'에서 기인된 것이다.

ISTJ의 내면 패턴 기억하기

ISTJ의 특징은 내면 설계도에서 나오는 하나의 패턴이다. MBTI 이론의 창시자인 심리학자 칼 융은 우리 마음 안에 '설계도'가 있다고 생각했다. 그러한 심리구조로부터 나타나는 일관된 행동 패턴을 정리한 것이 MBTI다. Si+Te로부터 ISTJ의 강점 패턴이 나오고 F+Ne로부터 약점 패턴이 나오게 되는 것이다. 이러한 심리구조를 이해하고 ISTJ와의 소통 방법을 살펴보면 훨씬 더 이해가 잘될 것이다.

| 강점 패턴 | Si (꼼꼼한 점검자) + Te (논리적 행정가) | 치밀함(철두철미) / 신중함 / 반복에 능함 / 구체적 / 현실적, 비판에 강함 / 조직적 일처리 / 공사구별 분명 / 보수적(과거 경험 신뢰) |
| 약점 패턴 | F (따뜻한 지지자) + Ne (브레인스토머) | 타인 감성 무시(관계 취약) / 변화를 거부 / 부차적 일에 집착 / 지나친 결벽 추구 |

3단계: ISTJ와 효과적으로 소통하는 법

'프라임 세포'와 '보조 세포'에 주목하기

ISTJ가 프라임 세포인 Si(꼼꼼한 점검자), 보조 세포인 Te(논리적 행정가)를 중심으로 '스키마(세상을 이해하고 대처하는 틀)'를 형성하고 있다는 점에 주목하자. 프라임 세포는 ISTJ가 '가장 신뢰하고 의지하는 심리기능'이다. 이는 '해석의 틀'로 작용한다. 이러한 프라임 세포를 보조 세포인 Te가 보조하면서 ISTJ만의 스키마가 형성된다.

또 하나 기억해야 할 포인트는 '프라임 세포'와 '보조 세포'에 큰 '가중치'가 부여된다는 점이다. 즉, Si(꼼꼼한 점검자)와 Te(논리적 행정가)는 ISTJ가 중요시하고 가치 있게 여기는 심리기능이기 때문에 이 부분이 무시되거나 존중받지 못한다고 느낄 때 심각한 갈등을 야기할 수 있다. 반대로 그러한 부분을 이해받고 존중받는다고 느낄수록 마음의 문을 열 가능성이 높아진다.

'어린아이 세포'와 '열등 세포'는 주의할 점을 알려준다

ISTJ의 어린아이 세포인 F(따뜻한 지지자)와 열등 세포인 Ne(브레인스토머)는 '취약성'과 연관된 심리기능이다. ISTJ에게 이 세포들은 미숙할 뿐 아니라 '가중치'가 매우 떨어지는 심리기능이다. 이는 커뮤니케이션의 영역에서도 그대로 나타난다. ISTJ와 F, Ne를 중심으로 대화하면 신뢰를 얻어내기가 어렵다. 예를 들어 당신이 ISTJ에게 갑작스럽게 새로운 아이디어를 제시하고 즉각적인 변화를 요구한다면 좋지 못한 결과로 이어질 가능성이 매우 높다. 기본적으로 F, Ne의 방식으로 이야기하는 것은 ISTJ의 집중력을 현저히 떨어뜨릴 때가 많다.

'프라임 세포와 보조 세포를 중심으로 대화하는 것'이 주요 포인트라는 사실을 기억하면서 ISTJ와의 소통법을 살펴보자.

ISTJ와의 소통법

1) ISTJ의 일반적 의사소통 스타일(Si+Te): 스키마 포인트 / 가중치를 두는 영역 파악하기

- 현실적, 실용적, 논리성, 효율성을 중시한다.
- 당면한 과제에 초점을 두려 한다(먼 미래의 일에 초점을 두지 않는다).
- 사실, 세부사항을 중시한다(가중치를 두는 영역).
- 실제적인 결과를 중시한다.
- 직접적이고 사실적인 언어를 사용한다(추상적인 표현을 쓰지 않음).
- 실제 경험에서 얻은 정보를 중시한다(실사례 근거 중요).

2) ISTJ와의 효과적인 소통 방법(To do): 효과적인 신뢰 구축 방법 이해하기(Si+Te)

- 사실적, 구체적인 자료를 제시하라(자료가 충분할수록 효과적이다).
- 한 번에 하나씩 차근차근 자료를 제시하라.
- 논리적, 객관적 기준을 근거로 단계적 절차를 제시하라.
- 일 중심적으로 접근하라(이들은 과업 중심적이다). 개인적인 관계는 충분한 일을 통해 신뢰가 쌓인 뒤에 맺는 것이 좋다.
- 분명한 방침, 기대, 측정 가능한 목표, 기대 가능한 표준치들을 공유하라.
- 실질적으로 적용 가능함을 강조하라(실제적 결과물 중시). 구체적인 수치, 결과물을 제시할수록 이들의 몰입도는 상승할 것이다. 과거에 성공한 사례가 있다면 함께 제시하라.
- 가능하면 문서로 제안을 전달하고 충분히 검토할 시간을 주는 것이 좋다(특히 평소와 다른 제안일 경우는 더욱 그렇다). 충분한 검토 이후에 반응이나 결정을 요구하라.
- 새로운 제안을 해야 하는 상황이라면, 이미 알고 있거나 경험적으로 검증된 사례들과 연결하여 설명하는 것이 효과적이다.

3) 주의할 점(Not to do): 신뢰를 빠르게 잃는 요인 파악하기(F+Ne)

- 업무 상황에서 감정적이고 사적인 대화에 초점을 두지 말 것
- 갑작스럽게 새로운 아이디어를 제시하고 즉각적인 반응이나 변화를 요구하지 말 것
- 지나치게 장기적인 결과나 비전에만 초점을 두어 이야기하지 말 것
- 추상적이고 모호한 지침을 주거나 정보의 일부분만을 제시하지 말 것
- 이론적, 추상적, 개념적인 주제로만 이야기하지 말 것(관심이 있는 주제일 경우 예외)
- 개인적인 입장으로 이야기하지 말 것(논리적 판단에 근거한 주장이 효과적)
- 전체적인 그림을 단번에 이해하고 파악할 것을 요구하지 말 것(이들은 먼저 단계적으로 세부사항을 파악하면서 전체 그림을 이해하는 것이 효과적인 사람들이다)

당신이 ISTJ 유형의 사람이라면

소통의 출발점은 항상 '자기와의 대화'이다. 자기 자신을 존중하고 스스로와 건강하게 대화하는 사람이 타인과의 소통도 잘할 가능성이 훨씬 높다. 지금 이 내용을 읽고 있는 당신이 ISTJ라면, 먼저 자기 자신을 건강하게 돌보고 있는지부터 확인하라. 그리고 당신과 함께하는 사람들에게 당신에게 적합한 커뮤니케이션 방법이 무엇인지 적절히 설명할 방법을 생각해보라(함께 이 책을 읽으면서 서로를 존중하는 방법을 찾아가는 것도 좋은 방법이 될 수 있다). 건강한 소통의 출발점은 자신을 이해하고 그것을 건강하게 설명하는 것으로부터 시작된다는 점을 기억하고 꼭 시도해보기 바란다. 어쩌면 생각보다 쉽게 변화의 계기가 만들어질지도 모른다.

가치관, 인성, 태도에 따른 차이를 인식하기

챕터 4에서 이야기했듯이 같은 유형이어도 가치관, 인성, 태도에 따라 큰 차이를 보일 수 있다. 이 세 가지 요인은 성격유형이 발현되는 토양이기 때문이다. 보통 '좋은 사람'이라고 느껴지는 사람은 가치관, 인성, 태도가 좋은 사람이다. MBTI 유형은 그다음 문제다. 같

은 ISTJ라 해도 가치관, 인성, 태도가 좋지 않을수록 '자기중심적'으로 성격특징이 나타날 것이다. 반면 가치관, 인성, 태도가 좋을수록 보다 유연하고 열린 태도를 보일 가능성이 높다.

개인 역량의 차이를 고려해야 한다

같은 MBTI 유형이라고 해서 역량까지 똑같은 것은 아니다. 역량은 해당 분야의 지식과 경험, 기술 등의 기반 위에서 나타나는 것이기 때문이다. 또한 성격유형 이외에도 흥미, 적성, 재능, 가치관, 자존감 등 다양한 내적 특성들이 함께 고려되어야 한다.

MBTI를 커뮤니케이션 영역에 사용하려면 가치관, 인성, 태도, 역량 수준 등에 따라 같은 유형 간에도 차이가 있을 수 있다는 점을 인식하는 것이 필요하다. '인성의 문제'를 'MBTI 유형의 문제'로 일반화할 수 있기 때문이다. 무엇보다 인성, 태도가 건강한 사람을 만나야 그 유형의 전형적인 모습을 제대로 경험할 수 있다.

이해와 존중에 집중하기

사실 MBTI는 16가지 '유형'에 대한 이야기라기보다는 사람을 이해하고 존중하기 위한 16가지 '심리 패턴'에 대한 이야기이다. 사람을 이해하면 이해할수록 성격유형이라는 틀은 점점 더 희미해진다. 유형의 틀보다는 존중의 과정에 더 집중하게 되기 때문이다.

Chapter

8

–

관조적이고
독립적인 사람
- ISTP

[주의]

PART 1을 읽지 않고 유형 설명 파트만 읽으면 '규정짓기'와 '고정관념'의 오류
에 빠져들 수 있음. 반드시 PART 1을 먼저 읽고 올 것!

효과적인 커뮤니케이션을 위해서는 먼저 상대방을 이해하는 과
정이 선행되어야 한다. 상대방에 대한 이해가 결여된 상태에서 소통
스킬만을 학습하는 것은 오히려 좋지 못한 결과를 초래할 수 있다.
따라서 다음의 3가지 단계를 거쳐서 ISTP와의 소통 방법을 설명하
려 한다.

1단계: ISTP의 일반적 특징 이해하기

2단계: ISTP의 행동 원인이 되는 '마음 설계도' 살펴보기. 이 과정
　　　　을 통해 ISTP의 스키마(세상을 이해하고 대처하는 틀)와 중요
　　　　시 여기는 '가중치 영역'을 이해하기

3단계: 1, 2단계의 정보들을 기반으로 ISTP와의 효과적인 소통법
　　　　학습하기

1단계: ISTP의 일반적 특징 이해하기

ISTP의 별명

• 노력절약형

ISTP는 '효율성'을 추구한다. 자신이 좋아하지 않는 일이나 관계에 에너지와 시간을 쓰는 것을 매우 피곤해하는 사람이다. 꼭 필요한 에너지만을 사용하고 최대한 에너지를 아껴 쓰려 한다.

• 귀차니즘

해야 할 일을 미룰 수 있을 때까지 최대한 미뤄서 하는 경우가 많다(보통 발등에 불이 떨어져야 시작한다). 예를 들어 설거지, 방 청소 등을 한 번에 몰아서 할 때가 많다. 누군가 행동을 강요하는 것을 싫어한다. '빨리, 빨리', '넌 할 수 있어'와 같은 말을 좋아하지 않는다. 그냥 '자신이 하고 싶을 때' 알아서 하도록 내버려두기를 바란다.

• 무관심

ISTP는 정서적이고 관계 중심적인 모습과는 거리가 멀다. 사람에
대한 관심이 매우 적은 사람이다. 또한 정서적 표현을 거의 하지 않는
다. 일단 표현 자체가 매우 적다(억지로 말을 시키는 것을 매우 싫어함).

• 교양 있는 개인주의자

이들은 구속받는 것을 매우 싫어한다. 기본적으로 '너는 너, 나
는 나'라는 가치관을 가지고 있는 경우가 많다. 그래서 감정형의 사
람들로부터 '무정하다', '무관심하다', '강 건너 불구경 한다' 등의 핀
잔을 들을 때가 많다.

ISTP의 장점

• 객관적, 논리적, 분석적인 사람

ISTP는 매우 논리적인 사람이다. 이들은 상황을 조용히 관찰하
고 자신만의 논리로 분석하여 오류와 모순점을 찾아낸다. 또한 문

제의 핵심을 파악하고 현실적인 해결책을 제시한다. 문제 해결 과정에서 객관적인 추론을 잘 활용한다.

•'사실적 정보'를 활용하여 '실용적'으로 문제를 해결하는 사람

이론이나 추상적 개념보다는 '사실적 정보'에 집중하며(사실, 세부사항을 잘 기억함), 사실적 정보들을 논리적으로 조직화하는 능력이 뛰어나다. 정보들 간의 인과관계를 분석하여 조직적으로 정리한다. 그러한 정보를 토대로 상황을 판단하려 한다. ISTP는 현실적이고 실용적인 사람이다. 이론적 가능성보다는 현재 상황과 실행 가능한 것에 초점을 두고 문제를 해결한다.

•효율적으로 일을 처리하는 사람

'최소비용, 최대효율'은 ISTP의 슬로건이다. 간단명료한 설명을 선호하며 최소한의 토의를 통해 필요한 것들을 파악한다(실용적 방안, 방해요소 등). 업무 처리는 가장 편리한 방법으로 신속하게 대응한다. 평소엔 느긋해 보이지만 문제가 발생하면 빠르게 행동한다.

• 긴급한 상황에서도 평정심을 유지하는 사람

ISTP는 긴급한 상황에서도 평정심을 보인다(기본적으로 분위기를 잘 타지 않는다). 이러한 특징은 긴급한 상황에서 냉철한 판단력을 발휘하는 것으로 나타난다. 즉각적인 조치가 필요한 상황에서 빠른 대응과 집중력을 발휘하여 문제를 해결하는 것이다. 즉각적인 대응이 필요한 카레이서, 소방관과 같은 직업에 ISTP가 많은 이유다.

• 공정함을 유지하는 사람

'올바른 가치'를 가지고 있다면(공정함은 성향 이전에 가치와 신념의 문제이다), ISTP의 논리적 성향은 공정함을 유지하는 데 적절히 활용될 수 있다. 이들은 계급이나 권위에 초연한 편이며, 개인적 친분과 상관없이 공정함을 유지할 수 있기 때문이다. 법령이나 기준을 토대로 공정성과 관련한 업무를 맡긴다면 매우 잘 처리할 것이다.

ISTP의 개선점

• 정서적 영향을 고려하지 못함

감정적 측면을 고려하지 않고 말을 해서 본의 아니게 상처를 주는 경우가 많다. 기본적으로 누군가와 정서적, 관계적으로 연결되어 있다는 생각을 잘 하지 않기 때문에 정서적 표현, 감정적 배려 등이 약점으로 작용하는 경우가 많다(다른 사람들의 정서적 욕구와 가치를 간과). 이들은 '사랑한다', '고맙다', '미안하다' 등의 말을 하는 것을 불편해한다(기본적으로 표현 자체가 많지 않음).

• 열정과 마무리가 부족함

ISTP가 무언가에 미친 듯이 몰입하여 열정적인 모습을 보이는 경우는 극히 드물다(열정 부족). 또한 어떤 일을 끝까지 꾸준하게 하지 못하는 경향이 있다(인내심 부족, 마무리가 안 됨). 이러한 면으로 인해 자신의 장점 역시 효과적으로 드러나지 못할 수 있다는 점을 기억할 필요가 있다.

• 장기적인 파급효과를 고려하지 못함

눈앞에 당면한 문제에만 초점을 맞춘 나머지, 자신의 결정과 행동이 가져올 장기적인 파급효과를 놓칠 수 있다. 목적, 장기적 전략, 파급효과 등을 고려하는 것이 필요하다.

2단계: ISTP의 '마음 설계도' 이해하기

'유미의 세포들'이라는 웹툰이 있다. 드라마로 실사화될 정도로 인기가 많았던 작품이다. 주인공 유미가 연애를 하면서 일어나는 여러 가지 에피소드가 재미있게 묘사되어 있다. 이 작품이 인기가 많았던 가장 큰 요인 중 하나는 유미의 머릿속 세포들을 의인화했기 때문일 것이다. '유미의 세포들'은 유미의 마음속에서 일어나는 반응들을 뇌세포들의 대화를 통해서 그대로 보여준다. 사랑 세포, 이성 세포, 엉큼 세포, 오지랖 세포, 작가 세포 등 다양한 세포들이 등장하며, 이름에서 알 수 있듯이 각 세포들의 개성과 역할은 모두 다르다. 이 웹툰에는 약 70여 종의 세포들이 등장한다.

이러한 수많은 세포들을 진두지휘하며 컨트롤하는 세포가 있는 데, 그 세포를 '프라임(Prime) 세포'라고 한다. 프라임 세포는 그 사람을 대표하는 '정체성 세포'라고 할 수 있다. 주인공 유미의 프라임 세포는 사랑 세포다.

각 사람이 가진 프라임 세포의 종류는 다 다르다. 감성 세포가 프라임 세포인 사람도 있고, 이성 세포가 프라임 세포인 사람도 있다. 프라임 세포의 진두지휘하에 여러 세포들이 상호작용하면서 그 사람만의 독특한 반응으로 나타나게 된다.

ISTP의 프라임 세포를 찾아서

ISTP의 마음 안에도 '프라임 세포'가 있다. 사실 MBTI는 마음 안에서 일어나는 심리기능 간의 상호작용에 대한 이론이다. 그것을 보다 쉽게 이해할 수 있도록 겉으로 드러나는 행동 위주로 정리해놓은 것이다. 지금부터 ISTP의 성격유형 패턴을 만들어내는 '마음의 설계도'를 들여다보려 한다. ISTP의 설계도를 알게 되면 ISTP를 더 깊이 있게 이해할 수 있게 된다. ISTP의 스키마(세상을 이해하고 대처하는 틀)를 알 수 있기 때문이다. 그럼 지금부터 ISTP의 마음속으로 들어가보자.

ISTP의 마음 설계도

ISTP의 마음 설계도에는 4가지의 심리적 세포들이 등장한다. 이 4가지 심리 세포들이 서로 상호작용을 하면서 하나의 패턴을 만들어내는 것이다.

프라임 세포	보조 세포	어린아이 세포	열등 세포
논리적 분석가	맛집 탐방가	이면을 보는 사람	친절한 가이드
Ti	**Se**	N	Fe

Ti, Se, N, Fe는 ISTP의 마음 안에서 영향력을 발휘하고 있는 순위라고 생각하면 된다(시각적 효과를 주기 위해 영향력의 순위에 따라 크기를 달리했다). ISTP의 프라임 세포는 맨 앞쪽에 자리한 Ti이다. Ti를 중심으로 4가지 기능이 활발하게 역동을 일으키고 있는 것이다.

'유미의 세포들'에서 프라임 세포를 중심으로 세포들의 상호작용이 이루어지듯이, 위의 4가지 심리기능들 역시 Ti를 중심으로 서로 상호작용하고 있다. 그 상호작용의 결과가 ISTP의 성격유형 패턴으로 나타나는 것이다.

지금부터는 '유미의 세포들'에서 각 세포를 의인화했던 것처럼, ISTP의 심리기능들도 의인화해서 살펴보고자 한다. 웹툰에 나오는 4명의 세포들을 만난다는 느낌으로 읽어보면 좋을 것 같다.

1) ISTP의 프라임 세포: Ti(논리적 분석가)

① Ti: 논리적 분석가

Ti는 T+i를 의미한다. T는 논리를 기반으로 의사결정을 하는 심리기능이다(상황과 자신을 분리해서 판단). i는 '내향형'을 표현하는 바로 그 i다. Ti는 이 둘의 의미가 더해졌다고 생각하면 이해하기 쉽다. 말 그대로 Ti는 'T를 내면에서 쓰는 사람'이다. 자신만의 논리체계로 상황을 관찰하고 해석하는 사람의 이미지를 떠올리면 된다(논리적 분석가). 이들은 상황을 조용히 관찰하고 논리를 바탕으로 심사숙고한다. Ti는 인생을 흥미로운 수수께끼로 여긴다. 그러나 좀처럼 자신의 생각을 표현하지는 않는다. 인간관계에 무관심하며 홀로 자신의 관심사에 몰입한 학자와 같은 심리 세포이다. 마치 어떤 것에도 얽매이지 않을 것 같은 초연한 이미지를 가지고 있다. Ti는 상대방의 개인적인 문제에 굳이 엮이고 싶어 하지 않는다. 이들이 말을 많이 할 때는 자신의 관심 분야에 대해 이야기할 때이다.

Ti는 ISTP의 '프라임 세포' 역할을 한다. ISTP의 마음 안에서 가장 큰 영향력을 행사하고 있으며, ISTP 성격의 전체적인 방향을 결정한다. ISTP가 가장 신뢰하고, 가치를 두며 의지하는 정신적 세포라고 생각하면 된다. ISTP는 Ti를 중심으로 세상을 감지하고 이해한다. **ISTP의 '스키마**(세상을 이해하고 대처하는 틀)'**를 이해하고 '가중치를 두는 영역'을 이해하는 데 필수적인 심리기능**인 셈이다.

② Ti: '논리적 분석가'의 특징

- 이들의 내면에는 논리적인 모델, 틀이 구축되어 있다. 이들은 그러한 틀을 중심으로 정보를 분류하고 체계화한다. 예를 들어 책장에 10권의 책이 꽂혀 있다면 자신의 논리적 틀을 중심으로 '2권은 시사, 3권은 교양, 3권은 상식, 2권은 역사'와 같은 식으로 분류한다.

- 굳이 노력하지 않아도 어떤 주제에 대해 자신만의 논리적 카테고리로 분류하는 것이 자연스럽다. 특히 관심 분야에 대해서는 훨씬 더 복잡하고 정교한 논리체계를 가지고 있다.

- 자신만의 '논리적 틀'을 중심으로 상황을 분석하고 비평한다. 예를 들어 '역사란 고증이다. 추론과 예측은 역사의 주변적인 부분이다'라는 정의를 내렸다면 역사와 관련한 여러 이슈들을 이러

한 틀을 기준으로 분석하고 비평한다. 평소에는 과묵하지만 자신의 관심 분야에서는 손쉽게 비평적인 발언들을 쏟아놓는다.

- 자신의 논리적 분류체계를 지속적으로 발달시킨다. 논리적인 분류체계를 세우고 그 안에 데이터를 채워보는 것을 반복하면서 자신만의 정교한 논리적 모델을 만들어나간다.

- 사물이 작동하는 근본적인 원리를 이해하려고 한다. 예를 들어 거울의 원리에 관심을 가지고 있다면 거울을 보면서 왼쪽에 있는 사물이 오른쪽에 있고, 오른쪽에 있는 사물은 왼쪽에 있는 이유를 알아내고자 한다.

- 추리소설 같은 장르를 좋아하는 경우가 많다. 논리적인 분석을 통해 인과관계를 따져보고 유추해보는 과정은 Ti에게 매우 흥미로운 일이다.

- 정밀한 언어를 사용한다. 자신의 논리적 생각을 적절하게 묘사하기 위해 정확한 단어나 구절을 사용하려고 한다. 정확한 언어로 자신의 논리적 분류체계를 정의하고자 한다. 예를 들어 누군가 "우와, 저것 좀 봐. 붉은 새다"라고 한다면 "저것은 붉은 새가 아니라 북부 홍관조라는 새야"라고 말하는 식이다.

③ ISTP의 에너지원: '가중치'를 크게 두는 영역

- Ti는 ISTP가 '가장 중시하는' 기능이므로 ISTP가 활력을 얻는

'에너지원'으로 작용한다.

- 독립적으로 정보를 수집하고, 분석하고, 해석할 수 있는 업무 환경에서 에너지를 얻는다. 자신만의 시간 계획과 방식으로 일하기를 원한다(자율성, 독립성).

- 자신의 논리적 관점을 이해하고 존중하는 동료와 함께 일하는 것을 선호한다(합리적 토론이 가능한 문화). 특히 자신의 논리적 의견이 중요한 결정에 반영되고 그 가치를 인정받을 때 깊은 만족감을 느낀다.

- '사실적인' 정보를 다루고, 분명한 구조와 책임, 안정성이 보장되며, 구체적인 결과를 확인할 수 있는 프로젝트에서 활력을 얻는다. 그러한 업무에서 자신의 전문성을 인정받을 때 에너지를 얻는다.

④ ISTP의 스트레스원: '가중치'가 충족되지 않았을 때

- 반대로 Ti적 요소가 충족되지 않거나 Ti와는 반대되는 역할이 요구될 때 이들은 스트레스를 받는다.

- 분명한 구조와 책임 등이 상세하게 규정되어 있기를 원하지만, 엄격한 규칙과 규제를 받는 것은 매우 힘들어한다. 특히 그 모든 과정이 비논리적이고 부당하고 불공정하다고 판단될수록 상당히 스트레스를 받는다.

- 무능하다고 생각되는 사람을 관리해야 하거나, 무능한 사람에 게 관리를 받는 상황을 매우 힘들어한다. 특히 그러한 사람들 의 업무 결과까지 책임져야 하는 상황에서 매우 큰 스트레스 를 경험한다.
- 혼자 있는 시간이 너무 적고, 너무 많은 사람과 함께 일해야 할 때 심리적인 어려움을 느낀다. 특히 외향적인 반응이나 정 서적 교감을 요구받는 업무 환경을 매우 힘들어한다.

2) ISTP의 보조 세포: Se(맛집 탐방가)

Se는 ISTP의 프라임 세포인 Ti를 도와서 ISTP만의 강점 패턴을 만드는 심리기능이다.

Se는 S+e를 의미한다. S는 오감을 통해 정보를 인식하는 심리기 능이다(현실적, 실용적). e는 '외향형'을 표현하는 바로 그 e다. Se는 이 둘의 의미가 더해졌다고 생각하면 이해하기 쉽다. 말 그대로 Se 는 'S를 외부로 쓰는 사람'이다. 오감을 외부로 사용하여 현실적인 정보를 인식하는 사람의 모습을 떠올려보라. 맛집, 사고 싶은 옷, 패 러글라이딩같이 실제 존재하고 경험할 수 있는 것들이 Se의 관심 대상이다. Se의 초점은 항상 '현재'에 있다. 이들은 늘 현재를 경험하 고 즐기기 원한다. 따라서 '먹고 마시고 즐기자'가 Se의 자연스러운 슬로건이 된다. 맛집을 탐방하는 활동적이고 충동적인 사람의 모습을 상상하면 된다(맛집 탐방가).

Se는 Ti를 보완하여 당면해 있는 현실에 초점을 두고 상황을 분석하도록 돕는다(현재 사실과 세부사항을 활용). ISTP가 '사실적인 정보'를 활용하여 '실용적인 방식'으로 문제를 해결하는 이유는 '보조세포'인 Se 때문이다. 즉각적인 조치가 필요한 상황에서 빠른 대응과 집중력을 발휘하여 문제를 해결하는 것 역시 Se가 Ti를 보완하면서 나타나는 성격 패턴이다.

ISTP의 강점 패턴은 'Ti(논리적 분석가)'와 'Se(맛집 탐방가)'의 '콜라보레이션'에서 기인된 것이다.

3) ISTP의 어린아이 세포: N(이면을 보는 사람)

N은 ISTP의 약점 패턴을 만드는 심리기능이다. '어린아이'처럼 미숙하고 잘 발달하지 못한 심리기능이다.

N은 직관을 통해 정보를 인식하는 심리기능이다. 현실, 사실보다는 아이디어, 이면의 의미, 미래, 패턴 등에 초점을 둔다. ISTP는 미래 가능성이나 새로운 아이디어를 떠올리는 것에 미숙하다. 보이는 것 이면에 있는 의미, 내재된 패턴을 읽는 것을 어려워한다. ISTP가 미래의 가능성을 예측하고 장기적인 전략을 세우거나 자신의 말

과 행동이 가져올 장기적 파급효과를 고려하는 것에서 어려움을 느끼는 이유는 N 기능이 내면의 어린아이 세포로 작용하기 때문이다.

4) ISTP의 열등 세포: Fe(친절한 가이드)

Fe는 ISTP의 가장 큰 약점 패턴을 만드는 심리기능이다. ISTP의 프라임 세포인 Ti와 정반대의 기능이다. 가장 미숙하고 발달하지 않은 열등한 심리기능이다.

Fe는 F+e를 의미한다. F는 감정과 관계를 기반으로 의사결정을 하는 심리기능이다(상황을 '개인화'함). e는 '외향형'을 의미하는 그 e다. 한마디로 Fe는 'F를 외부로 쓰는 사람'이다. F를 외부로 사용해서 적극적으로 감정적 교류를 하려는 사람의 이미지를 떠올리면 된다. Fe는 온정, 배려, 관심 등을 외부로 적극적으로 표현한다. 또한 상대방의 감정을 공감하고 지지하는 데 초점을 둔다. 밝고 친근한 표정으로 적극적으로 누군가를 돕고 싶어 하는 심리 세포이다(친절한 가이드).

ISTP는 정서적인 영향을 잘 고려하지 못한다. 특히 사람들의 감정적 요구에 적절히 반응하는 것에 있어 매우 미숙하다. 감정적 측면을 고려하지 않고 말을 해서 본의 아니게 상처를 주거나, 가족 또는 주변 동료들과 정서적 교감을 하는 데 있어 큰 약점을 보이는 이유는 Fe가 열등 세포로 활동하기 때문이다.

ISTP의 약점 패턴은 'N(이면을 보는 사람)'과 'Fe(친절한 가이드)'의 '콜라보레이션'에서 기인된 것이다.

ISTP의 내면 패턴 기억하기

ISTP의 특징은 내면 설계도에서 나오는 하나의 패턴이다. MBTI 이론의 창시자인 심리학자 칼 융은 우리 마음 안에 '설계도'가 있다고 생각했다. 그러한 심리구조로부터 나타나는 일관된 행동 패턴을 정리한 것이 MBTI다. Ti+Se로부터 ISTP의 강점 패턴이 나오고 N+Fe로부터 약점 패턴이 나오게 되는 것이다. 이러한 심리구조를 이해하고 ISTP와의 소통 방법을 살펴보면 훨씬 더 이해가 잘될 것이다.

강점 패턴	Ti (논리적 분석가) + Se (맛집 탐방가)	사실적 정보를 근거로 자신의 내적 사고 체계를 구축함 / 논리적, 분석적, 객관적 / 사실을 조직화 / 현실 감각이 뛰어남 / 긴급 상황에서도 평정심 유지 / 계급 권위에 초연함 / 공정함
약점 패턴	N (이면을 보는 사람) + Fe (친절한 가이드)	장기적 예측을 어려워함 / 미래 가능성 고려 못 함 / 인간관계 폭이 좁음 / 지나치게 표현 억제 / 우울한 분위기 / 감정적 교감을 어려워함 / 상황에 적절한 표현을 잘하지 못함 / 중대사를 혼자 고민 / 감정 표현 필요(고마움, 미안함 등)

3단계: ISTP와 효과적으로 소통하는 법

'프라임 세포'와 '보조 세포'에 주목하기

ISTP가 프라임 세포인 Ti(논리적 분석가), 보조 세포인 Se(맛집 탐방가)를 중심으로 '스키마(세상을 이해하고 대처하는 틀)'를 형성하고 있다는 점에 주목하자. 프라임 세포는 ISTP가 '가장 신뢰하고 의지하는 심리기능'이다. 이는 '해석의 틀로 작용한다. 이러한 프라임 세포를 보조 세포인 Se가 보조하면서 ISTP만의 스키마가 형성된다.

또 하나 기억해야 할 포인트는 '프라임 세포'와 '보조 세포'에 큰 '가중치'가 부여된다는 점이다. 즉, Ti(논리적 분석가)와 Se(맛집 탐방가)는 ISTP가 중요시하고 가치 있게 여기는 심리기능이기 때문에 이 부분이 무시되거나 존중받지 못한다고 느낄 때 심각한 갈등을 야기할 수 있다. 반대로 그러한 부분을 이해받고 존중받는다고 느낄수록 마음의 문을 열 가능성이 높아진다.

'어린아이 세포'와 '열등 세포'는 주의할 점을 알려준다

ISTP의 어린아이 세포인 N(이면을 보는 사람)과 열등 세포인 Fe(친절한 가이드)는 '취약성'과 연관된 심리기능이다. ISTP에게 이 세포들은 미숙할 뿐 아니라 '가중치'가 매우 떨어지는 심리기능이다. 이는 커뮤니케이션의 영역에서도 그대로 나타난다. ISTP와 N, Fe를 중심으로 대화하면 신뢰를 얻어내기가 어렵다. 예를 들어 당신이 ISTP에게 추상적인 아이디어나 먼 미래의 가능성을 주제로 감정적인 교감을 요구하는 방식으로 대화한다면 좋지 못한 결과로 이어질 가능성이 매우 높다. 기본적으로 N, Fe의 방식으로 이야기하는 것은 ISTP의 집중력을 현저히 떨어뜨릴 때가 많다.

'프라임 세포와 보조 세포를 중심으로 대화하는 것'이 주요 포인트라는 사실을 기억하면서 ISTP와의 소통법을 살펴보자.

ISTP와의 소통법

1) ISTP의 일반적 의사소통 스타일(Ti+Se): 스키마 포인트 / 가중치를 두는 영역 파악하기

- 조용하게 관찰하는 모습을 보인다. 다소 거리감이 느껴지고

인간미가 없어 보일 수 있다(관조적 이미지).

- 사실적 세부정보를 중심으로 논리적이고 분석적으로 자료를 평가하려 한다.

- 프라이버시를 존중받기 원한다. 자신만의 공간을 침범당하지 않기 원하며 보통 스킨십을 좋아하지 않는다.

- 효율성을 매우 중시한다. 가능한 최소한의 노력으로 최대의 결과를 성취하는 것에 가치를 둔다.

- 실용적, 실리적 결과를 원한다. 추상적이고 장기적인 목표보다는 즉각적이고 실질적인 결과물에 대해 논의하는 것을 선호한다.

- 세세하게 관리, 감독받는 것을 싫어한다. 규율과 전통에 얽매이는 것을 매우 싫어한다. 충분한 자유와 독립성을 허용받기를 원한다(자율성, 독립성 매우 중시).

2) ISTP와의 효과적인 소통 방법(To do): 효과적인 신뢰 구축 방법 이해하기(Ti+Se)

- 논리적이고 객관적으로 접근하라. 관계적인 측면을 배제하고 논리적인 대화를 이어나갈수록 훨씬 더 원활한 대화가 가능해질 것이다.

- 결론지향적으로 간단명료하게 설명하라(ISTP는 '그래서 핵심이 뭐야?'라는 생각을 많이 한다).
- 당면한 문제를 제시하고, 실용적인 해결책을 찾도록 지지하라(가급적 그러한 업무를 맡기라). 추상적이고 장기적인 목표는 이들의 동기를 크게 자극하지 못한다.
- 독립성과 자율성이 보장되는 업무 환경을 제공하라.
- 세부적인 사실을 포함한 사실적, 실용적 정보를 제공하라.
- 자신이 관심 있어 하는 주제에 대해 충분히 이야기할 시간을 제공하라. 이들은 평소에는 과묵하지만 자신의 관심 분야에 대해서는 말을 많이 한다.

3) 주의할 점(Not to do): 신뢰를 빠르게 잃는 요인 파악하기(N+Fe)

- 업무적인 상황에서 감정적, 개인적인 주제로 소통하는 것에 초점을 두지 말 것
- 감정에 호소하는 방식으로 주장을 펼치지 말 것
- 추상적인 아이디어나 개념을 중심으로 설명하지 말 것
- 장황하고, 이론적이며, 추상적인 미래의 결과에 초점을 두지 말 것
- 적극적인 감정 표현과 사교적인 방식으로 접근하지 말 것(이

미 친한 사이라면 어느 정도 괜찮다)

- 감정적 표현이나 인간적인 반응을 억지로 요구하지 말 것(그
  러한 반응을 억지로 끌어내려 한다는 느낌이 클수록 ISTP의 마음은
  닫힐 것이다)

당신이 ISTP 유형의 사람이라면

소통의 출발점은 항상 '자기와의 대화'이다. 자기 자신을 존중하
고 스스로와 건강하게 대화하는 사람이 타인과의 소통도 잘할 가
능성이 훨씬 높다. 지금 이 내용을 읽고 있는 당신이 ISTP라면, 먼
저 자기 자신을 건강하게 돌보고 있는지부터 확인하라. 그리고 당
신과 함께하는 사람들에게 당신에게 적합한 커뮤니케이션 방법이
무엇인지 적절히 설명할 방법을 생각해보라(함께 이 책을 읽으면서 서
로를 존중하는 방법을 찾아가는 것도 좋은 방법이 될 수 있다). 건강한 소
통의 출발점은 자신을 이해하고 그것을 건강하게 설명하는 것으로
부터 시작된다는 점을 기억하고 꼭 시도해보기 바란다. 어쩌면 생각
보다 쉽게 변화의 계기가 만들어질지도 모른다.

가치관, 인성, 태도에 따른 차이를 인식하기

챕터 4에서 이야기했듯이 같은 유형이어도 가치관, 인성, 태도에 따라 큰 차이를 보일 수 있다. 이 세 가지 요인은 성격유형이 발현되는 토양이기 때문이다. 보통 '좋은 사람'이라고 느껴지는 사람은 가치관, 인성, 태도가 좋은 사람이다. MBTI 유형은 그다음 문제다. 같은 ISTP라 해도 가치관, 인성, 태도가 좋지 않을수록 '자기중심적'으로 성격특징이 나타날 것이다. 반면 가치관, 인성, 태도가 좋을수록 보다 유연하고 열린 태도를 보일 가능성이 높다.

개인 역량의 차이를 고려해야 한다

같은 MBTI 유형이라고 해서 역량까지 똑같은 것은 아니다. 역량은 해당 분야의 지식과 경험, 기술 등의 기반 위에서 나타나는 것이기 때문이다. 또한 성격유형 이외에도 흥미, 적성, 재능, 가치관, 자존감 등 다양한 내적 특성들이 함께 고려되어야 한다.

MBTI를 커뮤니케이션 영역에 사용하려면 가치관, 인성, 태도, 역량 수준 등에 따라 같은 유형 간에도 차이가 있을 수 있다는 점을 인식하는 것이 필요하다. '인성의 문제'를 'MBTI 유형의 문제'로 일반화할 수 있기 때문이다. 무엇보다 인성, 태도가 건강한 사람을 만나야 그 유형의 전형적인 모습을 제대로 경험할 수 있다.

이해와 존중에 집중하기

사실 MBTI는 16가지 '유형'에 대한 이야기라기보다는 사람을 이해하고 존중하기 위한 16가지 '심리 패턴'에 대한 이야기이다. 사람을 이해하면 이해할수록 성격유형이라는 틀은 점점 더 희미해진다. 유형의 틀보다는 존중의 과정에 더 집중하게 되기 때문이다.

Chapter

9

–

조화와 협력을
추구하는 사람
- ESFJ

효과적인 커뮤니케이션을 위해서는 먼저 상대방을 이해하는 과정이 선행되어야 한다. 상대방에 대한 이해가 결여된 상태에서 소통 스킬만을 학습하는 것은 오히려 좋지 못한 결과를 초래할 수 있다. 따라서 다음의 3가지 단계를 거쳐서 ESFJ와의 소통 방법을 설명하려 한다.

1단계: ESFJ의 일반적 특징 이해하기

2단계: ESFJ의 행동 원인이 되는 '마음 설계도' 살펴보기. 이 과정을 통해 ESFJ의 스키마(세상을 이해하고 대처하는 틀)와 중요시 여기는 '가중치 영역'을 이해하기

3단계: 1, 2단계의 정보들을 기반으로 ESFJ와의 효과적인 소통법 학습하기

1단계: ESFJ의 일반적 특징 이해하기

ESFJ의 별명

• 친선도모형

ESFJ는 '뛰어난 현실 감각을 바탕으로 친절하게 다른 사람을 도우려는 사람'이다. 친절하게 웃으면서 "무엇을 도와드릴까요?"라고 말하는 사람의 모습을 떠올리면 된다. 이들은 항상 누군가를 돕고, 위로하고, 관계 맺는 것에 초점을 둔다. 타인의 현실적 필요를 신속하게 파악하고 구체적인 도움을 준다. 이들은 막연한 위로보다는 구체적이고 현실적인 도움을 주려 한다.

• 정생정사(정에 살고 정에 죽는다), 사랑의 폭포수

이들은 정이 많고 공감을 잘한다. 모르는 사람의 어려움을 보고도 감정이입이 잘되는 사람들이다. TV에서 어려운 사람들의 이야기를 보면서 자신의 일처럼 눈물을 흘리는 사람들이다(사랑의 폭포수).

• 고끄사(고개를 끄덕이는 사람들), Yes Man

남의 얘기에 매우 적극적으로 동조를 표시한다. 고개를 끄덕여 가며 '그렇구나', '저런', '맞네, 맞네' 등의 리액션을 매우 잘 보여준다. 정이 많고 공감을 잘하다 보니 남의 부탁을 잘 거절하지 못해 어려움을 겪기도 한다(Yes man).

• 우쭈쭈

이들은 칭찬에 매우 크게 반응한다. '칭찬은 고래도 춤추게 한다'라는 격언은 ESFJ에게 딱 들어맞는 표현이다. 이들은 자신의 도움을 받은 사람들이 진심을 담아 고마움을 표현할 때 매우 큰 희열을 느낀다. 그것만으로 봉사에 대한 동기부여가 되는 인간적인 사람들이다. 주변 사람들의 인정과 관심은 이들의 만족과 기쁨의 매우 주요한 요인이 된다.

ESFJ의 장점

•동정심과 동료애가 많은 사람

ESFJ는 따뜻한 사람들이다. 매우 적극적이고 사교적으로 다가가서 다른 사람들을 도우려 한다. 주변 사람들과의 상호작용을 통해 에너지를 얻고, 다른 사람들의 삶과 고민에 진심으로 관심을 기울인다. 이들은 관계에 매우 큰 가치를 부여한다. 조화, 격려, 지지를 바탕으로 한 동료애를 매우 중요하게 생각한다. 사람들의 요구에 대해 주의 깊게 살피고 배려하려 한다. 동료들과 개인적인 친분을 맺고 알아가기 원한다.

•조화 추구 전문가(활력소)

이들은 밝고 명랑하며 활기찬 사람들이다. 그러한 특징을 바탕으로 모두가 따뜻하고 조화로운 분위기 속에서 협력해나가도록 '활력소' 역할을 잘한다. 일과 관계가 조화롭게 조직될 수 있도록 노력한다. 함께 일하는 사람들이 좋은 관계를 맺고, 조화와 협력을 유지하는 데 도움을 준다.

• 조직적, 체계적인 사람(질서정연)

ESFJ는 체계적인 계획을 세우고 순차적으로 진행해나가는 사람이다. 미리 정해진 계획에 편안함을 느끼며, 질서, 구조, 일정 등을 만드는 것을 선호한다. 혼란스러운 상황에 놓이면 더욱더 질서와 구조를 만들어서 일을 진행하려 한다. 이들은 기본적으로 질서정연함을 추구한다.

• 책임감, 충성심이 강한 사람

자신이 맡은 일에 대한 책임감이 강하다. 정해진 시간 안에 과업을 완수하며, 힘든 일에도 솔선수범하려 한다. 자신이 속한 조직에 높은 소속감을 가지고 있는 경우가 많고 조직의 전통, 규칙, 권위 등을 존중하며 지켜나가려 한다. ESFJ는 책임감, 충성심이 강한 사람이다.

• 현실 감각이 뛰어난 사람

현재, 경험, 사실에 기반을 둔 결정을 중시한다. 이들은 현실적, 실제적, 실용적인 업무에서 능력을 발휘한다. 새로운 아이디어나 비전, 전략을 수립하는 일보다는 일상적 업무를 유지, 관리하는 일을 잘하며, 과거 경험을 기반으로 문제를 잘 해결한다.

ESFJ의 개선점

• 논리적, 객관적 분석이 취약함

일과 관계에 있어서 논리적, 객관적 입장을 취하는 것을 어려워하는 경향이 있다. 예를 들어 자신이 좋아하는 사람에게 객관적 분석 없이 무조건 동조하거나 반대로 주관에 편향된 판단을 내릴 수 있다.

• 속단하는 경향

다른 사람들에 대해 속단하는 경향이 있다. 특히 감정이 상했을 때는 그 정도가 훨씬 더 심해진다. '저 사람 날 배신한 게 틀림없어. 어떻게 그럴 수 있지?' 하는 식으로, 속상한 감정으로 모든 상황을 극단적으로 해석할 수 있다.

•전체 맥락과 상황을 고려하지 못함

ESFJ는 나무는 잘 보지만 숲을 잘 보지 못한다. 전제 상황과 맥락을 파악하지 않고 세세한 업무에만 집중하여 흐름을 놓칠 때가 많다. 큰 그림, 비전, 장기 계획, 전략 등을 고려하는 것이 어렵기 때문이다. 예를 들어 상대방의 상황이나 필요의 적절성을 고려하지 않고 현재 자신이 돕고 싶은 부분에만 집중해서 오히려 궁극적으로는 그 사람의 성장을 방해할 수 있다.

•지나친 규율과 당위성

전통을 중시하고 책임감이 강한 측면이 지나쳐서 과도한 자기주장과 확신으로 이어질 때가 있다. 자신이 생각하는 규칙, 당위성, 방법만이 옳다는 식의 반응으로 나타나는 것이다. '이렇게 해야만 한다', '그거 그렇게 하면 안 된다' 하는 식의 과도한 주장을 주의할 필요가 있다. 누군가에게는 '이래라저래라' 식의 명령의 의미가 될 수 있다는 사실을 늘 기억해야 한다.

2단계: ESFJ의 '마음 설계도' 이해하기

'유미의 세포들'이라는 웹툰이 있다. 드라마로 실사화될 정도로 인기가 많았던 작품이다. 주인공 유미가 연애를 하면서 일어나는 여러 가지 에피소드가 재미있게 묘사되어 있다. 이 작품이 인기가 많았던 가장 큰 요인 중 하나는 유미의 머릿속 세포들을 의인화했기 때문일 것이다. '유미의 세포들'은 유미의 마음속에서 일어나는 반응들을 뇌세포들의 대화를 통해서 그대로 보여준다. 사랑 세포, 이성 세포, 엉큼 세포, 오지랖 세포, 작가 세포 등 다양한 세포들이 등장하며, 이름에서 알 수 있듯이 각 세포들의 개성과 역할은 모두 다르다. 이 웹툰에는 약 70여 종의 세포들이 등장한다.

이러한 수많은 세포들을 진두지휘하며 컨트롤하는 세포가 있는데, 그 세포를 '프라임(Prime) 세포'라고 한다. 프라임 세포는 그 사람을 대표하는 '정체성 세포'라고 할 수 있다. 주인공 유미의 프라임 세포는 사랑 세포다.

각 사람이 가진 프라임 세포의 종류는 다 다르다. 감성 세포가 프라임 세포인 사람도 있고, 이성 세포가 프라임 세포인 사람도 있다. 프라임 세포의 진두지휘하에 여러 세포들이 상호작용하면서 그 사람만의 독특한 반응으로 나타나게 된다.

ESFJ의 프라임 세포를 찾아서

ESFJ의 마음 안에도 '프라임 세포'가 있다. 사실 MBTI는 마음 안에서 일어나는 심리기능 간의 상호작용에 대한 이론이다. 그것을 보다 쉽게 이해할 수 있도록 겉으로 드러나는 행동 위주로 정리해놓은 것이다. 지금부터 ESFJ의 성격유형 패턴을 만들어내는 '마음의 설계도'를 들여다보려 한다. ESFJ의 설계도를 알게 되면 ESFJ를 더 깊이 있게 이해할 수 있게 된다. ESFJ의 스키마(세상을 이해하고 대처하는 틀)를 알 수 있기 때문이다. 그럼 지금부터 ESFJ의 마음속으로 들어가보자.

ESFJ의 마음 설계도

ESFJ의 마음 설계도에는 4가지의 심리적 세포들이 등장한다. 이 4가지 심리 세포들이 서로 상호작용을 하면서 하나의 패턴을 만들어내는 것이다.

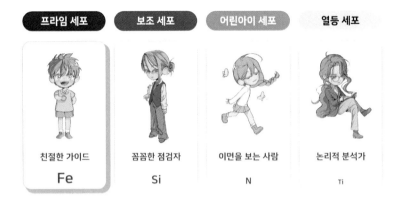

프라임 세포	보조 세포	어린아이 세포	열등 세포
친절한 가이드	꼼꼼한 점검자	이면을 보는 사람	논리적 분석가
Fe	Si	N	Ti

Fe, Si, N, Ti는 ESFJ의 마음 안에서 영향력을 발휘하고 있는 순위라고 생각하면 된다(시각적 효과를 주기 위해 영향력의 순위에 따라 크기를 달리했다). ESFJ의 프라임 세포는 맨 앞쪽에 자리한 Fe이다. Fe를 중심으로 4가지 기능이 활발하게 역동을 일으키고 있는 것이다.

'유미의 세포들'에서 프라임 세포를 중심으로 세포들의 상호작용이 이루어지듯이, 위의 4가지 심리기능들 역시 Fe를 중심으로 서로 상호작용하고 있다. 그 상호작용의 결과가 ESFJ의 성격유형 패턴으로 나타나는 것이다.

지금부터는 '유미의 세포들'에서 각 세포를 의인화했던 것처럼, ESFJ의 심리기능들도 의인화해서 살펴보고자 한다. 웹툰에 나오는 4명의 세포들을 만난다는 느낌으로 읽어보면 좋을 것 같다.

1) ESFJ의 프라임 세포: Fe(친절한 가이드)

① Fe: 친절한 가이드

Fe는 F+e를 의미한다. F는 감정과 관계를 기반으로 의사결정을 하는 심리기능이다(상황을 '개인화'함). e는 '외향형'을 의미하는 그 e 다. 한마디로 Fe는 'F를 외부로 쓰는 사람'이다. F를 외부로 사용해서 적극적으로 감정적 교류를 하려는 사람의 이미지를 떠올리면 된다. Fe는 온정, 배려, 관심 등을 외부로 적극적으로 표현한다. 또한 상대방의 감정을 공감하고 지지하는 데 초점을 둔다. 밝고 친근한 표정으로 적극적으로 누군가를 돕고 싶어 하는 심리 세포이다(친절한 가이드).

Fe는 "아, 응, 그렇구나" 하는 식의 공감적 표현을 잘한다. 고개를 끄덕이면서 상대방의 이야기를 적극적으로 경청하는 모습을 떠올리면 된다. 누군가와 개인적인 관계를 맺고 친밀감을 유지하는 것은 이들에게 매우 중요한 일이다. 가까운 사람과 갈등이 생기는 것을 아주 많이 불편해하기 때문에 가능한 갈등 상황을 만들지 않으려고 노력한다. 이들에게 갈등과 논쟁은 피하고 싶은 주제이다.

Fe는 ESFJ의 '프라임 세포' 역할을 한다. ESFJ의 마음 안에서 가장 큰 영향력을 행사하고 있으며, ESFJ 성격의 전체적인 방향을 결정한다. ESFJ가 가장 신뢰하고, 가치를 두며 의지하는 정신적 세포라고 생각하면 된다. ESFJ는 Fe를 중심으로 세상을 감지하고 이해한다. **ESFJ의 '스키마**(세상을 이해하고 대처하는 틀)**'를 이해하고 '가중치를 두는 영역'을 이해하는 데 필수적인 심리기능**인 셈이다.

② Fe: '친절한 가이드'의 특징

- Fe는 동료들과 친밀한 관계를 맺으려 한다. 이들은 함께 일하는 사람들에 대한 정보를 신속하게 파악한다. 가족관계, 관심사, 생일 등을 파악하고 그런 정보를 활용하여 관계를 더욱 돈독히 만들어나간다. '가족 같은 동료', '친형 같은 상사', '동생 같은 후배'와 같은 표현을 자주 듣는다.
- 상대방의 감정에 공감하고 지지하는 것에 매우 능숙하다. 고개를 끄덕이면서 적극적으로 지지와 공감을 표시한다.
- 관계를 형성하기 위해 자신의 정보를 먼저 공개하는 경우가 많다. 그렇게 함으로써 상대방도 자신의 얘기를 편하게 꺼낼 수 있는 분위기를 형성한다. 이들은 자신의 이야기를 하는 것을 좋아한다(가만히 두면 알아서 자신의 이야기를 쏟아놓는다).
- '친절한 가이드'라는 별명처럼 이들은 '적극적으로 도움을 주고자 하는 사람들'이다. 주변에 도움이 필요한 사람이 있으면 쉽게 지나치지 못한다. 어떻게 해서라도 그들의 욕구를 채워주려 한다. 가끔은 이러한 면이 지나쳐서 자신의 일에 영향을

줄 만한 상황임에도 상대방의 요구를 거절하지 못하는 모습을 보이기도 한다.

- 공동체의 규범과 문화적 가치들을 손쉽게 파악한다. 조직 내에서 사람들이 어떤 방식으로 상호작용하는지, 어떤 행동이 적절한 행동인지를 파악하는 데 초점을 둔다. 그리고 그에 맞는 행동을 함으로써 동료들과 좋은 관계를 형성하고자 한다. 예를 들어 출근 시에 밝게 인사하기, 감사 표현, 생일 축하 등 그 조직문화에 맞는 행동을 통해 사람들에게 좋은 인상을 주고자 한다.

- 조화로운 분위기를 만들기 위해 문화와 규범을 만들고자 한다. 예를 들어 팀 내에 소외된 사람이 있다면 소속감을 갖고 일할 수 있도록 적극적으로 챙겨주거나, 그룹 미팅에서 모든 사람에게 말할 기회가 충분히 돌아갈 수 있도록 배려한다. 자기 혼자만 이런 행동을 하는 것에서 그치지 않고, 팀 내 모든 사람들이 다 같이 할 수 있도록 문화나 규범을 만들기를 원한다. 모두가 조화롭고 협력적인 관계 속에서 일하기를 바라기 때문이다. 그래서 종종 주변 사람들에게 자신의 가치관이나 생각을 강요하는 것 같은 느낌을 줄 때도 있다.

③ ESFJ의 에너지원: '가중치'를 크게 두는 영역

- Fe는 ESFJ가 '가장 중시하는' 기능이므로 ESFJ가 활력을 얻는
'에너지원'으로 작용한다.

- 사교적이고 지지적인 업무 환경에서 활력을 얻는다(함께하는
사람들과의 상호작용 매우 중요). 솔직하고 개방된 형태의 소통을
원하며, 타인과 조화롭게 통한다는 느낌이 있을 때 심리적 안
정감을 느낀다.

- 업무에서 자신이 '소중한 존재'로서 인식되고 타인 역시 소중
하게 대우받는 환경을 선호한다. 이들은 자신의 '개인적 공헌'
이 존중받고 인정받기를 원한다(인정욕구 높음). 그리고 순수한
마음으로 인정과 감사의 표현을 자주 주고받는 환경에서 커다
란 만족감을 느낀다.

- 지지적이며, 갈등이 최소화된 업무 환경에서 자신과 팀 동료
들이 현실적인 목표와 성공을 향해 함께 나아갈 수 있는 환경
을 선호한다.

- 분명한 규정이 있고 조직화되고 체계화된 업무 환경을 좋아한
다. 예측 가능하고 안정된 환경에서 안정된 속도로 일할 수 있
을 때 가장 일을 잘한다. 일을 잘해낼 수 있는 충분한 시간과
자원이 뒷받침되길 원한다.

④ ESFJ의 스트레스원: '가중치'가 충족되지 않았을 때

- 반대로 Fe적 요소가 충족되지 않거나 Fe와는 반대되는 역할
  이 요구될 때 이들은 스트레스를 받는다.

- 비협조적인 분위기, 지나친 업무 중심적 관계, 대립과 갈등 상
  황에서 일할 때 상당히 스트레스를 받는다.

- 인간 존중, 조화로운 관계와 같은 자신의 신념, 가치 등에 위
  배되는 일을 해야 할 때 상당히 스트레스를 받는다. 특히 자
  신에 대한 개인적 비난뿐만 아니라 팀 동료들이 비인간적으로
  대우받는 환경에서도 큰 스트레스를 받는다(비인간적인 문화).

- 구체적이지 않은, 모호하고 불충분하게 규정된 환경에서 스트
  레스를 경험한다. 특히 충분한 시간과 자원이 주어지지 않을
  때 스트레스를 받는다. 이들은 자신의 일을 훌륭히 수행해내
  기를 바라는데, 그것을 위한 계획과 자원 등을 통제할 수 없
  을 때 큰 스트레스를 받는다. 한정된 시간 안에 해야 할 일이
  너무 많고, 업무 계획 조정이 불가능한 상황에서 심리적 불안
  감을 느낀다.

2) ESFJ의 보조 세포: Si(꼼꼼한 점검자)

Si는 ESFJ의 프라임 세포인 Fe를 도와서 ESFJ만의 강점 패턴을 만드는 심리기능이다.

Si는 S+i를 의미한다. S는 오감을 통해 정보를 인식하는 심리기능이다(현실적, 실용적). i는 '내향형'을 표현하는 바로 그 i다. Si는 이 둘의 의미가 더해졌다고 생각하면 이해하기 쉽다. 말 그대로 Si는 'S를 내면에서 쓰는 사람'이다. 오감을 통해 인식된 현실적, 감각적, 구체적인 정보들을 기반으로 꼼꼼하게 하나하나 체크하는 신중한 사람의 이미지를 떠올리면 된다(꼼꼼한 점검자). Si는 오감에 입각한 현실적 정보를 매우 중시한다(사실, 세부사항에 대해 적당히 얼버무리는 사람을 불신).

Si는 Fe를 보완하여 '구체적'이고 '상세한' 현실 정보를 바탕으로 주위 사람들의 '실질적인' 필요를 챙기고 돌볼 수 있는 환경을 만들도록 돕는다. ESFJ가 현실적, 실제적, 실용적인 영역에서 능력을 잘 발휘하는 이유는 '보조 세포'인 Si 때문이다. 이들은 사람들의 실제적인 필요에 초점을 둔다.

ESFJ의 강점 패턴은 'Fe(친절한 가이드)'와 'Si(꼼꼼한 점검자)'의 '콜라보레이션'에서 기인된 것이다.

3) ESFJ의 어린아이 세포: N(이면을 보는 사람)

N은 ESFJ의 약점 패턴을 만드는 심리기능이다. '어린아이'처럼 미숙하고 잘 발달하지 못한 심리기능이다.

N은 직관을 통해 정보를 인식하는 심리기능이다. 현실, 사실보다는 아이디어, 이면의 의미, 미래, 패턴 등에 초점을 둔다. ESFJ는 자신의 말과 행동이 가져올 장기적인 파급효과와 새로운 가능성을 고려하는 것에 미숙하다. ESFJ가 일의 전체적인 맥락, 목적과 의미, 파급효과, 미래 가능성과 이면의 패턴 등을 읽는 것에서 어려움을 느끼는 이유는 N 기능이 내면의 어린아이 세포로 작용하기 때문이다.

4) ESFJ의 열등 세포: Ti(논리적 분석가)

Ti는 ESFJ의 가장 큰 약점 패턴을 만드는 심리기능이다. ESFJ의 프라임 세포인 Fe와 정반대의 기능이다. 가장 미숙하고 발달하지 않은 열등한 심리기능이다.

Ti는 T+i를 의미한다. T는 논리를 기반으로 의사결정을 하는 심리기능이다(상황과 자신을 분리해서 판단). i는 '내향형'을 표현하는 바로 그 i다. Ti는 이 둘의 의미가 더해졌다고 생각하면 이해하기 쉽다. 말 그대로 Ti는 'T를 내면에서 쓰는 사람'이다. 자신만의 논리체계로 상황을 관찰하고 해석하는 사람의 이미지를 떠올리면 된다(논리적 분석가). 이들은 상황을 조용히 관찰하고 논리를 바탕으로 심사숙고한다. Ti는 인생을 흥미로운 수수께끼로 여긴다. 그러나 좀처럼 자신의 생각을 표현하지는 않는다. 인간관계에 무관심하며 홀로 자신의 관심사에 몰입한 학자와 같은 심리 세포이다. 마치 어떤 것에도 얽매이지 않을 것 같은 초연한 이미지를 가지고 있다.

ESFJ는 상황을 논리적, 객관적으로 평가하는 것에 매우 미숙함을 보인다(감정적 대응). 칭찬, 비판에 매우 민감하고, 공적인 피드백에 감정적으로 반응하는 등 논리적 영역에서 큰 약점을 보이는 이유는 Ti가 열등 세포로 활동하기 때문이다.

ESFJ의 약점 패턴은 'N(이면을 보는 사람)'과 'Ti(논리적 분석가)'의 '콜라보레이션'에서 기인된 것이다.

ESFJ의 내면 패턴 기억하기

ESFJ의 특징은 내면 설계도에서 나오는 하나의 패턴이다. MBTI 이론의 창시자인 심리학자 칼 융은 우리 마음 안에 '설계도'가 있다고 생각했다. 그러한 심리구조로부터 나타나는 일관된 행동 패턴을 정리한 것이 MBTI다. Fe+Si로부터 ESFJ의 강점 패턴이 나오고 N+Ti로부터 약점 패턴이 나오게 되는 것이다. 이러한 심리 구조를 이해하고 ESFJ와의 소통 방법을 살펴보면 훨씬 더 이해가 잘될 것이다.

강점 패턴	Fe (친절한 가이드) + Si (꼼꼼한 점검자)	동정심과 동료애가 넘침(조화와 협력) / 인화를 도모하며 잘 도움 / 양심적 / 질서정연함, 성실 / 조화 추구의 명수 / 조직의 활력소 / 봉사, 충성심 넘침 / 표현력 좋음
약점 패턴	N (이면을 보는 사람) + Ti (논리적 분석가)	객관적 표현력 없이 타인의 의견에 동조하는 경향 / 타인 견해에 지나치게 집착 / 논리, 전체 맥락을 놓치기 쉬움 / 속단하는 경향(상황을 이해하기 전에 결론 내리는 경우) / 무관심에 상처 받음 / 주관에 편향된 판단 기준 / 타인이 진정 필요로 하는 것이 무엇인지 진지하게 들을 필요

3단계: ESFJ와 효과적으로 소통하는 법

'프라임 세포'와 '보조 세포'에 주목하기

ESFJ가 프라임 세포인 Fe(친절한 가이드), 보조 세포인 Si(꼼꼼한 점검자)를 중심으로 '스키마(세상을 이해하고 대처하는 틀)'를 형성하고 있다는 점에 주목하자. 프라임 세포는 ESFJ가 '가장 신뢰하고 의지하는 심리기능'이다. 이는 '해석의 틀'로 작용한다. 이러한 프라임 세포를 보조 세포인 Si가 보조하면서 ESFJ만의 스키마가 형성된다.

또 하나 기억해야 할 포인트는 '프라임 세포'와 '보조 세포'에 큰 '가중치'가 부여된다는 점이다. 즉, Fe(친절한 가이드)와 Si(꼼꼼한 점검자)는 ESFJ가 중요시하고 가치 있게 여기는 심리기능이기 때문에 이 부분이 무시되거나 존중받지 못한다고 느낄 때 심각한 갈등을 야기할 수 있다. 반대로 그러한 부분을 이해받고 존중받는다고 느낄수록 마음의 문을 열 가능성이 높아진다.

'어린아이 세포'와 '열등 세포'는 주의할 점을 알려준다

ESFJ의 어린아이 세포인 N(이면을 보는 사람)과 열등 세포인 Ti(논리적 분석가)는 '취약성'과 연관된 심리기능이다. ESFJ에게 이 세포들은 미숙할 뿐 아니라 '가중치'가 매우 떨어지는 심리기능이다. 이는 커뮤니케이션의 영역에서도 그대로 나타난다. ESFJ와 N, Ti를 중심으로 대화하면 신뢰를 얻어내기가 어렵다. 예를 들어 당신이 ESFJ에게 장기적 비전, 이면의 의미, 추상적 개념 등을 주제로 무뚝뚝하고 차가운 방식으로 대화를 나눈다면 좋지 못한 결과로 이어질 가능성이 매우 높다. 기본적으로 N, Ti의 방식으로 이야기하는 것은 ESFJ의 집중력을 현저히 떨어뜨릴 때가 많다.

'프라임 세포와 보조 세포를 중심으로 대화하는 것'이 주요 포인트라는 사실을 기억하면서 ESFJ와의 소통법을 살펴보자.

ESFJ와의 소통법

1) ESFJ의 일반적 의사소통 스타일(Fe+Si): 스키마 포인트 / 가중치를 두는 영역 파악하기

- 적극적이고 친근한 방식으로 대화한다. 업무적 관계에서도 동료들을 개인적으로 알아가려고 한다(친밀한 관계 선호). 인맥을 잘 형성한다.
- 사람들과 쉽게 관계를 맺고, 조화와 화목을 추구한다. 주변 사람들의 실제적인 필요에 대해 세심하게 주의를 기울인다.
- 인정과 지지를 적극적으로 표현한다. 타인의 성공을 축하해 주는 것을 좋아한다.
- 사람과 업무를 잘 조화시켜서 모든 사람들이 함께 일을 잘

할 수 있는 분위기를 잘 만든다.

- 책임감이 강하고, 양심적이며, 체계적인 방식으로 일을 계획하고 진행한다. 목표 달성을 위한 시간, 업무를 잘 관리한다. 일정을 빡빡하게 잡고 바쁘게 일하는 타입이다.

- 현실적, 실제적인 방식을 선호한다. 실용적이고 직접적인 방법으로 다른 사람들의 필요를 신속하게 채워주려 한다.

2) ESFJ와의 효과적인 소통 방법(To do): 효과적인 신뢰 구축 방법 이해하기(Fe+Si)

- 긍정적, 협력적인 분위기를 조성하라. 감정적 배려에 우선을 두라.

- 공헌과 업적에 대해서는 구체적이고 분명하게 감사한 마음을 전달하라(예: 자료를 보기 좋게 잘 정리해주셨네요. 역시! 감사합니다). 가급적 수시로 격려와 지지를 표현하라.

- 의견이 다른 부분이 있으면, 동의하는 부분을 먼저 언급하고, 감정적 의도를 설명한 뒤 설명하라(감정을 최대한 존중).

- 안정되고 명확한 업무 구조와 환경을 제공하라.

- 추상적이지 않은, 구체적이고 실용적인 방법을 전달하라. 측정 가능한 목표, 마감 기한 등을 정해주면 그에 맞게 일을

완수할 것이다.

- 정확한 순서와 단계를 정하면 좋다. 또한 합의된 지침, 계획 등에 대해서는 반드시 준수하는 모습을 보여야 한다.
- 사회적 규범, 상식, 전통과 예의 등을 지키고자 하는 욕구를 존중하라(Fe는 상호작용을 중시하는 기능이기도 하지만 분명한 규칙과 질서를 세우기 원하는 '판단 기능'이기도 하다).

3) 주의할 점(Not to do): 신뢰를 빠르게 잃는 요인 파악하기(N+Ti)

- 추상적인 아이디어나 모호하고 불분명한 지침을 주지 말 것
- 장기적이고 추상적인 의미에 대해 너무 장황하게 토론하지 말 것
- 무뚝뚝하고 인간미 없는 방식으로 반응하지 말 것
- 개인적 가치에 대해 논리적 분석만으로 판단하지 말 것(ESFJ는 상처를 입으면 관계를 단절해버리려는 경향이 있음을 기억할 것!)
- 함께하는 사람들이 희생을 감수해야 하는 상황에서 논리적인 당위성만을 강조하지 말 것

당신이 ESFJ 유형의 사람이라면

소통의 출발점은 항상 '자기와의 대화'이다. 자기 자신을 존중하고 스스로와 건강하게 대화하는 사람이 타인과의 소통도 잘할 가능성이 훨씬 높다. 지금 이 내용을 읽고 있는 당신이 ESFJ라면, 먼저 자기 자신을 건강하게 돌보고 있는지부터 확인하라. 그리고 당신과 함께하는 사람들에게 당신에게 적합한 커뮤니케이션 방법이 무엇인지 적절히 설명할 방법을 생각해보라(함께 이 책을 읽으면서 서로를 존중하는 방법을 찾아가는 것도 좋은 방법이 될 수 있다). 건강한 소통의 출발점은 자신을 이해하고 그것을 건강하게 설명하는 것으로부터 시작된다는 점을 기억하고 꼭 시도해보기 바란다. 어쩌면 생각보다 쉽게 변화의 계기가 만들어질지도 모른다.

가치관, 인성, 태도에 따른 차이를 인식하기

챕터 4에서 이야기했듯이 같은 유형이어도 가치관, 인성, 태도에 따라 큰 차이를 보일 수 있다. 이 세 가지 요인은 성격유형이 발현되는 토양이기 때문이다. 보통 '좋은 사람'이라고 느껴지는 사람은 가치관, 인성, 태도가 좋은 사람이다. MBTI 유형은 그다음 문제다. 같

은 ESFJ라 해도 가치관, 인성, 태도가 좋지 않을수록 '자기중심적'으로 성격특징이 나타날 것이다. 반면 가치관, 인성, 태도가 좋을수록 보다 유연하고 열린 태도를 보일 가능성이 높다.

개인 역량의 차이를 고려해야 한다

같은 MBTI 유형이라고 해서 역량까지 똑같은 것은 아니다. 역량은 해당 분야의 지식과 경험, 기술 등의 기반 위에서 나타나는 것이기 때문이다. 또한 성격유형 이외에도 흥미, 적성, 재능, 가치관, 자존감 등 다양한 내적 특성들이 함께 고려되어야 한다.

MBTI를 커뮤니케이션 영역에 사용하려면 가치관, 인성, 태도, 역량 수준 등에 따라 같은 유형 간에도 차이가 있을 수 있다는 점을 인식하는 것이 필요하다. '인성의 문제'를 'MBTI 유형의 문제'로 일반화할 수 있기 때문이다. 무엇보다 인성, 태도가 건강한 사람을 만나야 그 유형의 전형적인 모습을 제대로 경험할 수 있다.

이해와 존중에 집중하기

나와 상대방의 잠재력을 알아보고, 그에 맞는 존중 방법을 함께 찾아나가는 것이 MBTI의 목적임을 꼭 기억하자. 규정과 판단이 아닌 이해와 존중에 집중해보라. 그러한 관점으로 접근하는 것만으로도 많은 차이가 생길 것이다.

사실 MBTI는 16가지 '유형'에 대한 이야기라기보다는 사람을 이해하고 존중하기 위한 16가지 '심리 패턴'에 대한 이야기이다. 사람을 이해하면 이해할수록 성격유형이라는 틀은 점점 더 희미해진다. 유형의 틀보다는 존중의 과정에 더 집중하게 되기 때문이다.

Chapter

10

–

다양한 경험을 즐기는
사교적인 사람
- ESFP

효과적인 커뮤니케이션을 위해서는 먼저 상대방을 이해하는 과정이 선행되어야 한다. 상대방에 대한 이해가 결여된 상태에서 소통 스킬만을 학습하는 것은 오히려 좋지 못한 결과를 초래할 수 있다. 따라서 다음의 3가지 단계를 거쳐서 ESFP와의 소통 방법을 설명하려 한다.

1단계: ESFP의 일반적 특징 이해하기

2단계: ESFP의 행동 원인이 되는 '마음 설계도' 살펴보기. 이 과정을 통해 ESFP의 스키마(세상을 이해하고 대처하는 틀)와 중요시 여기는 '가중치 영역'을 이해하기

3단계: 1, 2단계의 정보들을 기반으로 ESFP와의 효과적인 소통법 학습하기

1단계: ESFP의 일반적 특징 이해하기

ESFP의 별명

• 행동파

ESFP는 '행동하는 사람'이다. 이들은 뛰어난 현실 감각을 바탕으로 늘 무엇을 경험하려고 하며 실용적이고 활동적인 방식으로 문제를 해결해나간다. 운동코치, 개 조련사, 응급실 간호사와 같은 활동적인 직업에서 이들을 쉽게 찾아볼 수 있다.

• 행복 추구자

이들에게 중요한 건 재미와 흥미다. 맛집 탐방, 스키 타기, 쇼핑하기 등 실제적인 경험을 통해서 재미와 흥미를 경험하기 원한다. 재미와 흥미를 위해 적지 않은 돈을 소비한다.

• 분위기 메이커, 기분파

매우 사교적인 성격으로, 좋아하는 사람들과 어울리는 것을 무척 좋아한다. 또한 매우 쾌활하고 유머러스하다. 학창 시절 분위기를 띄우는 오락부장이나 술자리에서 흥을 돋우는 사람의 모습을 떠올리면 된다.

• 기쁨조

ESFP는 주변 사람들을 즐겁게 해주는 것에서 기쁨을 느낀다. 낙천적이고 긍정적인 타입이어서 남의 고민을 잘 들어주고 희화화하여 즐거움을 주는 경우가 많다. 그래서 생각이 많고 복잡할 때 이들을 만나면 머릿속이 단순해질 때가 많다. 한마디로 이들과 함께 있으면 매우 즐겁다. ESFP 유형 중에 개그맨, 이벤트 기획자가 많은 이유다.

ESFP의 장점

• 친절하고 관용적인 사람(인간 중심)

ESFP는 온화하고 동정적이며 인간 중심적인 사람이다. 따뜻하고 관대한 태도로 사람들을 도우려 할 때가 많다. 타인의 어려움에 대해 공감하는 태도로 접근하려 한다. 다른 사람의 결점에 대해서도 민감하게 반응하지 않는 편이다(털털한 성격).

• 대인관계가 능숙한 사람

처음 보는 사람과도 쉽게 관계를 형성할 뿐 아니라 주변 사람들과 우호적이고 원한만 대인관계를 잘 유지한다. 기본적으로 주변 사람들에게 관심이 많다. 적극적으로 소통하고 교류하는 스타일이다.

• 활력을 주는 사람

ESFP는 활력이 넘치고 유머러스한 사람이다. 딱딱한 분위기를 부드럽게 만들고 다른 사람들을 즐겁게 해준다(긍정적, 낙천적). 업무 상황에서도 매우 열정적으로 참여하여 활기를 불어넣을 때가 많다.

한마디로 즐겁게 놀고, 즐겁게 일하는 사람들이다(종종 일과 놀이가 구분이 안 됨).

• 실용적인 문제 해결에 능함

이들은 추상적, 관념적인 방식이 아닌 현실적이고 실용적인 방식으로 직접 부딪혀가며 문제를 해결해나가는 사람들이다(실제 경험과 상식을 잘 활용함). 이론, 개념을 통해 배우기보다는 실제적인 경험을 통해 배우는 것을 선호한다. 새로운 아이디어, 장기적인 전략 세우기와 같은 업무보다는 눈앞에 당면한 현실적 문제에 집중한다. 그래서 활동적인 업무에서 능력을 발휘하는 경우가 많다(책상에 가만히 앉아서 하는 업무를 선호하지 않음).

• 임기응변이 뛰어난 사람

유연하고 자유로운 업무 환경에서 능력을 잘 발휘한다. 업무 환경이 잘 맞으면 자발적으로 업무에 몰입한다. 변화가 있는 상황에서도 유연하게 잘 적응하는 편이며, 상황에 맞춰 임기응변식으로 빠르게 행동을 취할 수 있다.

ESFP의 개선점

• 가치판단의 기준 결여

즐거움을 추구하는 면이 지나쳐 종종 '생각이 없다'라는 말을 듣기도 한다. '지금 현재 즐겁고 재미있는 것'에만 집중하다가 '방향성'이나 '가치판단의 기준'이 결여된 행동으로 이어지기 때문이다. 예를 들어 1년 동안 아르바이트를 하면서 모은 돈을 충동구매로 한 번에 써버리는 식의 행동을 한다. 분위기를 타면 방향이나 기준 없이 흥미 위주로만 흘러갈 수 있다는 사실을 늘 기억할 필요가 있다.

• 일과 놀이가 조정이 안 됨

종종 일과 놀이가 잘 분리가 되지 않아 어려움을 겪는다. 또한 시작한 일을 잘 마무리 짓지 못하는 모습을 보인다. 충동적 성향으로 인해 돈, 시간 관리가 안 되는 경우가 많다(맺고 끊는 것이 약함).

• 이론, 개념 무관심(깊이 결여)

보이는 것 이면의 의미나 가치, 철학 등의 결여로 인해 '깊이가 결여된 사람'이라는 평가를 들을 수 있다. 자신의 충동적이고 즉흥적인 행동 패턴을 논리적, 분석적으로 성찰하고 미래에 미칠 영향을 고려하는 것을 어려워한다. 미래의 비전, 장기적인 성장 전략 등을 세우는 것을 연습해보는 것이 필요하다.

2단계: ESFP의 '마음 설계도' 이해하기

'유미의 세포들'이라는 웹툰이 있다. 드라마로 실사화될 정도로 인기가 많았던 작품이다. 주인공 유미가 연애를 하면서 일어나는 여러 가지 에피소드가 재미있게 묘사되어 있다. 이 작품이 인기가 많았던 가장 큰 요인 중 하나는 유미의 머릿속 세포들을 의인화했기 때문일 것이다. '유미의 세포들'은 유미의 마음속에서 일어나는 반응들을 뇌세포들의 대화를 통해서 그대로 보여준다. 사랑 세포, 이성 세포, 엉큼 세포, 오지랖 세포, 작가 세포 등 다양한 세포들이 등장하며, 이름에서 알 수 있듯이 각 세포들의 개성과 역할은 모두 다르다. 이 웹툰에는 약 70여 종의 세포들이 등장한다.

이러한 수많은 세포들을 진두지휘하며 컨트롤하는 세포가 있는데, 그 세포를 '프라임(Prime) 세포'라고 한다. 프라임 세포는 그 사람을 대표하는 '정체성 세포'라고 할 수 있다. 주인공 유미의 프라임 세포는 사랑 세포다.

각 사람이 가진 프라임 세포의 종류는 다 다르다. 감성 세포가 프라임 세포인 사람도 있고, 이성 세포가 프라임 세포인 사람도 있다. 프라임 세포의 진두지휘하에 여러 세포들이 상호작용하면서 그 사람만의 독특한 반응으로 나타나게 된다.

ESFP의 프라임 세포를 찾아서

ESFP의 마음 안에도 '프라임 세포'가 있다. 사실 MBTI는 마음 안에서 일어나는 심리기능 간의 상호작용에 대한 이론이다. 그것을 보다 쉽게 이해할 수 있도록 겉으로 드러나는 행동 위주로 정리해놓은 것이다. 지금부터 ESFP의 성격유형 패턴을 만들어내는 '마음의 설계도'를 들여다보려 한다. ESFP의 설계도를 알게 되면 ESFP를 더 깊이 있게 이해할 수 있게 된다. ESFP의 스키마(세상을 이해하고 대처하는 틀)를 알 수 있기 때문이다. 그럼 지금부터 ESFP의 마음속으로 들어가보자.

ESFP의 마음 설계도

ESFP의 마음 설계도에는 4가지의 심리적 세포들이 등장한다. 이 4가지 심리 세포들이 서로 상호작용을 하면서 하나의 패턴을 만들어내는 것이다.

프라임 세포	보조 세포	어린아이 세포	열등 세포
맛집 탐방가	진실한 사람	논리적인 사람	예언자
Se	Fi	T	Ni

Se, Fi, T, Ni는 ESFP의 마음 안에서 영향력을 발휘하고 있는 순위라고 생각하면 된다(시각적 효과를 주기 위해 영향력의 순위에 따라 크기를 달리했다). ESFP의 프라임 세포는 맨 앞쪽에 자리한 Se이다. Se를 중심으로 4가지 기능이 활발하게 역동을 일으키고 있는 것이다.

'유미의 세포들'에서 프라임 세포를 중심으로 세포들의 상호작용이 이루어지듯이, 위의 4가지 심리기능들 역시 Se를 중심으로 서로 상호작용하고 있다. 그 상호작용의 결과가 ESFP의 성격유형 패턴으로 나타나는 것이다.

지금부터는 '유미의 세포들'에서 각 세포를 의인화했던 것처럼, ESFP의 심리기능들도 의인화해서 살펴보고자 한다. 웹툰에 나오는 4명의 세포들을 만난다는 느낌으로 읽어보면 좋을 것 같다.

1) ESFP의 프라임 세포: Se(맛집 탐방가)

① Se: 맛집 탐방가

Se는 S+e를 의미한다. S는 오감을 통해 정보를 인식하는 심리기능이다(현실적, 실용적). e는 '외향형'을 표현하는 바로 그 e다. Se는 이 둘의 의미가 더해졌다고 생각하면 이해하기 쉽다. 말 그대로 Se는 'S를 외부로 쓰는 사람'이다. 오감을 외부로 사용하여 현실적인 정보를 인식하는 사람의 모습을 떠올려보라. 맛집, 사고 싶은 옷, 패러글라이딩같이 실제 존재하고 경험할 수 있는 것들이 Se의 관심 대상이다. Se의 초점은 항상 '현재'에 있다. 이들은 늘 현재를 경험하고 즐기기 원한다. 따라서 '먹고 마시고 즐기자'가 Se의 자연스러운 슬로건이 된다. 맛집을 탐방하는 활동적이고 충동적인 사람의 모습을 상상하면 된다(맛집 탐방가).

Se는 ESFP의 '프라임 세포' 역할을 한다. ESFP의 마음 안에서 가장 큰 영향력을 행사하고 있으며, ESFP 성격의 전체적인 방향을 결정한다. ESFP가 가장 신뢰하고, 가치를 두며 의지하는 정신적 세포라고 생각하면 된다. ESFP는 Se를 중심으로 세상을 감지하고 이해한다. **ESFP의 '스키마(세상을 이해하고 대처하는 틀)'를 이해하고 '가중치를 두는 영역'을 이해하는 데 필수적인 심리기능**인 셈이다.

② Se: '맛집 탐방가'의 특징

- 오감을 사용하여 실재하는 정보들을 주관적인 해석 없이 '있는 그대로' 받아들인다. 친한 친구 집에 처음 방문한다면, Se는 벽지의 색깔, 방에서 나는 냄새, 바닥의 색깔과 질감 등 실재하는 정보들이 있는 그대로 들어온다. 음식을 먹을 때도 음식의 감촉, 냄새, 맛, 색깔 등이 자연스럽게 인식된다.

- '사실적인 정보'들을 잘 기억하고 그것들을 '생생하게' 묘사한다. 예를 들어 누군가 자신에게 했던 말을 전달할 때 그가 했던 말뿐 아니라 억양, 톤, 바디 랭귀지까지 잘 기억하고 생동감 있게 묘사한다.

- 지금 여기(here and now)에 초점을 둔다. Se는 이면적 의미, 미래나 과거가 아닌 '현재'를 경험하고자 한다. 따라서 인생의 의미를 너무 깊이 있게 논하거나 추상적인 개념을 다루는 것을 선호하지 않는다(관념적 세계만을 다루는 철학 수업은 질색이다).

그보다는 '점심으로 뭘 먹지?'와 같이 현실적이고 눈앞의 재미를 느낄 수 있는 것들에 초점을 둔다.

- '감각적 자극'을 느낄 수 있는 '새로운 경험'을 추구한다. 이들은 '보는 것'보다 '직접 경험하는 것'을 추구한다. 예를 들어 파도타기하는 사람을 지켜보는 것보다는 자신이 직접 파도타기를 하는 것에서 훨씬 더 강한 자극을 느낀다. 래프팅, 카누, 행글라이딩, 오토바이 타기, 맛집 탐방 등의 감각적 경험을 통해 살아 있음을 느낀다(매우 활동적이고 자유로운 이미지).

- 이들은 '물리적 증거'가 없는 아이디어를 신뢰하지 않는다. 오감을 통해 실제 경험이 가능한 것을 현실로 받아들인다. 다른 사람의 말에 대해서도 문자 그대로 해석한다. '이면의 의미'를 파악하거나 '숨은 뜻을 읽어내는 것'은 이들에게 익숙하지 않은 일이다.

③ ESFP의 에너지원: '가중치'를 크게 두는 영역
- Se는 ESFP가 '가장 중시하는' 기능이므로 ESFP가 활력을 얻는 '에너지원'으로 작용한다.
- 분명한 구조와 단계, 절차, 상세한 지침 등이 있으면서도 동시에 자신만의 '자율성'이 허용되는 업무 환경을 선호한다. 이들은 스스로 시간을 조절하고, 자신의 속도에 맞춰 자신의 방식

대로 일할 수 있는 유연하고 자유로운 업무 환경에서 활력을 얻는다.

- '구체적인 계획'과 '실제적인 결과'를 확인할 수 있는 실용적이고 활동적인 업무를 선호한다(추상적, 관념적 업무 No). 특히 '감각적인 자극'을 느낄 수 있고 '다양한 경험'을 할 수 있는 업무에서 보다 깊은 몰입감을 경험한다.

- 권위적이지 않은 문화를 가진 조직에서 자유롭게 사람들과 상호작용할 수 있을 때 에너지를 얻는다. 자신의 쾌활함과 긍정성을 좋아하고 인정하는 팀의 일원으로 일할 때 커다란 만족감을 느낀다(분위기 메이커 역할).

④ ESFP의 스트레스원: '가중치'가 충족되지 않았을 때

- 반대로 Se적 요소가 충족되지 않거나 Se와는 반대되는 역할이 요구될 때 이들은 스트레스를 받는다.

- 일정을 엄격하게 맞추어야 하는 업무 환경, 유연하지 못한 업무 시간, 무엇을 할 것인지, 그것을 어떻게 성취할 것인지에 대해 선택의 자유가 거의 없는 상황에서 스트레스를 받는다.

- 비전, 전략, 장기 계획 등 추상적이고 관념적인 영역의 업무는 이들의 몰입도를 급격하게 떨어뜨릴 수 있다. 특히 모호한 지시, 불분명한 지침과 계획 등은 이들이 스트레스를 받는 주요

원인이 된다.

- 권위적이고 수직적인 관계가 기반이 된 조직에서 심리적 위축
감을 느낄 수 있다. 경직된 회의 문화, 냉철한 피드백, 정서적
교류가 거의 없는 분위기에서 큰 스트레스를 받을 수 있다.

2) ESFP의 보조 세포: Fi(진실한 사람)

Fi는 ESFP의 프라임 세포인 Se를 도와서 ESFP만의 강점 패턴을
만드는 심리기능이다.

Fi는 F+i를 의미한다. F는 감정과 관계를 기반으로 의사결정을 하
는 심리기능이다(상황을 '개인화'함). i는 '내향형'을 표현하는 바로 그 i
다. Fi는 이 둘의 의미가 더해졌다고 생각하면 이해하기 쉽다. 말 그
대로 Fi는 'F를 내면에서 쓰는 사람'이다. 친화, 온정, 동정, 자비, 존
중과 같은 '인간적인 가치'를 중시하며 그에 따라 인생을 살아가기
원한다(밖으로 잘 표현하지는 않음). 자신의 내적 가치를 충실히 지키
며 내면의 진실성(Integrity)을 유지하고 싶은 사람의 이미지를 떠올
리면 된다(진실한 사람).

Fi는 Se를 보완하여 다른 사람들의 요구와 실제적인 필요에 맞추
어 우선순위를 정하도록 돕는다. ESFP가 사람들과 소통하고 협력
하는 데 초점을 두는 이유는 '보조 세포'인 Fi 때문이다. 따뜻하고

공감하는 태도로 타인에게 다가가는 것, 온화하고 동정적이며 인간 중심적인 면을 보이는 것 역시 Fi가 Se를 보조하고 도우면서 나타나는 특징이다.

ESFP의 강점 패턴은 'Se(맛집 탐방가)'와 'Fi(진실한 사람)'의 '콜라보레이션'에서 기인된 것이다.

3) ESFP의 어린아이 세포: T(논리적인 사람)

T는 ESFP의 약점 패턴을 만드는 심리기능이다. '어린아이'처럼 미숙하고 잘 발달하지 못한 심리기능이다.

T는 논리를 중심으로 의사결정하는 심리기능이다. ESFP는 자신의 즉흥적인 행동에 대해 논리적으로 평가하고 분석하는 것에 있어 미숙함을 보인다. ESFP가 일과 놀이의 분리가 잘 안되고, 충동구매 등 맺고 끊는 면이 약한 이유는 T 기능이 내면의 어린아이 세포로 작용하기 때문이다.

4) ESFP의 열등 세포: Ni(예언자)

Ni는 ESFP의 가장 큰 약점 패턴을 만드는 심리기능이다. ESFP의 프라임 세포인 Se와 정반대의 기능이다. 가장 미숙하고 발달하지 않은 열등한 심리기능이다.

Ni는 N+i를 의미한다. N은 직관을 통해 정보를 인식하는 심리기능이다. 현실, 사실보다는 아이디어, 이면의 의미, 미래, 패턴 등에 초점을 둔다. i는 '내향형'을 의미하는 그 i다. 한마디로 Ni는 'N을 내부로 쓰는 사람'이다. 영감처럼 나타나는 직관적 통찰력을 바탕으로 세상을 바라보고 해석하는 사람이다. 그래서 '예언자'라는 별명으로 불린다. 예언자는 이면에 내재되어 있는 패턴을 잘 파악하며, 직관적 통찰을 바탕으로 미래를 예측한다.

ESFP는 이면의 의미와 패턴, 추상적 개념, 직관적 통찰, 미래에 대한 비전을 그리는 것 등에 매우 미숙하다. ESFP가 이론, 개념에 무관심하여 종종 깊이가 결여된 모습을 보이거나 미래 비전, 장기적인 성장 전략 등을 세우는 것에서 큰 약점을 보이는 이유는 Ni가 열등 세포로 활동하기 때문이다.

ESFP의 약점 패턴은 'T(논리적인 사람)'와 'Ni(예언자)'의 '콜라보레이션'에서 기인된 것이다.

ESFP의 내면 패턴 기억하기

　ESFP의 특징은 내면 설계도에서 나오는 하나의 패턴이다. MBTI 이론의 창시자인 심리학자 칼 융은 우리 마음 안에 '설계도'가 있다고 생각했다. 그러한 심리구조로부터 나타나는 일관된 행동 패턴을 정리한 것이 MBTI다. Se+Fi로부터 ESFP의 강점 패턴이 나오고 T+Ni로부터 약점 패턴이 나오게 되는 것이다. 이러한 심리구조를 이해하고 ESFP와의 소통 방법을 살펴보면 훨씬 더 이해가 잘될 것이다.

강점 패턴	 Se (맛집 탐방가) + Fi (진실한 사람)	친절하고 관용적(사람에 대한 편견이 없음) / 인간 중심 / 재치 있음 / 밝고 즐거운 분위기 조성(분위기 메이커) / 행동파 / 행복한 인상 / 대가 없는 도움
약점 패턴	 T (논리적인 사람) + Ni (예언자)	일과 놀이 분리, 조정 안 됨 / 깊이 결여 / 마무리 약함(의지 약함) / 맺고 끊음 약함 / 시간, 돈 관리 취약 / 이론, 개념 무관심 / 방향성이 없음(비전, 장기적 성장, 전략 등에 취약)

3단계: ESFP와 효과적으로 소통하는 법

'프라임 세포'와 '보조 세포'에 주목하기

ESFP가 프라임 세포인 Se(맛집 탐방가), 보조 세포인 Fi(진실한 사람)를 중심으로 '스키마(세상을 이해하고 대처하는 틀)'를 형성하고 있다는 점에 주목하자. 프라임 세포는 ESFP가 '가장 신뢰하고 의지하는 심리기능'이다. 이는 '해석의 틀'로 작용한다. 이러한 프라임 세포를 보조 세포인 Fi가 보조하면서 ESFP만의 스키마가 형성된다.

또 하나 기억해야 할 포인트는 '프라임 세포'와 '보조 세포'에 큰 '가중치'가 부여된다는 점이다. 즉, Se(맛집 탐방가)와 Fi(진실한 사람)는 ESFP가 중요시하고 가치 있게 여기는 심리기능이기 때문에 이 부분이 무시되거나 존중받지 못한다고 느낄 때 심각한 갈등을 야기할 수 있다. 반대로 그러한 부분을 이해받고 존중받는다고 느낄수록 마음의 문을 열 가능성이 높아진다.

'어린아이 세포'와 '열등 세포'는 주의할 점을 알려준다

ESFP의 어린아이 세포인 T(논리적인 사람)와 열등 세포인 Ni(예언자)는 '취약성'과 연관된 심리기능이다. ESFP에게 이 세포들은 미숙할 뿐 아니라 '가중치'가 매우 떨어지는 심리기능이다. 이는 커뮤니케이션의 영역에서도 그대로 나타난다. ESFP와 T, Ni를 중심으로 대화하면 신뢰를 얻어내기가 어렵다. 예를 들어 당신이 ESFP에게 논리적이고 비판적인 방식으로 추상적이고 관념적인 주제만으로 대화한다면 좋지 못한 결과로 이어질 가능성이 매우 높다. 기본적으로 T, Ni의 방식으로 이야기하는 것은 ESFP의 집중력을 현저히 떨어뜨릴 때가 많다.

'프라임 세포와 보조 세포를 중심으로 대화하는 것'이 주요 포인트라는 사실을 기억하면서 ESFP와의 소통법을 살펴보자.

ESFP와의 소통법

1) ESFP의 일반적 의사소통 스타일(Se+Fi): 스키마 포인트 / 가중치를 두는 영역 파악하기

- 친절하고 배려심이 있다. 도움이 필요한 사람들을 빠르게 도우려 한다(행동파).
- 근심과 걱정이 없어 보인다. 매 순간 낙천적이고 쾌활한 인상을 준다.
- 웃고 즐기는 분위기를 선호한다. 기분 전환을 위한 모임이나 오락을 좋아한다.
- 경직된 분위기를 좋아하지 않는다. 부드러운 분위기에서 협력과 절충을 통해 합의점에 도달하기 원한다.
- 사람들의 필요와 감정을 잘 맞춰주며 관계 형성을 잘한다.
- 쉽게 대화에 참여한다. 다만 사교적인 활동에 너무 많은 시간을 보내는 경향이 있다.

2) ESFP와의 효과적인 소통 방법(To do): 효과적인 신뢰 구축 방법 이해하기(Se+Fi)

- 긍정적인 분위기를 형성하고 지지와 격려를 먼저 표현하라 (비판을 해야 하는 상황이라면 긍정적인 측면을 먼저 이야기하는 것이 좋다).
- 즐겁고 열정적인 분위기를 조성할수록 더욱 대화에 몰입할 것이다.
- 이론과 개념, 추상적인 목표보다는 현시점에서 실용적으로 바로 적용할 수 있는 아이디어를 제시하라(너무 멀고 막연하게 느껴지는 목표일수록 몰입도 급감).
- 사교적인 분위기에서 교류하고 즐길 수 있는 기회를 제공하면 더 편안하게 대화를 이어갈 수 있다(예를 들어 함께 식사를 하거나 재미있는 활동을 하면서 대화하기).
- 사람들과 관련된 문제 해결에 초점을 두면 더 관심을 보일 것이다(협상과 협조의 기회).
- 가능하면 미팅을 짧게 하라. 요점을 위주로 핵심 정보를 전달하라(ESFP는 집중하는 시간이 길지 않다. 특히 재미의 요소가 결여된 주제는 더욱 그렇다).

3) 주의할 점(Not to do): 신뢰를 빠르게 잃는 요인 파악하기(T+Ni)

- 과도한 논리와 비판을 위주로 대화하지 말 것
- 상호작용이 결여된 경직된 분위기를 만들지 말 것(인간관계적 요소가 결여된 과도한 업무 중심적 분위기는 ESFP의 능률을 심각하게 떨어뜨릴 수 있음)
- 비전, 전략, 이론, 개념, 이면적 의미와 같은 추상적, 관념적 이야기만을 너무 오랜 시간 이야기하지 말 것(필요하면 짧고 임팩트 있게)
- 실용적인 부분에 대한 설명 없이, 추상적이고 상징적인 아이디어를 제시하지 말 것
- 갈등 상황에서 갈등의 이면에 있는 원인을 지나치게 파고들지 말 것(현시점에서 현실적이고 실용적인 해결책을 찾기 원함)

당신이 ESFP 유형의 사람이라면

소통의 출발점은 항상 '자기와의 대화'이다. 자기 자신을 존중하고 스스로와 건강하게 대화하는 사람이 타인과의 소통도 잘할 가능성이 훨씬 높다. 지금 이 내용을 읽고 있는 당신이 ESFP라면, 먼

저 자기 자신을 건강하게 돌보고 있는지부터 확인하라. 그리고 당신과 함께하는 사람들에게 당신에게 적합한 커뮤니케이션 방법이 무엇인지 적절히 설명할 방법을 생각해보라(함께 이 책을 읽으면서 서로를 존중하는 방법을 찾아가는 것도 좋은 방법이 될 수 있다). 건강한 소통의 출발점은 자신을 이해하고 그것을 건강하게 설명하는 것으로부터 시작된다는 점을 기억하고 꼭 시도해보기 바란다. 어쩌면 생각보다 쉽게 변화의 계기가 만들어질지도 모른다.

가치관, 인성, 태도에 따른 차이를 인식하기

챕터 4에서 이야기했듯이 같은 유형이어도 가치관, 인성, 태도에 따라 큰 차이를 보일 수 있다. 이 세 가지 요인은 성격유형이 발현되는 토양이기 때문이다. 보통 '좋은 사람'이라고 느껴지는 사람은 가치관, 인성, 태도가 좋은 사람이다. MBTI 유형은 그다음 문제다. 같은 ESFP라 해도 가치관, 인성, 태도가 좋지 않을수록 '자기중심적'으로 성격특징이 나타날 것이다. 반면 가치관, 인성, 태도가 좋을수록 보다 유연하고 열린 태도를 보일 가능성이 높다.

개인 역량의 차이를 고려해야 한다

같은 MBTI 유형이라고 해서 역량까지 똑같은 것은 아니다. 역량은 해당 분야의 지식과 경험, 기술 등의 기반 위에서 나타나는 것이기 때문이다. 또한 성격유형 이외에도 흥미, 적성, 재능, 가치관, 자존감 등 다양한 내적 특성들이 함께 고려되어야 한다.

MBTI를 커뮤니케이션 영역에 사용하려면 가치관, 인성, 태도, 역량 수준 등에 따라 같은 유형 간에도 차이가 있을 수 있다는 점을 인식하는 것이 필요하다. '인성의 문제'를 'MBTI 유형의 문제'로 일반화할 수 있기 때문이다. 무엇보다 인성, 태도가 건강한 사람을 만나야 그 유형의 전형적인 모습을 제대로 경험할 수 있다.

이해와 존중에 집중하기

나와 상대방의 잠재력을 알아보고, 그에 맞는 존중 방법을 함께 찾아나가는 것이 MBTI의 목적임을 꼭 기억하자. 규정과 판단이 아닌 이해와 존중에 집중해보라. 그러한 관점으로 접근하는 것만으로도 많은 차이가 생길 것이다.

사실 MBTI는 16가지 '유형'에 대한 이야기라기보다는 사람을 이

해하고 존중하기 위한 16가지 '심리 패턴'에 대한 이야기이다. 사람을 이해하면 이해할수록 성격유형이라는 틀은 점점 더 희미해진다. 유형의 틀보다는 존중의 과정에 더 집중하게 되기 때문이다.

Chapter

11

–

헌신적이고 성실하며
세심한 사람
- ISFJ

효과적인 커뮤니케이션을 위해서는 먼저 상대방을 이해하는 과정이 선행되어야 한다. 상대방에 대한 이해가 결여된 상태에서 소통 스킬만을 학습하는 것은 오히려 좋지 못한 결과를 초래할 수 있다. 따라서 다음의 3가지 단계를 거쳐서 ISFJ와의 소통 방법을 설명하려 한다.

1단계: ISFJ의 일반적 특징 이해하기

2단계: ISFJ의 행동 원인이 되는 '마음 설계도' 살펴보기. 이 과정을 통해 ISFJ의 스키마(세상을 이해하고 대처하는 틀)와 중요시 여기는 '가중치 영역'을 이해하기

3단계: 1, 2단계의 정보들을 기반으로 ISFJ와의 효과적인 소통법 학습하기

1단계: ISFJ의 일반적 특징 이해하기

ISFJ의 별명

• 아낌없이 주는 나무

소설 「아낌없이 주는 나무」를 보면 나무는 소년에게 사과 열매와 그네를 제공해준다. 세월이 흐르고 성장한 소년이 돌아와 결혼을 위해 집이 필요하다고 말하자 자신의 가지를 베어 집을 지으라고 한다. 노인이 되어 돌아온 소년에게는 그루터기에 앉아 쉬라고 말한다. 아낌없이 주는 나무처럼 이들은 늘 자기 사람들에게 헌신적이다. 자신이 사랑하는 사람을 위해 '의무와 책임'을 다하는 사람들이다. 그런 역할을 통해 행복과 의미를 경험한다. 하지만 종종 그러한 면이 지나쳐서 지치고 힘든 모습을 보이기도 한다.

• 왕배려

이들은 매우 세심하게 상대방을 돌본다. 보통 이러한 특성은 가정에서 보다 자연스럽게 나타난다. ISFJ는 매우 가정적인 사람들이다. 이들은 자신의 가족들을 매우 세심하게 보살핀다. 현실적이고 꼼꼼하기 때문에 그들의 돌봄을 받는 사람들은 세심한 배려를 자연스레 경험하게 된다. 단, 이러한 배려를 당연시하는 사람에게는 서서히 조용하게 멀어질 가능성이 높다. ISFJ의 마음을 얻고 싶다면 이들 역시 '세심한 배려'에 감동을 받는다는 사실을 기억해야 한다. 이들은 거창하고 큰 선물보다 '배려 있는 작은 행동이나 말'에 크게 반응한다.

•가슴앓이

이들은 갈등을 매우 불편해하기 때문에 자신의 의견을 강하게 주장하지 못한다. 자신은 책임감 있게 여러 일을 도맡아 하면서도 남에게 도움을 요청하는 것은 꺼린다. 그래서 혼자 더 많은 책임을 떠맡고 힘들어하는 경우가 많다. 그렇게 억울함을 참고 있다가 한참 지나서 표현할 때가 많다.

•임금 뒤편의 권력형

이들은 사람들 앞에 나서는 것을 꺼려한다. 사전에 아무런 예고도 없이 이들을 무대 위로 불러올린다면 이들은 매우 커다란 불편

함을 느낄 것이다. 이들은 무대 뒤에서 조용하고 묵묵하게 자신의
책임과 의무를 다하는 사람들이다.

• 현모양처

현모양처란 어진 어머니이면서 착한 아내를 뜻하는 말이다. ISFJ
는 매우 가정에 충실한 FM적 아내의 모습과 매우 흡사한 사람들이
다. 책임감을 바탕으로 늘 의무와 책임을 다하는 어머니상을 떠올
리면 된다.

ISFJ의 장점

• 온정적, 헌신적임

이들은 강한 책임감을 바탕으로 자신의 사람들에게 온정적이며
헌신적인 사람들이다. 세심하고 따뜻한 방식으로 자기 사람들을 돌
보려 한다. 이들을 조직에서 만난다면 협조적이고 배려심 많은 동료
의 모습을 보여줄 것이다.

• 현실 감각이 뛰어남

문서, 계획 등의 세부사항을 잘 기억하고 관리한다. 사실적 정보와 자료를 체계적으로 잘 정리한다. 실제 경험과 검증된 방식을 토대로 실질적인 요구를 충족시킨다. 많은 양의 정보를 상세하게 기억하고 잘 활용한다. 이들에게 돈이나 물건을 맡긴다면 뛰어난 현실 감각을 바탕으로 아주 잘 관리해줄 것이다(ISFJ는 기본적으로 절약을 잘함).

• 책임감, 근면, 성실, 희생의 아이콘

자신이 맡은 일에 대해서 강한 책임감으로 임하며 일을 완수하기 위해 기꺼이 자신을 희생한다. 이들은 기본적으로 약속을 잘 지키는 사람들이다. 이들은 마감 기한을 넘기지 않는다.

• 침착하고 끈기가 있음(안정감을 주는 사람)

침착함과 인내심을 바탕으로 자신이 속한 조직에 안정감을 준다. 한번 시작한 일은 끝까지 해내며 상대적으로 놀고 즐기는 것을 덜 중요시한다.

• 세심한 관찰력

이들은 주변 사람들과 관련된 구체적인 정보들을 잘 기억한다. 그러한 정보들을 바탕으로 타인의 개인적 상황이나 어려움을 이해하고 배려하며 실제적인 도움을 주려 한다. 기본적으로 타인의 감정 흐름에 민감하다.

ISFJ의 개선점

• 비관적 경향(잔걱정이 많음)

뛰어난 현실 감각과 꼼꼼한 성격은 비관적인 경향으로 이어지기도 한다. 세부적인 정보 하나하나에 민감하게 반응하면서 잔걱정이 많아지기 때문이다. 이러한 면으로 인해 큰 꿈을 가지고 새로운 분야에 도전하는 것을 매우 어렵다고 느낀다.

• 현상의 이면, 큰 그림을 잘 보지 못함

세부사항, 현실적 제약에 집착하여 미래 가능성, 비전 등의 장기적, 추상적, 개념적인 것들을 이해하고 받아들이는 데 어려움을 겪는 경향이 있다. 또한 사실 뒤에 있는 이면의 의미를 파악하는 것이 이들에게는 어려운 일이 될 수 있다.

• 명령, 지시, 통제가 약함

이들은 누군가에게 싫은 소리를 하거나 명령, 지시하는 것을 매우 불편해한다. 그래서 자신의 의견이 분명할 때도 그것을 표현하지 못하는 경우가 많다. 그런 모습이 때로는 '주체성이 부족한 모습'으로 보이기도 한다.

2단계: ISFJ의 '마음 설계도' 이해하기

'유미의 세포들'이라는 웹툰이 있다. 드라마로 실사화될 정도로 인기가 많았던 작품이다. 주인공 유미가 연애를 하면서 일어나는 여러 가지 에피소드가 재미있게 묘사되어 있다. 이 작품이 인기가 많았던 가장 큰 요인 중 하나는 유미의 머릿속 세포들을 의인화했기 때문일 것이다. '유미의 세포들'은 유미의 마음속에서 일어나는 반응들을 뇌세포들의 대화를 통해서 그대로 보여준다. 사랑 세포, 이성 세포, 엉큼 세포, 오지랖 세포, 작가 세포 등 다양한 세포들이 등장하며, 이름에서 알 수 있듯이 각 세포들의 개성과 역할은 모두 다르다. 이 웹툰에는 약 70여 종의 세포들이 등장한다.

이러한 수많은 세포들을 진두지휘하며 컨트롤하는 세포가 있는데, 그 세포를 '프라임(Prime) 세포'라고 한다. 프라임 세포는 그 사람을 대표하는 '정체성 세포'라고 할 수 있다. 주인공 유미의 프라임 세포는 사랑 세포다.

각 사람이 가진 프라임 세포의 종류는 다 다르다. 감성 세포가 프라임 세포인 사람도 있고, 이성 세포가 프라임 세포인 사람도 있다. 프라임 세포의 진두지휘하에 여러 세포들이 상호작용하면서 그 사람만의 독특한 반응으로 나타나게 된다.

ISFJ의 프라임 세포를 찾아서

ISFJ의 마음 안에도 '프라임 세포'가 있다. 사실 MBTI는 마음 안에서 일어나는 심리기능 간의 상호작용에 대한 이론이다. 그것을 보다 쉽게 이해할 수 있도록 겉으로 드러나는 행동 위주로 정리해놓은 것이다. 지금부터 ISFJ의 성격유형 패턴을 만들어내는 '마음의 설계도'를 들여다보려 한다. ISFJ의 설계도를 알게 되면 ISFJ를 더 깊이 있게 이해할 수 있게 된다. ISFJ의 스키마(세상을 이해하고 대처하는 틀)를 알 수 있기 때문이다. 그럼 지금부터 ISFJ의 마음속으로 들어가보자.

ISFJ의 마음 설계도

ISFJ의 마음 설계도에는 4가지의 심리적 세포들이 등장한다. 이 4가지 심리 세포들이 서로 상호작용을 하면서 하나의 패턴을 만들어내는 것이다.

프라임 세포	보조 세포	어린아이 세포	열등 세포
꼼꼼한 점검자	친절한 가이드	논리적인 사람	브레인스토머
Si	Fe	T	Ne

Si, Fe, T, Ne는 ISFJ의 마음 안에서 영향력을 발휘하고 있는 순위라고 생각하면 된다(시각적 효과를 주기 위해 영향력의 순위에 따라 크기를 달리했다). ISFJ의 프라임 세포는 맨 앞쪽에 자리한 Si이다. Si를 중심으로 4가지 기능이 활발하게 역동을 일으키고 있는 것이다.

'유미의 세포들'에서 프라임 세포를 중심으로 세포들의 상호작용이 이루어지듯이, 위의 4가지 심리기능들 역시 Si를 중심으로 서로 상호작용하고 있다. 그 상호작용의 결과가 ISFJ의 성격유형 패턴으로 나타나는 것이다.

지금부터는 '유미의 세포들'에서 각 세포를 의인화했던 것처럼, ISFJ의 심리기능들도 의인화해서 살펴보고자 한다. 웹툰에 나오는 4명의 세포들을 만난다는 느낌으로 읽어보면 좋을 것 같다.

1) ISFJ의 프라임 세포: Si(꼼꼼한 점검자)

① Si: 꼼꼼한 점검자

Si는 S+i를 의미한다. S는 오감을 통해 정보를 인식하는 심리기능이다(현실적, 실용적). i는 '내향형'을 표현하는 바로 그 i다. Si는 이 둘의 의미가 더해졌다고 생각하면 이해하기 쉽다. 말 그대로 Si는 'S를 내면에서 쓰는 사람'이다. 오감을 통해 인식된 현실적, 감각적, 구체적인 정보들을 기반으로 꼼꼼하게 하나하나 체크하는 신중한 사람의 이미지를 떠올리면 된다(꼼꼼한 점검자). Si는 오감에 입각한 현실적 정보를 매우 중시한다(사실, 세부사항에 대해 적당히 얼버무리는 사람을 불신).

Si는 ISFJ의 '프라임 세포' 역할을 한다. ISFJ의 마음 안에서 가장 큰 영향력을 행사하고 있으며, ISFJ 성격의 전체적인 방향을 결정한다. ISFJ가 가장 신뢰하고, 가치를 두며 의지하는 정신적 세포라고 생각하면 된다. ISFJ는 Si를 중심으로 세상을 감지하고 이해한다. **ISFJ의 '스키마**(세상을 이해하고 대처하는 틀)**'를 이해하고 '가중치를 두는 영역'을 이해하는 데 필수적인 심리기능**인 셈이다.

② Si: '꼼꼼한 점검자'의 특징

- 과거 실제 경험을 바탕으로 현재 상황을 평가하고 점검하고 해석하려 한다. 과거의 경험과 현재의 경험을 적극적으로 비교한다(새로운 제안이나 갑작스러운 변화를 선호하지 않음).

- 사실적인 정보를 토대로 차근차근 접근하려고 한다(속도는 느리지만 정확하고자 하는 욕구가 큼). 매우 신중하고 차분한 인상을 풍긴다.

- 자기 몸의 내부에서 일어나고 있는 현상에 대해 매우 민감하다. 예를 들어 졸릴 때, 배고플 때, 충분히 배가 부를 때, 피로를 느낄 때를 민감하게 알아차린다. ISFJ가 '적정량'의 음식을

먹고 '정해진' 시간에 잠자리에 들고 일어나는 것은 이러한 심리적 특성에서 기인한 것이다.

- 저장된 정보를 순차적인 방식으로 검색한다. 그래서 한 번에 한 주제만 다루는 것을 선호한다. 여러 주제를 동시에 다루거나 두서없이 이 얘기 저 얘기를 하는 것을 좋아하지 않는다.

- 상황에 대한 세부사항과 그에 대한 자신의 '내적반응'을 동시에 저장한다. 예를 들어 지저분한 방에 머물렀을 때의 세부사항과 그에 대한 불쾌한 감정을 동시에 저장한다. 비슷한 상황을 보면 조건반사적으로 감정이 함께 올라온다.

- 전통을 유지하려 한다. Si는 전통을 하나의 상식처럼 생각한다. 복장 규칙, 인사 방식, 보고 방식, 행사 절차 등을 지키려 한다.

③ ISFJ의 에너지원: '가중치'를 크게 두는 영역

 - Si는 ISFJ가 '가장 중시하는' 기능이므로 ISFJ가 활력을 얻는 '에너지원'으로 작용한다.

 - 목표를 달성하기 위해 사실적인 세부정보를 수집하고 조직적으로 정리해서 제공할 때 이들은 활력을 얻는다.

 - 분명한 목표와 기대치, 안정적인 구조와 절차가 있는 곳에서 업무에 몰입한다.

- 방해받지 않는 조용한 업무 공간에서 자신의 기준과 절차에 맞춰 일할 때 안정감을 느낀다. 이들은 업무 일정을 통제하기 원한다(예측 가능한 환경).

④ ISFJ의 스트레스원: '가중치'가 충족되지 않았을 때
- 반대로 Si적 요소가 충족되지 않거나 Si와는 반대되는 역할이 요구될 때 이들은 스트레스를 받는다.
- 기준, 목표, 우선순위 등이 분명치 않은 상태에서 일하는 것을 매우 힘들어한다.
- 일, 가정생활 등 책임감을 가지고 통제해야 하는 영역들이 많을수록 과부하를 느낀다(계획, 통제, 관리에 대한 부담감).
- 자신의 업무 기준에 미치지 못하는 타인의 무능함과 너저분함을 느낄 때 스트레스를 받는다.
- 브레인스토밍, 장기적 비전, 추상적인 개념을 다루는 일은 이들에게는 매우 힘든 일이다.

2) ISFJ의 보조 세포: Fe(친절한 가이드)

Fe는 ISFJ의 프라임 세포인 Si를 도와서 ISFJ만의 강점 패턴을 만드는 심리기능이다.

Fe는 F+e를 의미한다. F는 감정과 관계를 기반으로 의사결정을 하는 심리기능이다(상황을 '개인화'함). e는 '외향형'을 의미하는 그 e 다. 한마디로 Fe는 'F를 외부로 쓰는 사람'이다. F를 외부로 사용해서 적극적으로 감정적 교류를 하려는 사람의 이미지를 떠올리면 된다. Fe는 온정, 배려, 관심 등을 외부로 적극적으로 표현한다. 또한 상대방의 감정을 공감하고 지지하는 데 초점을 둔다. 밝고 친근한 표정으로 적극적으로 누군가를 돕고 싶어 하는 심리 세포이다(친절한 가이드).

Fe는 Si를 보완하여 사람들의 현실적, 일상적 문제를 해결하고 돌보는 환경을 구축하려 한다. ISFJ가 관계 중심인 이유는 '보조 세포'인 Fe 때문이다. 이들은 현실 감각을 바탕으로 사람들을 돕고 협력하는 데 초점을 둔다. ISFJ가 온정적, 헌신적으로 타인을 돕고 다른 사람의 개인적인 사정을 배려하는 능력이 뛰어난 것은 Si를 Fe가 보조하고 돕기 때문이다.

ISFJ의 강점 패턴은 'Si(꼼꼼한 점검자)'와 'Fe(친절한 가이드)'의 '콜라보레이션'에서 기인된 것이다.

3) ISFJ의 어린아이 세포: T(논리적인 사람)

T는 ISFJ의 약점 패턴을 만드는 심리기능이다. '어린아이'처럼 미

숙하고 잘 발달하지 못한 심리기능이다.

T는 논리를 중심으로 의사결정하는 심리기능이다. ISFJ는 상황으로부터 자신을 분리해서 논리적으로 평가하는 것을 어려워한다. ISFJ가 논리, 분석, 객관적 평가 등의 영역에서 취약성을 보이는 이유는 T 기능이 내면의 어린아이 세포로 작용하기 때문이다.

4) ISFJ의 열등 세포: Ne(브레인스토머)

Ne는 ISFJ의 가장 큰 약점 패턴을 만드는 심리기능이다. ISFJ의 프라임 세포인 Si와 정반대의 기능이다. 가장 미숙하고 발달하지 않은 열등한 심리기능이다.

Ne는 N+e를 의미한다. N은 직관을 통해 정보를 인식하는 심리기능이다. 현실, 사실보다는 아이디어, 이면의 의미, 미래, 패턴 등에 초점을 둔다. e는 '외향형'을 의미하는 그 e다. 한마디로 Ne는 'N을 외부로 쓰는 사람'이다. 열린 사고방식으로 자유롭게 브레인스토밍을 즐기는 사람의 이미지를 떠올리면 된다(브레인스토머).

ISFJ는 새로운 아이디어를 떠올리거나, 새로운 가능성을 인식하는 것에 매우 미숙하다. 큰 그림을 그리고 미래의 비전을 그리는 것을 매우 힘들어한다.

ISFJ의 약점 패턴은 'T(논리적인 사람)'와 'Ne(브레인스토머)'의 '콜라보레이션'에서 기인된 것이다.

ISFJ의 내면 패턴 기억하기

ISFJ의 특징은 내면 설계도에서 나오는 하나의 패턴이다. MBTI 이론의 창시자인 심리학자 칼 융은 우리 마음 안에 '설계도'가 있다고 생각했다. 그러한 심리구조로부터 나타나는 일관된 행동 패턴을 정리한 것이 MBTI다. Si+Fe로부터 ISFJ의 강점 패턴이 나오고 T+Ne로부터 약점 패턴이 나오게 되는 것이다. 이러한 심리구조를 이해하고 ISFJ와의 소통 방법을 살펴보면 훨씬 더 이해가 잘 될 것이다.

| 강점 패턴 | Si (꼼꼼한 점검자) + Fe (친절한 가이드) | 헌신적(희생) / 세심한 관찰력 / 현실 감각이 뛰어남 / 온정적 / 침착하고 끈기 있음(안정감) / 타인 사정 배려 |
| 약점 패턴 | T (논리적인 사람) + Ne (브레인스토머) | 현상 이면을 잘 보지 못함 / 주체성 개발 필요 / 비판력 약함 / 명령, 지시, 통제 리더십 약함 |

3단계: ISFJ와 효과적으로 소통하는 법

'프라임 세포'와 '보조 세포'에 주목하기

ISFJ가 프라임 세포인 Si(꼼꼼한 점검자), 보조 세포인 Fe(친절한 가이드)를 중심으로 '스키마(세상을 이해하고 대처하는 틀)'를 형성하고 있다는 점에 주목하자. 프라임 세포는 ISFJ가 '가장 신뢰하고 의지하는 심리기능'이다. 이는 '해석의 틀'로 작용한다. 이러한 프라임 세포를 보조 세포인 Fe가 보조하면서 ISFJ만의 스키마가 형성된다.

또 하나 기억해야 할 포인트는 '프라임 세포'와 '보조 세포'에 큰 '가중치'가 부여된다는 점이다. 즉, Si(꼼꼼한 점검자)와 Fe(친절한 가이드)는 ISFJ가 중요시하고 가치 있게 여기는 심리기능이기 때문에 이 부분이 무시되거나 존중받지 못한다고 느낄 때 심각한 갈등을 야기할 수 있다. 반대로 그러한 부분을 이해받고 존중받는다고 느낄수록 마음의 문을 열 가능성이 높아진다.

'어린아이 세포'와 '열등 세포'는 주의할 점을 알려준다

ISFJ의 어린아이 세포인 T(논리적인 사람)와 열등 세포인 Ne(브레인 스토머)는 '취약성'과 연관된 심리기능이다. ISFJ에게 이 세포들은 미숙할 뿐 아니라 '가중치'가 매우 떨어지는 심리기능이다. 이는 커뮤니케이션의 영역에서도 그대로 나타난다. ISFJ와 T, Ne를 중심으로 대화하면 신뢰를 얻어내기가 어렵다. 예를 들어 당신이 ISFJ에게 차갑고 논리적인 방식으로만 이야기하거나 새로운 아이디어를 제시하고 즉각적인 변화를 요구한다면 좋지 못한 결과로 이어질 가능성이 매우 높다. 기본적으로 T, Ne의 방식으로 이야기하는 것은 ISFJ의 집중력을 현저히 떨어뜨릴 때가 많다.

'프라임 세포와 보조 세포를 중심으로 대화하는 것'이 주요 포인트라는 사실을 기억하면서 ISFJ와의 소통법을 살펴보자.

ISFJ와의 소통법

1) ISFJ의 일반적 의사소통 스타일(Si+Fe): 스키마 포인트 / 가중
치를 두는 영역 파악하기

- 겸손하고, 사려 깊으며, 협조적이다(팀의 목표 달성을 위해서 뒤
  에서 돕는 스타일).
- 사실, 세부사항에 초점을 둔다.
- 개인적인 경험에서 직접적으로 얻은 정보를 신뢰한다.
- 말하기보다 들으려 한다(자기표현이 많지 않음, 일대일 대화 선호).
- 어떤 것을 요약하거나, 빨리 설명하는 것을 어려워한다(준비
  시간 필요).
- 자신의 성취에 대해 쉽게 말하지 않는 편이며, 자신의 아이
  디어를 적극적으로 표현하지 않는다(심리적 안전감 중요).

2) ISFJ와의 효과적인 소통 방법(To do): 효과적인 신뢰 구축 방
법 이해하기(Si+Fe)

- 사실적, 구체적, 세부적인 정보를 미리 앞서서 제시하라.
- 필요 정보를 단계별로, 체계적으로, 친절한 어투로 제시하라.

- 궁금한 사항에 대해 사소한 부분까지 질문할 수 있는 시간을 제공하라(사소한 부분까지 묻는 것이 편안한 분위기여야 함).
- 기대하는 바를 구체적인 부분까지 세세하게 전달하라(애매모호한 지침은 오히려 이들을 헷갈리게 함).
- 정보 제공 이후 검토할 시간을 충분히 주어라(새로운 제안일 경우에는 특히 더).
- 의견을 물어본 뒤에는 대답할 때까지 기다려주라(몰아세우거나 중간에 말을 끊고 결론을 내리는 행동은 이들의 마음 문을 닫게 만들 것이다).

3) 주의할 점(Not to do): 신뢰를 빠르게 잃는 요인 파악하기(T+Ne)

- 논리에만 입각하여 비판적으로 몰아세우지 말 것
- 현실적인 실행 계획을 제시하지 않은 상태에서 갑작스럽게 변화를 요구하지 않기
- 세부사항에 대한 설명 없이, 장황하게 이론 또는 추상적인 아이디어를 제시하지 말 것
- 지나치게 장기적인 결과나 유익에 초점을 두고 이야기하지 말 것
- 추상적이고 모호한 지침을 주거나 정보의 일부분만을 제시하지 말 것

당신이 ISFJ 유형의 사람이라면

소통의 출발점은 항상 '자기와의 대화'이다. 자기 자신을 존중하고 스스로와 건강하게 대화하는 사람이 타인과의 소통도 잘할 가능성이 훨씬 높다. 지금 이 내용을 읽고 있는 당신이 ISFJ라면, 먼저 자기 자신을 건강하게 돌보고 있는지부터 확인하라. 그리고 당신과 함께하는 사람들에게 당신에게 적합한 커뮤니케이션 방법이 무엇인지 적절히 설명할 방법을 생각해보라(함께 이 책을 읽으면서 서로를 존중하는 방법을 찾아가는 것도 좋은 방법이 될 수 있다). 건강한 소통의 출발점은 자신을 이해하고 그것을 건강하게 설명하는 것으로부터 시작된다는 점을 기억하고 꼭 시도해보기 바란다. 어쩌면 생각보다 쉽게 변화의 계기가 만들어질지도 모른다.

가치관, 인성, 태도에 따른 차이를 인식하기

챕터 4에서 이야기했듯이 같은 유형이어도 가치관, 인성, 태도에 따라 큰 차이를 보일 수 있다. 이 세 가지 요인은 성격유형이 발현되는 토양이기 때문이다. 보통 '좋은 사람'이라고 느껴지는 사람은 가치관, 인성, 태도가 좋은 사람이다. MBTI 유형은 그다음 문제다. 같

은 ISFJ라 해도 가치관, 인성, 태도가 좋지 않을수록 '자기중심적'으로 성격특징이 나타날 것이다. 반면 가치관, 인성, 태도가 좋을수록 보다 유연하고 열린 태도를 보일 가능성이 높다.

개인 역량의 차이를 고려해야 한다

같은 MBTI 유형이라고 해서 역량까지 똑같은 것은 아니다. 역량은 해당 분야의 지식과 경험, 기술 등의 기반 위에서 나타나는 것이기 때문이다. 또한 성격유형 이외에도 흥미, 적성, 재능, 가치관, 자존감 등 다양한 내적 특성들이 함께 고려되어야 한다.

MBTI를 커뮤니케이션 영역에 사용하려면 가치관, 인성, 태도, 역량 수준 등에 따라 같은 유형 간에도 차이가 있을 수 있다는 점을 인식하는 것이 필요하다. '인성의 문제'를 'MBTI 유형의 문제'로 일반화할 수 있기 때문이다. 무엇보다 인성, 태도가 건강한 사람을 만나야 그 유형의 전형적인 모습을 제대로 경험할 수 있다.

이해와 존중에 집중하기

사실 MBTI는 16가지 '유형'에 대한 이야기라기보다는 사람을 이해하고 존중하기 위한 16가지 '심리 패턴'에 대한 이야기이다. 사람을 이해하면 이해할수록 성격유형이라는 틀은 점점 더 희미해진다. 유형의 틀보다는 존중의 과정에 더 집중하게 되기 때문이다.

Chapter

12

–

겸손하고 따뜻한 사람
- ISFP

효과적인 커뮤니케이션을 위해서는 먼저 상대방을 이해하는 과정이 선행되어야 한다. 상대방에 대한 이해가 결여된 상태에서 소통 스킬만을 학습하는 것은 오히려 좋지 못한 결과를 초래할 수 있다. 따라서 다음의 3가지 단계를 거쳐서 ISFP와의 소통 방법을 설명하려 한다.

1단계: ISFP의 일반적 특징 이해하기

2단계: ISFP의 행동 원인이 되는 '마음 설계도' 살펴보기. 이 과정을 통해 ISFP의 스키마(세상을 이해하고 대처하는 틀)와 중요시 여기는 '가중치 영역'을 이해하기

3단계: 1, 2단계의 정보들을 기반으로 ISFP와의 효과적인 소통법 학습하기

1단계: ISFP의 일반적 특징 이해하기

ISFP의 별명

• 성인군자형

ISFP 형을 성인군자형이라 부르는 이유는 따뜻한 인간성과 우호적인 태도로 상대방을 배려하려는 특성 때문이다. 따뜻한 인간성과 덕망으로 주변 사람들을 감화시켰던 삼국지의 유비처럼 이들은 누구에게나 부드럽고 겸손한 태도로 다가가는 사람들이다.

• 순둥이

이들은 착하고 순수한 이미지를 가지고 있다. 정반대 유형인 ENTJ가 진취적이고 자신감이 넘쳐 보이는 스타일이라면, 반대로 이들은 겸손하고 소박한 느낌을 준다. 소소한 일상을 함께하는 편한 친구를 떠올리면 된다.

• 어리버리 천사

조용하고 차분한 이미지이면서도 뭔가 엉뚱한 모습을 보일 때가 많다. 꼼꼼한 듯하면서도 뭔가를 하나씩 빠뜨리거나, 뭔가에 걸려서 넘어지는 모습 등 인간적인 실수를 보여주는 경우가 많다.

• 벙어리 냉가슴

ISFP는 기본적으로 싫은 소리나 거절하는 것을 힘들어한다. 그래서 뭔가 불만 사항이 있어도 속으로 끙끙대면서 참고 일하는 경우가 많다. 갈등을 직면하고 해결하는 일은 이들에게 매우 어려운 일이다.

ISFP의 장점

• 동정심이 많고 따뜻한 사람

ISFP는 상대방의 입장을 이해하고 배려하려는 태도를 가진 사람이다. 자신의 감정을 적극적으로 표현하진 않지만 상대방의 말에 대해 비판하거나 평가하기보다는 공감하고 지지하려 한다. 그래서 이들과 함께 있으면 자연스럽게 위로받는 느낌을 갖게 되는 경우가 많다. 친한 사람에게는 장난을 통해 친근감을 표현하기도 한다. ISFP는 가까운 사람들에 한하여 장난기 있는 모습을 보여준다.

• 겸손한 태도로 경청을 잘하는 사람

ISFP는 겸손한 태도로 상대방의 이야기를 경청한다. 중간에 말을 끊거나 자신의 이야기로 화제를 전환하는 일이 거의 없다. 상대방의 감정과 필요를 잘 파악하고 실용적인 방법으로 도우려 한다. 어느 조직에서나 협조적인 팔로워의 역할을 잘한다.

• 적응력과 융통성이 좋은 사람

자신의 주장을 관철시키려 하기보다는 열린 마음으로 유연한 태도를 취한다. 자연스러운 흐름에 맞추어 흘러가는 적응력을 보여준다. ISFP가 리더의 역할을 할 경우, 구성원들이 원하는 방식으로 일할 수 있도록 조용히 지원하고 배려한다.

• 조화와 협력을 잘하는 사람

기본적으로 혼자만의 시간과 공간이 허용되는 것을 원하지만, 동시에 구성원들과 화합하여 일할 수 있는 분위기 역시 선호한다. 협력적인 분위기가 형성될 수 있도록 평화적이고 평등주의적인 태도를 보인다(ISFP는 평화주의자이다).

• 현실 감각과 여유 있는 일 처리

ISFP는 미래를 예측하고 추상적인 개념을 다루는 일보다는 구체적이고 현실적인 정보를 바탕으로 실용적인 업무를 잘하는 사람이다. 이들은 목표 달성에 조바심을 내기보다는 여유 있는 일 처리를 보여준다.

ISFP의 개선점

• 거절, 냉철한 비판 등을 어려워함

ISFP는 거절해야 할 상황에서도 타인의 부탁을 거절하지 못할 때가 많다. 그래서 주변으로부터 우유부단하다는 이야기를 종종 듣는다. 지시와 명령, 냉철한 피드백, 분석과 평가 등을 해야 하는 상황을 매우 힘들어한다. 갈등 상황을 지나치게 회피하려는 경향이 있다.

• 전략적, 논리적 분석에 취약함

큰 그림을 그리고 여러 가지 요소들을 연결하여 논리적으로 분석하는 것을 어려워한다. 단기 계획 외에 중기, 장기 계획을 세우고 전략적 분석을 하는 것이 ISFP에게는 매우 어려운 일일 수 있다.

• 결단력, 추진력이 약함

논리적인 기준을 세우고 과감하게 결단을 내리는 것을 매우 어려워한다. 또한 체계적으로 계획을 세우고 강하게 추진하는 일이 이들에겐 매우 힘든 일이 될 수 있다.

• 지나친 겸손

겸손이 지나치면 문제가 된다. 이들은 자신의 능력을 좀 더 적극적으로 주변에 알릴 필요가 있다. 보통 ISFP는 100의 능력을 가졌어도 주변에 50~60으로 인식되는 사람으로 일컬어진다는 점을 기억할 필요가 있다.

2단계: ISFP의 '마음 설계도' 이해하기

'유미의 세포들'이라는 웹툰이 있다. 드라마로 실사화될 정도로 인기가 많았던 작품이다. 주인공 유미가 연애를 하면서 일어나는 여러 가지 에피소드가 재미있게 묘사되어 있다. 이 작품이 인기가 많았던 가장 큰 요인 중 하나는 유미의 머릿속 세포들을 의인화했기 때문일 것이다. '유미의 세포들'은 유미의 마음속에서 일어나는 반응들을 뇌세포들의 대화를 통해서 그대로 보여준다. 사랑 세포, 이성 세포, 엉큼 세포, 오지랖 세포, 작가 세포 등 다양한 세포들이 등장하며, 이름에서 알 수 있듯이 각 세포들의 개성과 역할은 모두 다르다. 이 웹툰에는 약 70여 종의 세포들이 등장한다.

이러한 수많은 세포들을 진두지휘하며 컨트롤하는 세포가 있는데, 그 세포를 '프라임(Prime) 세포'라고 한다. 프라임 세포는 그 사람을 대표하는 '정체성 세포'라고 할 수 있다. 주인공 유미의 프라임 세포는 사랑 세포다.

각 사람이 가진 프라임 세포의 종류는 다 다르다. 감성 세포가 프라임 세포인 사람도 있고, 이성 세포가 프라임 세포인 사람도 있다. 프라임 세포의 진두지휘하에 여러 세포들이 상호작용하면서 그 사람만의 독특한 반응으로 나타나게 된다.

ISFP의 프라임 세포를 찾아서

ISFP의 마음 안에도 '프라임 세포'가 있다. 사실 MBTI는 마음 안에서 일어나는 심리기능 간의 상호작용에 대한 이론이다. 그것을 보다 쉽게 이해할 수 있도록 겉으로 드러나는 행동 위주로 정리해놓은 것이다. 지금부터 ISFP의 성격유형 패턴을 만들어내는 '마음의 설계도'를 들여다보려 한다. ISFP의 설계도를 알게 되면 ISFP를 더 깊이 있게 이해할 수 있게 된다. ISFP의 스키마(세상을 이해하고 대처하는 틀)를 알 수 있기 때문이다. 그럼 지금부터 ISFP의 마음속으로 들어가보자.

ISFP의 마음 설계도

ISFP의 마음 설계도에는 4가지의 심리적 세포들이 등장한다. 이 4가지 심리 세포들이 서로 상호작용을 하면서 하나의 패턴을 만들 어내는 것이다.

Fi, Se, N, Te는 ISFP의 마음 안에서 영향력을 발휘하고 있는 순 위라고 생각하면 된다(시각적 효과를 주기 위해 영향력의 순위에 따라 크 기를 달리했다). ISFP의 프라임 세포는 맨 앞쪽에 자리한 Fi이다. Fi를 중심으로 4가지 기능이 활발하게 역동을 일으키고 있는 것이다.

'유미의 세포들'에서 프라임 세포를 중심으로 세포들의 상호작용 이 이루어지듯이, 위의 4가지 심리기능들 역시 Fi를 중심으로 서로 상호작용하고 있다. 그 상호작용의 결과가 ISFP의 성격유형 패턴으로 나타나는 것이다.

지금부터는 '유미의 세포들'에서 각 세포를 의인화했던 것처럼, ISFP의 심리기능들도 의인화해서 살펴보고자 한다. 웹툰에 나오는 4명의 세포들을 만난다는 느낌으로 읽어보면 좋을 것 같다.

1) ISFP의 프라임 세포: Fi(진실한 사람)

① Fi: 진실한 사람

Fi는 F+i를 의미한다. F는 감정과 관계를 기반으로 의사결정을 하는 심리기능이다(상황을 '개인화'함). i는 '내향형'을 표현하는 바로 그 i다. Fi는 이 둘의 의미가 더해졌다고 생각하면 이해하기 쉽다. 말 그대로 Fi는 'F를 내면에서 쓰는 사람'이다. 친화, 온정, 동정, 자비, 존중과 같은 '인간적인 가치'를 중시하며 그에 따라 인생을 살아가기 원한다(밖으로 잘 표현하지는 않음). 자신의 내적 가치를 충실히 지키며 내면의 진실성(Integrity)을 유지하고 싶은 사람의 이미지를 떠올리면 된다(진실한 사람).

Fi는 자신이 중시하는 인간적인 가치를 논리적으로 설명하기보다는 가슴으로 느끼는 사람이다. 예를 들어 학대받는 어린아이들을 보면서 '저러면 안 되는데… 가슴이 너무 아프다'라고 생각하면서 눈물을 흘린다. 논리적인 조언보다는 말없이 가슴으로 느끼고 함께 울어주려 한다. 이들은 자신의 '인간적인 가치'를 충실히 지키고 내적인 조화를 유지하는 데 초점을 둔다. 그러한 가치가 침범당하거나 지켜지지 않았을 때 상처를 받는다.

Fi는 ISFP의 '프라임 세포' 역할을 한다. ISFP의 마음 안에서 가장 큰 영향력을 행사하고 있으며, ISFP 성격의 전체적인 방향을 결정한다. ISFP가 가장 신뢰하고, 가치를 두며 의지하는 정신적 세포라고 생각하면 된다. ISFP는 Fi를 중심으로 세상을 감지하고 이해한다. **ISFP의 '스키마**(세상을 이해하고 대처하는 틀)**'를 이해하고 '가중치를 두는 영역'을 이해하는 데 필수적인 심리기능**인 셈이다.

② Fi: '진실한 사람'의 특징

- 논리적인 기준으로 옳고 그름을 판단하기보다는 자신에게 중요한 '인간적인 가치'를 가슴으로 느낀다. "왜 그런지는 모르겠는데 저런 말을 들으면 가슴이 아파요"와 같은 반응은 Fi의 전형적인 모습이다.
- 자신의 가치를 말로 설명하는 것을 어려워한다. 감정은 언어로 정확하게 표현하기 어려운 영역이다. Fi는 자신에게 중요한 것이 무엇인지 알지만 말로 표현하는 것이 쉽지 않다고 느낀다. "이유는 분명하게 설명할 수 없지만, 무척 속상하네요"와

같은 반응이 대표적이다.

- '인간적인 가치'를 지킴으로써 진실성을 유지하고 싶어 한다. 친화, 온정, 동정, 자비, 존중과 같은 가치를 지키지 못하는 상황(예컨대 자신의 행동이 상대방에게 상처를 주는 상황)이라면 이들은 큰 거부반응을 보일 것이다. 반대로 가치를 지키기 위해서라면 종종 매우 적극적이고 강렬한 반응을 보이기도 한다.

- '인간적인 가치'는 이들이 의사를 결정하는 중요한 기준이다. '의도적인 상처를 주지 않기'라는 가치를 가진 Fi 부모는 자신의 결정이 아이에게 상처를 줄 것 같으면 다른 방법을 찾으려 할 것이다.

- 늘 상대방을 존중하려 한다. 이들은 상대를 압박하거나 행동의 변화를 강요하는 것을 좋아하지 않는다. 개인적 영역을 침해할 수 있다고 생각하기 때문이다. 이들은 존중하고 경청하는 태도를 지니고 있다. 반면 그러한 면으로 인해 싫은 소리를 잘하지 못한다.

- 자신의 감정을 기민하게 인식하며, 그러한 경험을 바탕으로 상대방의 감정 상태를 파악한다. 이들은 사랑하는 사람의 기쁨, 슬픔, 두려움 등을 자신의 감정처럼 느끼는 경향이 있다.

③ ISFP의 에너지원: '가중치'를 크게 두는 영역

- Fi는 ISFP가 '가장 중시하는' 기능이므로 ISFP가 활력을 얻는 '에너지원'으로 작용한다.

- 배려, 존중, 친화와 같은 '인간적인 가치'를 실현할 수 있는 업무에서 활력을 느낀다. 타인을 돕고 지지하는 역할을 하거나 협력적이고 개방적이며 친절한 분위기에서 능력을 잘 발휘한다.

- 최소한의 경쟁만이 있고, 불확실성과 복잡성이 거의 없는 업무 환경을 선호한다(책임이 분명히 정의되고 모호하지 않고 구체적인 의사소통 방식).

- 성취, 업적만을 위해 급하게 일하기보다는 여유 있게 생각하면서 유연하게 대처할 수 있을 때 심리적 안정감을 느낀다(마감 기한에 쫓기지 않는 방식).

④ ISFP의 스트레스원: '가중치'가 충족되지 않았을 때

- 반대로 Fi적 요소가 충족되지 않거나 Fi와는 반대되는 역할이 요구될 때 이들은 스트레스를 받는다.

- 일, 결과에만 초점을 둔 엄격한 업무 구조와 시간적 압박 속에 있을 때 이들은 심리적인 불안감을 느낀다.

- 갈등과 적대감의 분위기가 감지될수록 스트레스를 받는다.

사람들에 대한 통제, 논리적 요구와 갈등 관리 등에 직면해야
할 상황은 이들의 에너지를 빠르게 고갈시킨다.
- 혼자서 충분히 생각하는 시간이 제공되지 않을 때 스트레스
를 받는다(Fi는 내향적인 심리기능).
- 자신의 가치와 많이 동떨어진 업무나 절차를 억지로 따라야
하는 상황에서 심한 거부감을 느낄 수 있다.

2) ISFP의 보조 세포: Se(맛집 탐방가)

Se는 ISFP의 프라임 세포인 Fi를 도와서 ISFP만의 강점 패턴을
만드는 심리기능이다.

Se는 S+e를 의미한다. S는 오감을 통해 정보를 인식하는 심리기
능이다(현실적, 실용적). e는 '외향형'을 표현하는 바로 그 e다. Se는
이 둘의 의미가 더해졌다고 생각하면 이해하기 쉽다. 말 그대로 Se
는 'S를 외부로 쓰는 사람'이다. 오감을 외부로 사용하여 현실적인
정보를 인식하는 사람의 모습을 떠올려보라. 맛집, 사고 싶은 옷, 패
러글라이딩같이 실제 존재하고 경험할 수 있는 것들이 Se의 관심
대상이다. 이들은 늘 현재를 경험하고 즐기기 원한다. 따라서 '먹고
마시고 즐기자'가 Se의 자연스러운 슬로건이 된다. 맛집을 탐방하는
활동적이고 충동적인 사람의 모습을 상상하면 된다(맛집 탐방가).

Se는 Fi를 보완하여 현실적, 실용적 정보를 바탕으로 사람들의 실제적 필요를 충족시키도록 돕는다. ISFP가 사람들의 실제적 필요를 잘 파악하는 이유는 보조 세포인 Se 때문이다. 이들은 공감과 경청을 통해 타인의 감정과 필요를 파악하고 실용적인 도움을 주는 것에 초점을 둔다. ISFP가 인간 중심적이면서도 실제적인 방법으로 도움을 주는 능력이 뛰어난 것은 Fi를 Se가 보조하고 돕기 때문이다.

ISFP의 강점 패턴은 'Fi(진실한 사람)'와 'Se(맛집 탐방가)'의 '콜라보레이션'에서 기인된 것이다.

3) ISFP의 어린아이 세포: N(이면을 보는 사람)

N은 ISFP의 약점 패턴을 만드는 심리기능이다. '어린아이'처럼 미숙하고 잘 발달하지 못한 심리기능이다.

N은 직관을 통해 정보를 인식하는 심리기능이다. 현실, 사실보다는 아이디어, 이면의 의미, 미래, 패턴 등에 초점을 둔다. ISFP는 미래 가능성이나 새로운 아이디어를 떠올리는 것에 미숙하다. 보이는 것 이면에 있는 의미, 내재된 패턴을 읽는 것을 어려워한다. ISFP가 큰 그림을 그리고 장기적인 전략을 세우거나 여러 정보를 연결하여 분석하는 것에서 어려움을 느끼는 이유는 N 기능이 내면의 어

린아이 세포로 작용하기 때문이다.

4) ISFP의 열등 세포: Te(논리적 행정가)

Te는 ISFP의 가장 큰 약점 패턴을 만드는 심리기능이다. ISFP의 프라임 세포인 Fi와 정반대의 기능이다. 가장 미숙하고 발달하지 않은 열등한 심리기능이다.

Te는 T+e를 의미한다. T는 논리를 기반으로 의사결정을 하는 심리기능이다. e는 '외향형'을 의미하는 그 e다. 한마디로 Te는 'T를 외부로 쓰는 사람'이다. 논리적으로 목표를 세우고 그 목표에 맞게 사람, 시간, 공간 등의 자원을 조직적으로 통제하려는 사람의 이미지를 떠올리면 된다(논리적 행정가).

ISFP는 논리적으로 상황을 평가하고 문제를 해결하는 것에 매우 미숙하다(논리적인 토론에 약함). 체계적으로 계획을 세우고 추진력 있게 목표를 달성하는 것에서 큰 약점을 보이는 이유는 Te가 열등 세포로 활동하기 때문이다.

ISFP의 약점 패턴은 'N(이면을 보는 사람)'과 'Te(논리적 행정가)'의 '콜라보레이션'에서 기인된 것이다.

ISFP의 내면 패턴 기억하기

ISFP의 특징은 내면 설계도에서 나오는 하나의 패턴이다. MBTI 이론의 창시자인 심리학자 칼 융은 우리 마음 안에 '설계도'가 있다고 생각했다. 그러한 심리구조로부터 나타나는 일관된 행동 패턴을 정리한 것이 MBTI다. Fi+Se로부터 ISFP의 강점 패턴이 나오고 N+Te로부터 약점 패턴이 나오게 되는 것이다. 이러한 심리구조를 이해하고 ISFP와의 소통 방법을 살펴보면 훨씬 더 이해가 잘될 것이다.

강점 패턴	Fi (진실한 사람) + Se (맛집 탐방가)	동정적 / 겸손함 / 적응력 / 여유 있는 일 처리 / 삶의 현재에 충실함 / 자연에 대한 사랑, 미적 감각이 탁월함 / 개방적, 융통성 / 순간의 현실을 즐김
약점 패턴	N (이면을 보는 사람) + Te (논리적 행정가)	새로운 가능성과 대안을 잘 보지 못함 / 결단력 및 추진력 부족 / 부정적 감정을 드러내는 갈등을 겪는 것을 힘들어함 / 감정이 쉽게 상할 수 있음 / 타인의 감정에 지나치게 예민함 / 타인 비판은 지나치게 약한 반면, 자신에게는 혹독한 비판 / 계획성, 준비성 약함 / 거절을 잘 못함 / 자신의 능력을 알릴 필요

3단계: ISFP와 효과적으로 소통하는 법

'프라임 세포'와 '보조 세포'에 주목하기

ISFP가 프라임 세포인 Fi(진실한 사람), 보조 세포인 Se(맛집 탐방가)를 중심으로 '스키마(세상을 이해하고 대처하는 틀)'를 형성하고 있다는 점에 주목하자. 프라임 세포는 ISFP가 '가장 신뢰하고 의지하는 심리기능'이다. 이는 '해석의 틀'로 작용한다. 이러한 프라임 세포를 보조 세포인 Se가 보조하면서 ISFP만의 스키마가 형성된다.

또 하나 기억해야 할 포인트는 '프라임 세포'와 '보조 세포'에 큰 '가중치'가 부여된다는 점이다. 즉, Fi(진실한 사람)와 Se(맛집 탐방가)는 ISFP가 중요시하고 가치 있게 여기는 심리기능이기 때문에 이 부분이 무시되거나 존중받지 못한다고 느낄 때 심각한 갈등을 야기할 수 있다. 반대로 그러한 부분을 이해받고 존중받는다고 느낄수록 마음의 문을 열 가능성이 높아진다.

'어린아이 세포'와 '열등 세포'는 주의할 점을 알려준다

ISFP의 어린아이 세포인 N(이면을 보는 사람)과 열등 세포인 Te(논리적 행정가)는 '취약성'과 연관된 심리기능이다. ISFP에게 이 세포들은 미숙할 뿐 아니라 '가중치'가 매우 떨어지는 심리기능이다. 이는 커뮤니케이션의 영역에서도 그대로 나타난다. ISFP와 N, Te를 중심으로 대화하면 신뢰를 얻어내기가 어렵다. 예를 들어 당신이 ISFP에게 미래의 가능성과 논리적인 것에만 초점을 두고 대화한다면 좋지 못한 결과로 이어질 가능성이 매우 높다. 기본적으로 N, Te의 방식으로 이야기하는 것은 ISFP의 집중력을 현저히 떨어뜨릴 때가 많다.

'프라임 세포와 보조 세포를 중심으로 대화하는 것'이 주요 포인트라는 사실을 기억하면서 ISFP와의 소통법을 살펴보자.

ISFP와의 소통법

1) ISFP의 일반적 의사소통 스타일(Fi+Se): 스키마 포인트 / 가중치를 두는 영역 파악하기

- 조용하고 차분히 상대방의 말을 주의 깊게 경청한다. 사람

들의 필요가 무엇인지 이해하려 한다. 말하기보다는 주로 듣는 편이다.

- 친절하고 배려심이 있으며, 주위 사람이나 상황에 감사해하는 경향이 있다(선하고 착한 이미지).
- 비판적이지 않으며, 개인차를 존중하고 맞춰주려 한다. 다른 사람들을 통제하거나 조직하는 것에 관심이 없다.
- 자기 자신이나 자신이 성취한 일들에 대해 쉽게 말하려 하지 않는다(겸손한 이미지). 개인적인 정보들도 신뢰가 쌓인 이후에 나누려 한다.
- 화목을 유지하는 데 주의를 기울이고, 공감대를 찾으려 한다.
- 조화를 중시하고, 태평스러우며, 너그럽고, 격식이 없다.

2) ISFP와의 효과적인 소통 방법(To do): 효과적인 신뢰 구축 방법 이해하기(Fi+Se)

- 진심을 담아 인정과 지지를 먼저 보내라. 조용히 보이지 않게 수고한 부분을 포착하고 그에 대한 감사의 마음을 전하라.
- 부담 없는 일대일 대화를 활용해서 신뢰를 쌓는 데 시간을 투자하라. ISFP는 관계가 기반이 된 대화를 선호한다.
- 목소리를 너무 높이거나 거만하게 느낄 만한 행동을 하지 않

도록 주의하라. 조용하고 부드럽고 온화한 말투로 대화를 진
행하는 것이 훨씬 효과적이다. 피드백 역시 내용은 분명하게
전달하되 부드러운 방식으로 전달하라. 아울러 긍정적인 부
분도 함께 전달하라.

- 상식적인 것에 초점을 두고, 실용적이고 즉각적으로 활용
할 수 있는 구체적인 정보들을 제공하라. 정보가 이렇게
다른 사람들에게 도움을 줄 수 있는지 보여줄 수 있으면 더
욱 좋다.

- 여가 활동 등 흥미로운 활동을 하면서 관계를 맺어가라.
ISFP의 보조 세포는 Se다. 이들은 다양한 경험을 통해 즐거
움을 느낀다. 그 점을 활용하여 개인적인 관계를 맺어가는
것도 좋은 방법이 될 수 있다.

3) 주의할 점(Not to do): 신뢰를 빠르게 잃는 요인 파악하기(N+Te)

- 감정을 배제한 채 논리적 비판으로만 접근하지 말 것(ISFP는
비판에 매우 민감하게 반응한다. 모든 것을 개인적인 관점에서 해석
하는 경향이 있으며, 상처를 받아도 드러내지 않는다)

- 추상적인 아이디어, 개념, 이론 등의 주제를 위주로만 대화하
지 말 것(실용적인 연관성이 적을수록 이들의 관심과 집중도는 현저

히 떨어진다)

- 이야기를 끝까지 주의 깊게 듣지 않고 다 알고 있다는 듯이 반응하지 말 것(사소해 보이는 이야기라도 끝까지 듣고 진정성과 세심한 배려를 보일 것). 특히 중간에 말을 자르는 것은 치명적일 수 있다(불쾌감을 표현하지 않을 가능성이 높지만).
- 지시하고 명령하듯이 이야기하지 말 것. 지나치게 경직된 일 중심의 분위기나 감정을 고려하지 않은 채 업무 목표만을 강조하는 것은 이들의 능력을 반감시킨다.
- 너무 압박하거나 몰아붙이지 말 것(사전에 분명한 기대치를 주고 어느 정도 유연하고 자유로운 업무 환경을 제공해주는 것이 좋음)

당신이 ISFP 유형의 사람이라면

소통의 출발점은 항상 '자기와의 대화'이다. 자기 자신을 존중하고 스스로와 건강하게 대화하는 사람이 타인과의 소통도 잘할 가능성이 훨씬 높다. 지금 이 내용을 읽고 있는 당신이 ISFP라면, 먼저 자기 자신을 건강하게 돌보고 있는지부터 확인하라. 그리고 당신과 함께하는 사람들에게 당신에게 적합한 커뮤니케이션 방법이 무엇인지 적절히 설명할 방법을 생각해보라(함께 이 책을 읽으면서 서로를 존중하는 방법을 찾아가는 것도 좋은 방법이 될 수 있다). 건강한 소통의 출발점은 자신을 이해하고 그것을 건강하게 설명하는 것으로부터 시작된다는 점을 기억하고 꼭 시도해보기 바란다. 어쩌면 생각보다 쉽게 변화의 계기가 만들어질지도 모른다.

가치관, 인성, 태도에 따른 차이를 인식하기

챕터 4에서 이야기했듯이 같은 유형이어도 가치관, 인성, 태도에 따라 큰 차이를 보일 수 있다. 이 세 가지 요인은 성격유형이 발현되는 토양이기 때문이다. 보통 '좋은 사람'이라고 느껴지는 사람은 가치관, 인성, 태도가 좋은 사람이다. MBTI 유형은 그다음 문제다. 같은 ISFP라 해도 가치관, 인성, 태도가 좋지 않을수록 '자기중심적'으로 성격특징이 나타날 것이다. 반면 가치관, 인성, 태도가 좋을수록 보다 유연하고 열린 태도를 보일 가능성이 높다.

개인 역량의 차이를 고려해야 한다

같은 MBTI 유형이라고 해서 역량까지 똑같은 것은 아니다. 역량은 해당 분야의 지식과 경험, 기술 등의 기반 위에서 나타나는 것이기 때문이다. 또한 성격유형 이외에도 흥미, 적성, 재능, 가치관, 자존감 등 다양한 내적 특성들이 함께 고려되어야 한다.

MBTI를 커뮤니케이션 영역에 사용하려면 가치관, 인성, 태도, 역량 수준 등에 따라 같은 유형 간에도 차이가 있을 수 있다는 점을 인식하는 것이 필요하다. '인성의 문제'를 'MBTI 유형의 문제'로 일반화할 수 있기 때문이다. 무엇보다 인성, 태도가 건강한 사람을 만나야 그 유형의 전형적인 모습을 제대로 경험할 수 있다.

이해와 존중에 집중하기

사실 MBTI는 16가지 '유형'에 대한 이야기라기보다는 사람을 이해하고 존중하기 위한 16가지 '심리 패턴'에 대한 이야기이다. 사람을 이해하면 이해할수록 성격유형이라는 틀은 점점 더 희미해진다. 유형의 틀보다는 존중의 과정에 더 집중하게 되기 때문이다.

Chapter

13

–

인간을 널리
이롭게 하려는 사람
- ENFJ

효과적인 커뮤니케이션을 위해서는 먼저 상대방을 이해하는 과정이 선행되어야 한다. 상대방에 대한 이해가 결여된 상태에서 소통 스킬만을 학습하는 것은 오히려 좋지 못한 결과를 초래할 수 있다. 따라서 다음의 3가지 단계를 거쳐서 ENFJ와의 소통 방법을 설명하려 한다.

1단계: ENFJ의 일반적 특징 이해하기

2단계: ENFJ의 행동 원인이 되는 '마음 설계도' 살펴보기. 이 과정을 통해 ENFJ의 스키마(세상을 이해하고 대처하는 틀)와 중요시 여기는 '가중치 영역'을 이해하기

3단계: 1, 2단계의 정보들을 기반으로 ENFJ와의 효과적인 소통법 학습하기

1단계: ENFJ의 일반적 특징 이해하기

ENFJ의 별명

• 홍익인간

ENFJ는 사람을 널리 이롭게 하고자 한다. 타인의 성장을 돕는 것에 관심이 많고 열정적이다. 공동의 이익과 공동선을 추구한다. 인간 존재 자체에 우선순위를 두기 때문에 다른 사람의 정서까지도 자신의 책임으로 생각하는 경향이 있다. 기본적으로 인간의 본성은 선하다고 믿는 경향이 있다.

• 수호천사, 평강공주병

바보 온달을 열심히 도와서 장군으로 만든 평강공주처럼 이들은 타인에게 영향을 주어 그들의 삶을 변화시키는 것에서 커다란 의미를 느낀다. '다른 사람에게 주고 싶어 안달이 난 유형'으로 불리기도 한다. 상담가, 성직자, 교사, 인력 개발 전문가 등의 직업에서 ENFJ를 어렵지 않게 볼 수 있다.

• 언변능숙형

ENFJ는 '말을 통해' 영향을 미치는 것에 익숙하다. 마치 드라마에서 나올 법한 대사들을 실제 생활에서 쏟아내는 사람들이다. "저 하늘 위에 별만 있는 게 아닌데, 저 바닷속에 물고기만 있는 게 아닌데, 왜 제 마음속엔 당신만 있는 걸까요?"와 같은 '닭살 멘트'를 매우 자연스럽게 표현할 수 있는 사람들이다. 그래서 ENFJ 중에는 MC들이 많다. 꼭 직업적 MC가 아니더라도 자신이 속한 조직이나 모임에서 MC 역할을 맡는 경우가 많다.

• 관계중독자

반면 동정심이 지나쳐 '과도한 도움'으로 이어져서 또 다른 문제를 만들기도 한다. 도움을 받는 사람이 스스로 성장할 수 있는 기회를 제한하거나, 또는 그 사람과의 관계가 너무 깊어져서 객관성을 잃을 수 있다.

ENFJ의 장점

• 공동선을 추구하는 사람(인화 중시)

ENFJ는 인류애를 추구하는 사람이다. 이들은 함께하는 사람들이 모두 함께 협력하며 공동의 이익을 향해 나아가기를 원한다. 협력과 협조를 통해 합의를 이뤄내려 하며 모두의 생각을 들을 수 있도록 의견을 구한다. 다양성을 존중하며, 사람들의 요구를 세심하게 살피려 한다. 함께 하는 사람들이 따뜻한 분위기 속에서 서로를 격려하는 문화를 만들기 원한다.

• 사람의 성장에 관심이 많은 사람

진실하고 친밀한 관계에 대한 강렬한 욕구가 있고, 이러한 관계를 형성하고 유지하는 데 열정적이다. 또한 자신과 타인의 성장에 관심이 많다. 타인의 정서적 요구, 동기, 걱정 등을 빠르게 이해하고 공감한다. 사람들이 자신의 잠재력을 발휘하고 내적으로 성장할 수 있도록 적극적으로 지지하고 격려한다. 타인의 잠재력을 알아보는 통찰력이 있다. 타인과 함께 성장하기를 원하며 사람들의 정서적, 지적, 영적 성장을 촉진하고자 한다.

• 친절하고 재치 있는 사람

ENFJ는 '센스 있는 커뮤니케이터'다. 다양한 사람들 사이에서 적절하게 합의를 이끌어낸다. 친절하고 재치 있는 방식으로 타인을 설득한다. 상대방의 말에 고개를 끄덕여가며 적극적으로 공감을 표시하고, 잘 웃으며, 유머러스하다. 반면 해야 할 말은 하는 사람들이기도 하다(지킬 건 지키고 따질 건 따지는 스타일). 물론 그런 말을 해야 할 때도 적당한 타이밍을 고려하고 인간적인 센스를 가미하려 한다. 예를 들어 누군가 아무데나 휴지를 버린다면 "여기 휴지 떨어뜨리신 것 같은데요"라고 웃으면서 지적하는 식이다.

• 말을 통해 영향을 끼침

ENFJ는 '말을 통해 상대방의 마음에 영향을 미쳐 변화를 이끌어내는 사람들'이다. 이들은 뛰어난 언어 구사를 통해 사람들이 잠재력을 깨우도록 자극하며, 삶의 의미, 가치 등과 관련된 내용을 감동적인 스토리텔링으로 잘 풀어낸다. 청중들에게 열정적으로 설교하면서 심금을 울리는 목사님의 모습을 떠올리면 된다.

• 체계적, 조직적인 사람

목표를 달성하기 위해 체계적인 계획을 수립하고 실행 과정을 명료하게 정리한다. 사람들이 협력하는 분위기 속에서 자신의 능력을 발휘할 수 있도록 명확한 조직구조를 만들고 싶어 한다. ENFJ는 체계적이고 조직적인 방식으로 목표를 달성하는 사람이다.

ENFJ의 개선점

• 칭찬과 비판에 매우 민감(객관성 유지 관건)

칭찬을 받을 때는 매우 좋아하지만 비판을 들으면 개인적으로 받아들여 상처를 받는 경우가 많다(특히 자신이 인정받고 싶어 하는 대상에게는 가중치가 급상승). 그래서 '칭찬받기는 좋아하고 비판에 약하다'라는 평가를 받는 편이다. 개인적 감정이 업무에 영향을 미쳐 일을 소홀히 할 수 있기 때문에 감정적이 되었을 때 공과 사를 구분하는 연습을 하는 것이 필요하다. 특히 감정이 상했을 때 성급하게 결론을 내리는 것을 주의해야 한다.

• 타인의 좋은 점을 지나치게 이상화(맹목적 추종 주의)

사람에 대한 '이상적인 기대'를 가지고 있어서 현실과의 괴리로 인한 상처를 받을 수 있다. 자신이 존경하는 인물이나 제도를 지나치게 이상화하는 경향을 주의할 필요가 있다.

• 현실적, 실용적인 부분 고려

새로운 아이디어와 영감, 이상적인 가치 등에 현실적, 논리적인 고려가 필요하다. 예를 들어 '모든 사람이 함께 잘 지내야 한다'라는 이상적 가치에 대해 현실적으로 항상 그럴 수 없다는 점을 냉철하게 직시하는 것이 필요하다. 자신의 계획을 실행함에 있어 이상적인 부분과 현실 사이에 괴리가 있을 수 있음을 늘 고려해야 한다.

• 지나친 동일시

때때로 공감이 지나쳐서 다른 사람들의 정서와 자신의 정서를 지나치게 동일시하는 경향이 있다. 그것이 의사결정과 업무에 영향을 줄 수 있음을 인지하는 것이 필요하다.

2단계: ENFJ의 '마음 설계도' 이해하기

'유미의 세포들'이라는 웹툰이 있다. 드라마로 실사화될 정도로 인기가 많았던 작품이다. 주인공 유미가 연애를 하면서 일어나는 여러 가지 에피소드가 재미있게 묘사되어 있다. 이 작품이 인기가 많았던 가장 큰 요인 중 하나는 유미의 머릿속 세포들을 의인화했기 때문일 것이다. '유미의 세포들'은 유미의 마음속에서 일어나는 반응들을 뇌세포들의 대화를 통해서 그대로 보여준다. 사랑 세포, 이성 세포, 엉큼 세포, 오지랖 세포, 작가 세포 등 다양한 세포들이 등장하며, 이름에서 알 수 있듯이 각 세포들의 개성과 역할은 모두 다르다. 이 웹툰에는 약 70여 종의 세포들이 등장한다.

이러한 수많은 세포들을 진두지휘하며 컨트롤하는 세포가 있는데, 그 세포를 '프라임(Prime) 세포'라고 한다. 프라임 세포는 그 사람을 대표하는 '정체성 세포'라고 할 수 있다. 주인공 유미의 프라임 세포는 사랑 세포다.

각 사람이 가진 프라임 세포의 종류는 다 다르다. 감성 세포가 프라임 세포인 사람도 있고, 이성 세포가 프라임 세포인 사람도 있다. 프라임 세포의 진두지휘하에 여러 세포들이 상호작용하면서 그 사람만의 독특한 반응으로 나타나게 된다.

ENFJ의 프라임 세포를 찾아서

ENFJ의 마음 안에도 '프라임 세포'가 있다. 사실 MBTI는 마음 안에서 일어나는 심리기능 간의 상호작용에 대한 이론이다. 그것을 보다 쉽게 이해할 수 있도록 겉으로 드러나는 행동 위주로 정리해 놓은 것이다. 지금부터 ENFJ의 성격유형 패턴을 만들어내는 '마음의 설계도'를 들여다보려 한다. ENFJ의 설계도를 알게 되면 ENFJ를 더 깊이 있게 이해할 수 있게 된다. ENFJ의 스키마(세상을 이해하고 대처하는 틀)를 알 수 있기 때문이다. 그럼 지금부터 ENFJ의 마음속으로 들어가보자.

ENFJ의 마음 설계도

ENFJ의 마음 설계도에는 4가지의 심리적 세포들이 등장한다. 이 4가지 심리 세포들이 서로 상호작용을 하면서 하나의 패턴을 만들어내는 것이다.

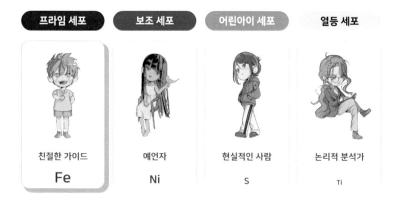

프라임 세포	보조 세포	어린아이 세포	열등 세포
친절한 가이드	예언자	현실적인 사람	논리적 분석가
Fe	Ni	S	Ti

Fe, Ni, S, Ti는 ENFJ의 마음 안에서 영향력을 발휘하고 있는 순위라고 생각하면 된다(시각적 효과를 주기 위해 영향력의 순위에 따라 크기를 달리했다). ENFJ의 프라임 세포는 맨 앞쪽에 자리한 Fe이다. Fe를 중심으로 4가지 기능이 활발하게 역동을 일으키고 있는 것이다.

'유미의 세포들'에서 프라임 세포를 중심으로 세포들의 상호작용이 이루어지듯이, 위의 4가지 심리기능들 역시 Fe를 중심으로 서로 상호작용하고 있다. 그 상호작용의 결과가 ENFJ의 성격유형 패턴으로 나타나는 것이다.

지금부터는 '유미의 세포들'에서 각 세포를 의인화했던 것처럼, ENFJ의 심리기능들도 의인화해서 살펴보고자 한다. 웹툰에 나오는 4명의 세포들을 만난다는 느낌으로 읽어보면 좋을 것 같다.

1) ENFJ의 프라임 세포: Fe(친절한 가이드)

① Fe: 친절한 가이드

Fe는 F+e를 의미한다. F는 감정과 관계를 기반으로 의사결정을 하는 심리기능이다(상황을 '개인화'함). e는 '외향형'을 의미하는 그 e다. 한마디로 Fe는 'F를 외부로 쓰는 사람'이다. F를 외부로 사용해서 적극적으로 감정적 교류를 하려는 사람의 이미지를 떠올리면 된다. Fe는 온정, 배려, 관심 등을 외부로 적극적으로 표현한다. 또한 상대방의 감정을 공감하고 지지하는 데 초점을 둔다. 밝고 친근한 표정으로 적극적으로 누군가를 돕고 싶어 하는 심리 세포이다(친절한 가이드).

Fe는 "아, 응, 그렇구나" 하는 식의 공감적 표현을 잘한다. 고개를 끄덕이면서 상대방의 이야기를 적극적으로 경청하는 모습을 떠올리면 된다. 누군가와 개인적인 관계를 맺고 친밀감을 유지하는 것은 이들에게 매우 중요한 일이다. 가까운 사람과 갈등이 생기는 것을 아주 많이 불편해하기 때문에 가능한 갈등 상황을 만들지 않으려고 노력한다. 이들에게 갈등과 논쟁은 피하고 싶은 주제이다.

Fe는 ENFJ의 '프라임 세포' 역할을 한다. ENFJ의 마음 안에서 가장 큰 영향력을 행사하고 있으며, ENFJ 성격의 전체적인 방향을 결정한다. ENFJ가 가장 신뢰하고, 가치를 두며 의지하는 정신적 세포라고 생각하면 된다. ENFJ는 Fe를 중심으로 세상을 감지하고 이해한다. **ENFJ의 '스키마**(세상을 이해하고 대처하는 틀)**'를 이해하고 '가중치를 두는 영역'을 이해하는 데 필수적인 심리기능**인 셈이다.

② Fe: '친절한 가이드'의 특징

- Fe는 동료들과 친밀한 관계를 맺으려 한다. 이들은 함께 일하는 사람들에 대한 정보를 신속하게 파악한다. 가족관계, 관심사, 생일 등을 파악하고 그런 정보를 활용하여 관계를 더욱 돈독히 만들어나간다. '가족 같은 동료', '친형 같은 상사', '동생 같은 후배'와 같은 표현을 자주 듣는다.

- 상대방의 감정을 공감하고 지지하는 것에 매우 능숙하다. 고개를 끄덕이면서 적극적으로 지지와 공감을 표시한다.

- 관계를 형성하기 위해 자신의 정보를 먼저 공개하는 경우가 많다. 그렇게 함으로써 상대방도 자신의 얘기를 편하게 꺼낼 수 있는 분위기를 형성한다. 이들은 자신의 이야기를 하는 것을 좋아한다(가만히 두면 알아서 자신의 이야기를 쏟아놓는다).

- '친절한 가이드'라는 별명처럼 이들은 '적극적으로 도움을 주고자 하는 사람들'이다. 주변에 도움이 필요한 사람이 있으면 쉽게 지나치지 못한다. 어떻게 해서라도 그들의 욕구를 채워주려 한다. 가끔은 이러한 면이 지나쳐서 자신의 일에 영향을

줄 만한 상황임에도 상대방의 요구를 거절하지 못하는 모습을 보이기도 한다.

- 공동체의 규범과 문화적 가치들을 손쉽게 파악한다. 조직 내에서 사람들이 어떤 방식으로 상호작용하는지, 어떤 행동이 적절한 행동인지를 파악하는 데 초점을 둔다. 그리고 그에 맞는 행동을 함으로써 동료들과 좋은 관계를 형성하고자 한다. 예를 들어 출근 시에 밝게 인사하기, 감사 표현, 생일 축하 등 그 조직문화에 맞는 행동을 통해 사람들에게 좋은 인상을 주고자 한다.

- 조화로운 분위기를 만들기 위해 문화와 규범을 만들고자 한다. 예를 들어 팀 내에 소외된 사람이 있다면 소속감을 갖고 일할 수 있도록 적극적으로 챙겨주거나, 그룹 미팅에서 모든 사람에게 말할 기회가 충분히 돌아갈 수 있도록 배려한다. 자기 혼자만 이런 행동을 하는 것에서 그치지 않고, 팀 내 모든 사람들이 다 같이 할 수 있도록 문화나 규범을 만들기를 원한다. 모두가 조화롭고 협력적인 관계 속에서 일하기를 바라기 때문이다. 그래서 종종 주변 사람들에게 자신의 가치관이나 생각을 강요하는 것 같은 느낌을 줄 때도 있다.

③ ENFJ의 에너지원: '가중치'를 크게 두는 영역

- Fe는 ENFJ가 '가장 중시하는' 기능이므로 ENFJ가 활력을 얻는 '에너지원'으로 작용한다.

- 사교적이고 지지적인 업무 환경에서 활력을 얻는다(함께하는 사람들과의 상호작용 매우 중요). 솔직하고 개방된 형태의 소통을 원하며, 타인과 조화롭게 통한다는 느낌이 있을 때 심리적 안정감을 느낀다.

- 업무에서 자신이 '소중한 존재'로서 인식되고 타인 역시 소중하게 대우받는 환경을 선호한다. 이들은 자신의 '개인적 공헌'이 존중받고 인정받기를 원한다. 그리고 순수한 마음으로 인정과 감사의 표현을 자주 주고받는 환경에서 커다란 만족감을 느낀다.

- 자신의 성공과 성취를 이룩할 수 있는 환경을 선호한다(이러한 부분을 지지하고 촉진하는 환경). ENFJ는 광범위한 업무 범위를 원하며 탁월한 성과를 내고 싶어 한다(인정욕구 높음).

- 다양한 배경을 가진 사람과 일할 수 있고 독립적, 자발적으로 일할 수 있는 환경에서 몰입감이 높아진다. 다만 적절히 구조화된 업무 환경, 충분한 시간과 자원이 뒷받침되는 것 역시 중요하다. 또한 자신의 가치와 독특한 아이디어를 자유롭게 표현하고 인정받을 수 있는 환경에서 가장 일을 잘한다.

④ ENFJ의 스트레스원: '가중치'가 충족되지 않았을 때

- 반대로 Fe적 요소가 충족되지 않거나 Fe와는 반대되는 역할
  이 요구될 때 이들은 스트레스를 받는다.
- 비협조적인 분위기, 지나친 업무 중심적 관계, 대립과 갈등 상
  황에서 일할 때 상당히 스트레스를 받는다.
- 인간 존중, 조화로운 관계와 같은 자신의 신념, 가치 등에 위
  배되는 일을 해야 할 때 상당히 스트레스를 받는다. 특히 자
  신에 대한 개인적 비난뿐만 아니라 팀 동료들이 비인간적으로
  대우받는 환경에서도 큰 스트레스를 받는다(비인간적인 문화).
- 성과를 내기 위해 적절히 구조화된 업무 환경, 충분한 시간과
  자원이 주어지지 않을 때 스트레스를 받는다. 이들은 자신의
  일을 훌륭히 수행해내기를 바라는데, 그것을 위한 계획과 자
  원 등을 통제할 수 없을 때 큰 스트레스를 받는다. 한정된 시
  간 안에 해야 할 일이 너무 많고, 업무 계획 조정이 불가능한
  상황에서 심리적 불안감을 느낀다.

2) ENFJ의 보조 세포: Ni(예언자)

Ni는 ENFJ의 프라임 세포인 Fe를 도와서 ENFJ만의 강점 패턴을
만드는 심리기능이다.

Ni는 N+i를 의미한다. N은 직관을 통해 정보를 인식하는 심리기능이다. 현실, 사실보다는 아이디어, 이면의 의미, 미래, 패턴 등에 초점을 둔다. i는 '내향형'을 의미하는 그 i다. 한마디로 Ni는 'N을 내부로 쓰는 사람'이다. 영감처럼 나타나는 직관적 통찰력을 바탕으로 세상을 바라보고 해석하는 사람이다. 그래서 '예언자'라는 별명으로 불린다. 예언자는 이면에 내재되어 있는 패턴을 잘 파악하며, 직관적 통찰을 바탕으로 미래를 예측한다.

Ni는 Fe를 보완하여 사람들이 자신의 잠재력을 인식할 수 있도록 하는 혁신적인 방법들을 개발하도록 한다. ENFJ가 공동선, 조화로운 관계, 인간의 가능성과 같은 관념적, 이상적인 가치를 추구하고 이면의 의미를 중시하는 이유는 '보조 세포'인 Ni 때문이다. 이들은 사람들의 가능성과 내적 성장에 초점을 둔다.

ENFJ의 강점 패턴은 'Fe(친절한 가이드)'와 'Ni(예언자)'의 '콜라보레이션'에서 기인된 것이다.

3) ENFJ의 어린아이 세포: S(현실적인 사람)

S는 ENFJ의 약점 패턴을 만드는 심리기능이다. '어린아이'처럼 미숙하고 잘 발달하지 못한 심리기능이다.

S는 오감을 통해 정보를 인식하는 현실적, 실용적인 심리기능이

다. ENFJ는 현실적이고 실용적인 것을 고려하는 것에 미숙함을 보일 때가 많으며, 일상적인 현실 감각이 부족하다. ENFJ가 목표를 달성하기 위해 필요한 세부사항과 단계들을 종종 놓치는 이유는 S 기능이 내면의 어린아이 세포로 작용하기 때문이다.

4) ENFJ의 열등 세포: Ti(논리적 분석가)

Ti는 ENFJ의 가장 큰 약점 패턴을 만드는 심리기능이다. ENFJ의 프라임 세포인 Fe와 정반대의 기능이다. 가장 미숙하고 발달하지 않은 열등한 심리기능이다.

Ti는 T+i를 의미한다. T는 논리를 기반으로 의사결정을 하는 심리기능이다(상황과 자신을 분리해서 판단). i는 '내향형'을 표현하는 바로 그 i다. Ti는 이 둘의 의미가 더해졌다고 생각하면 이해하기 쉽다. 말 그대로 Ti는 'T를 내면에서 쓰는 사람'이다. 자신만의 논리체계로 상황을 관찰하고 해석하는 사람의 이미지를 떠올리면 된다(논리적 분석가). 이들은 상황을 조용히 관찰하고 논리를 바탕으로 심사숙고한다. Ti는 인생을 흥미로운 수수께끼로 여긴다. 그러나 좀처럼 자신의 생각을 표현하지는 않는다. 인간관계에 무관심하며 홀로 자신의 관심사에 몰입한 학자와 같은 심리 세포이다. 마치 어떤 것에도 얽매이지 않을 것 같은 초연한 이미지를 가지고 있다.

ENFJ는 상황을 논리적, 객관적으로 평가하는 것에 매우 미숙함을 보인다(감정적 대응). 칭찬, 비판에 매우 민감하고, 공적인 피드백에 감정적으로 반응하는 등 논리적 영역에서 큰 약점을 보이는 이유는 Ti가 열등 세포로 활동하기 때문이다.

ENFJ의 약점 패턴은 'S(현실적인 사람)'와 'Ti(논리적 분석가)'의 '콜라보레이션'에서 기인된 것이다.

ENFJ의 내면 패턴 기억하기

ENFJ의 특징은 내면 설계도에서 나오는 하나의 패턴이다. MBTI 이론의 창시자인 심리학자 칼 융은 우리 마음 안에 '설계도'가 있다고 생각했다. 그러한 심리구조로부터 나타나는 일관된 행동 패턴을 정리한 것이 MBTI다. Fe+Ni로부터 ENFJ의 강점 패턴이 나오고 S+Ti로부터 약점 패턴이 나오게 되는 것이다. 이러한 심리구조를 이해하고 ENFJ와의 소통 방법을 살펴보면 훨씬 더 이해가 잘될 것이다.

강심 매투		인화 중시 / 친절, 재치 / 타인의 의견 존중, 공동선을 위해 상대방의 의견에 동조함 / 쓰기보다는 말로 생각을 잘 표현(말로 미치는 영향력 큼) / 사람에 대한 이상적 생각 / 동정심, 적극적 도움 / 타인의 내적 성장에 관심이 많음

Fe (친절한 가이드) + Ni (예언자)

약점 매투		칭찬, 비판에 매우 민감(객관성 유지 관건) / 타인의 좋은 점을 지나치게 이상화, 맹목 추종 / 성급한 결론 / 세부 조건의 세밀한 검토 미약 / 개인적 감정 때문에 업무에 영향(일을 소홀히 할 수 있음) / 타인의 말에 객관적 반응 필요

S (현실적인 사람) + Ti (논리적 분석기)

3단계: ENFJ와 효과적으로 소통하는 법

'프라임 세포'와 '보조 세포'에 주목하기

ENFJ가 프라임 세포인 Fe(친절한 가이드), 보조 세포인 Ni(예언자)를 중심으로 '스키마(세상을 이해하고 대처하는 틀)'를 형성하고 있다는 점에 주목하자. 프라임 세포는 ENFJ가 '가장 신뢰하고 의지하는 심리기능'이다. 이는 '해석의 틀'로 작용한다. 이러한 프라임 세포를 보조 세포인 Ni가 보조하면서 ENFJ만의 스키마가 형성된다.

또 하나 기억해야 할 포인트는 '프라임 세포'와 '보조 세포'에 큰 '가중치'가 부여된다는 점이다. 즉, Fe(친절한 가이드)와 Ni(예언자)는

ENFJ가 중요시하고 가치 있게 여기는 심리기능이기 때문에 이 부분이 무시되거나 존중받지 못한다고 느낄 때 심각한 갈등을 야기할 수 있다. 반대로 그러한 부분을 이해받고 존중받는다고 느낄수록 마음의 문을 열 가능성이 높아진다.

'어린아이 세포'와 '열등 세포'는 주의할 점을 알려준다

ENFJ의 어린아이 세포인 S(현실적인 사람)와 열등 세포인 Ti(논리적 분석가)는 '취약성'과 연관된 심리기능이다. ENFJ에게 이 세포들은 미숙할 뿐 아니라 '가중치'가 매우 떨어지는 심리기능이다. 이는 커뮤니케이션의 영역에서도 그대로 나타난다. ENFJ와 S, Ti를 중심으로 대화하면 신뢰를 얻어내기가 어렵다. 예를 들어 당신이 ENFJ에게 단기적이고 실용적인 측면만 강조하거나 무뚝뚝하게 논리적인 방식으로만 대화를 나눈다면 좋지 못한 결과로 이어질 가능성이 매우 높다. 기본적으로 S, Ti의 방식으로 이야기하는 것은 ENFJ의 집중력을 현저히 떨어뜨릴 때가 많다.

'프라임 세포와 보조 세포를 중심으로 대화하는 것'이 주요 포인트라는 사실을 기억하면서 ENFJ와의 소통법을 살펴보자.

ENFJ와의 소통법

1) ENFJ의 일반적 의사소통 스타일(Fe+Ni): 스키마 포인트 / 가중 치를 두는 영역 파악하기

- 사교적이고 친근한 방식으로 대화하며, 자기표현을 잘한다.
- 대화를 통해 친밀한 관계를 형성하려 한다(지지, 격려하는 대화 방식).
- 사람들이 자신의 잠재력을 발견하도록 돕기 위해 새로운 아이디어를 잘 제시한다(인간의 잠재력과 성장을 가장 우선순위에 둔다).
- 사람들을 리드하는 것을 선호한다. 관련된 모든 사람들을 참여시키고 싶어 한다.
- 비전과 전략, 업무 방향성, 체계적인 계획, 사람들의 필요 등을 적절하게 잘 조합한다.
- 지시하고 명령하기보다는 멘토링, 상담, 교육 등을 통해 이끄는 것을 선호한다.
- 개인적인 차이와 다양성을 인정하고 그에 따른 필요를 채워주려 한다. 팀원 각각의 독특한 공헌을 인정하고 활용하려 한다.

- 이론, 추상적인 아이디어, 개념 등을 주제로 대화하는 것을 좋아한다.

2) ENFJ와의 효과적인 소통 방법(To do): 효과적인 신뢰 구축 방법 이해하기(Fe+Ni)

- 먼저 친밀한 관계를 형성하고, 업무를 인간적인 관계 안에서 풀어가라(관계 중심).
- '개인적인 가치'에 대해 충분히 이야기할 시간을 주고(ENFJ는 말하는 것을 좋아한다) 인정하고 존중하는 모습을 보여주면 빠르게 신뢰 관계를 형성할 수 있다.
- 감사한 부분은 말로 표현하라(ENFJ에게는 진심 어린 말 한마디가 큰 효과를 발휘).
- ENFJ의 성장과 발전을 진심으로 바라고 지지한다는 것을 표현하라.
- 의견이 다르거나 비판을 해야 할 경우, 동의하는 부분을 먼저 언급하라. 좋은 의도를 분명하게 언급함으로써 확대해석으로 이어지지 않도록 주의하라.
- 되도록 논쟁을 피하고 중용의 길을 모색하라(협력, 협조, 협의에 초점).

- 의견을 제시할 때 사람들의 성장, 발전과 연관된 부분을 강조하면 더욱 몰입하는 모습을 보일 것이다.

3) 주의할 점(Not to do): 신뢰를 빠르게 잃는 요인 파악하기(S+Ti)

- 단기적이고, 실용적인 결과만을 강조하지 말 것
- 차갑고 무뚝뚝하게 대하지 말 것
- 지시적이고 명령하는 방식으로 대화하지 말 것(권력으로 위협하는 느낌이 들면 심한 거부감을 보일 것이다. 팀 동료가 그런 대우를 받는 것을 목격하는 것도 포함된다)
- 개인적 가치에 대해 논리적 분석만으로 판단하지 말 것(존중하는 태도 중요)
- 사람보다 결과를 중심에 둔다는 느낌을 주지 않도록 주의할 것

당신이 ENFJ 유형의 사람이라면

소통의 출발점은 항상 '자기와의 대화'이다. 자기 자신을 존중하고 스스로와 건강하게 대화하는 사람이 타인과의 소통도 잘할 가

능성이 훨씬 높다. 지금 이 내용을 읽고 있는 당신이 ENFJ라면, 먼저 자기 자신을 건강하게 돌보고 있는지부터 확인하라. 그리고 당신과 함께하는 사람들에게 당신에게 적합한 커뮤니케이션 방법이 무엇인지 적절히 설명할 방법을 생각해보라(함께 이 책을 읽으면서 서로를 존중하는 방법을 찾아가는 것도 좋은 방법이 될 수 있다). 건강한 소통의 출발점은 자신을 이해하고 그것을 건강하게 설명하는 것으로부터 시작된다는 점을 기억하고 꼭 시도해보기 바란다. 어쩌면 생각보다 쉽게 변화의 계기가 만들어질지도 모른다.

가치관, 인성, 태도에 따른 차이를 인식하기

챕터 4에서 이야기했듯이 같은 유형이어도 가치관, 인성, 태도에 따라 큰 차이를 보일 수 있다. 이 세 가지 요인은 성격유형이 발현되는 토양이기 때문이다. 보통 '좋은 사람'이라고 느껴지는 사람은 가치관, 인성, 태도가 좋은 사람이다. MBTI 유형은 그다음 문제다. 같은 ENFJ라 해도 가치관, 인성, 태도가 좋지 않을수록 '자기중심적'으로 성격특징이 나타날 것이다. 반면 가치관, 인성, 태도가 좋을수록 보다 유연하고 열린 태도를 보일 가능성이 높다.

개인 역량의 차이를 고려해야 한다

같은 MBTI 유형이라고 해서 역량까지 똑같은 것은 아니다. 역량은 해당 분야의 지식과 경험, 기술 등의 기반 위에서 나타나는 것이기 때문이다. 또한 성격유형 이외에도 흥미, 적성, 재능, 가치관, 자존감 등 다양한 내적 특성들이 함께 고려되어야 한다.

MBTI를 커뮤니케이션 영역에 사용하려면 가치관, 인성, 태도, 역량 수준 등에 따라 같은 유형 간에도 차이가 있을 수 있다는 점을 인식하는 것이 필요하다. '인성의 문제'를 'MBTI 유형의 문제'로 일반화할 수 있기 때문이다. 무엇보다 인성, 태도가 건강한 사람을 만나야 그 유형의 전형적인 모습을 제대로 경험할 수 있다.

이해와 존중에 집중하기

나와 상대방의 잠재력을 알아보고, 그에 맞는 존중 방법을 함께 찾아나가는 것이 MBTI의 목적임을 꼭 기억하자. 규정과 판단이 아닌 이해와 존중에 집중해보라. 그러한 관점으로 접근하는 것만으로도 많은 차이가 생길 것이다.

사실 MBTI는 16가지 '유형'에 대한 이야기라기보다는 사람을 이

해하고 존중하기 위한 16가지 '심리 패턴'에 대한 이야기이다. 사람을 이해하면 이해할수록 성격유형이라는 틀은 점점 더 희미해진다. 유형의 틀보다는 존중의 과정에 더 집중하게 되기 때문이다.

Chapter

14

–

인간적인 브레인스토머
- ENFP

효과적인 커뮤니케이션을 위해서는 먼저 상대방을 이해하는 과정이 선행되어야 한다. 상대방에 대한 이해가 결여된 상태에서 소통 스킬만을 학습하는 것은 오히려 좋지 못한 결과를 초래할 수 있다. 따라서 다음의 3가지 단계를 거쳐서 ENFP와의 소통 방법을 설명하려 한다.

1단계: ENFP의 일반적 특징 이해하기

2단계: ENFP의 행동 원인이 되는 '마음 설계도' 살펴보기. 이 과정을 통해 ENFP의 스키마(세상을 이해하고 대처하는 틀)와 중요시 여기는 '가중치 영역'을 이해하기

3단계: 1, 2단계의 정보들을 기반으로 ENFP와의 효과적인 소통법 학습하기

1단계: ENFP의 일반적 특징 이해하기

ENFP의 별명

• 스파크형

ENFP는 스파크가 튀듯이 늘 새로운 아이디어가 샘솟는 사람이다. 관심사도 매우 다양하다. 그러나 강렬하지만 금방 사라지는 스파크처럼 이들의 집중력 역시 한 가지 아이디어에 그리 오래 머무르지 않는다.

• 영원한 피터팬

ENFP는 순수한 어린아이 같은 사람이다. 호기심이 많고 감수성이 풍부하다. 일상적, 현실적인 삶보다는 이상적이고 열정적인 삶을 살아가기 원한다. 그것이 때로는 비현실적으로 보일지라도 이들에게는 새로운 가능성에 도전하는 것이 행복하다.

• 궤도이탈

정해진 시간과 계획, 정해진 절차와 규칙 등은 ENFP에게는 불편한 옷과 같다. 이들은 창의성을 바탕으로 정해진 틀을 자연스럽게 이탈하는 사람들이다. 종종 이동 방향이 정해져 있는 뷔페 같은 곳에서 반대 방향으로 이동하는 ENFP를 만나볼 수 있을 것이다. 물론 일부러 그러는 것은 아니다. 하다 보니 자연스레 궤도를 이탈한 것뿐이다.

• 열정 과다

ENFP는 매우 열정적인 사람이다. '불가능은 없다'라는 신념으로 새로운 가능성에 도전하는 것을 즐긴다. 또한 사교적이고 활력이 넘쳐서 새로 알게 된 사람들과도 빠르게 친밀감을 형성한다. 따뜻하고 온정적인 성격으로 주변 사람들을 돕는 데도 매우 적극적이다. 무엇보다 자신이 가진 아이디어를 가지고 누군가에게 좋은 영향을 주고 싶어 한다.

ENFP의 장점

• 새로운 가능성을 추구하는 열정적인 사람

ENFP는 늘 새로운 가능성에 열려 있는 사람이다. 이들은 일과 관계에서 창의성을 기반으로 새로운 가능성을 제시한다. 이들은 새로운 아이디어와 가능성에서 에너지를 얻는다. 새롭고 검증되지 않은 아이디어도 잘 받아들인다. 이들에게 중요한 건 현실보다는 가능성이다. 풍부한 상상력과 영감을 가지고 새로운 프로젝트에 열정적으로 도전한다. '열정 과다'라는 별명에서 알 수 있듯이, ENFP는 매우 열정적이고 에너지가 넘치는 사람이다.

• 혁신적이고 창의적인 사람

ENFP는 '창의적 아이디어'로 문제를 해결하는 사람이다. 창의성과 직관적 통찰력으로 기존의 관습에서 벗어난 새로운 아이디어들을 손쉽게 생각해낸다. 기존의 것들을 유지하고 관리하는 일보다는 혁신적이고 창의적인 변화가 필요한 일을 할 때 가장 일을 잘한다. 반면 규칙과 절차를 엄격하게 준수해야 하는 조직일수록 힘들어하는 경향이 있다.

• 열정적으로 동기를 불러일으키는 사람

ENFP는 사람의 심리를 이해하는 통찰력이 뛰어나다. 그러한 통찰력을 바탕으로 사람들이 성장할 수 있도록 열정적으로 동기를 부여하려 한다. 함께하는 사람들이 자신의 가능성을 발견하고 성장할 수 있도록 돕기를 원한다. ENFP 성향을 가진 사람 중에 교사, 상담가, 코치, 성직자 등이 많은 것은 우연이 아니다.

• 공감과 지지를 기반으로 협력을 잘하는 사람

ENFP는 모든 사람들이 자신의 생각을 자유로이 나눌 수 있는 민주적인 분위기를 선호한다. 다양성을 추구하며, 즐겁게 협력하는 분위기를 잘 만든다. 다른 사람들의 아이디어를 경청하고 수용하려는 자세를 취한다.

• 따뜻하고 인간적인 사람

ENFP는 진솔한 인간관계를 원한다. 기본적으로 사람을 좋아하며 다른 사람들을 격려하고 지지하는 말을 잘한다. 도움이 필요한 사람들을 따뜻하고 적극적으로 도우려 한다. 같은 조직에 ENFP 선배가 있다면 인간적인 멘토가 되어주려 할 것이다.

ENFP의 개선점

• 일을 너무 많이 벌임

종종 새로운 가능성을 추구하는 것이 지나쳐서 일을 너무 많이 벌이는 경향이 있다. 또한 한 가지 일을 끝내기 전에 다른 일을 시작할 때가 많다. 자신의 신체적, 정신적, 시간적 한계를 논리적, 현실적으로 검토하고 일의 우선순위를 정하는 것을 어려워한다. 중요한 사안일수록 현실적인 세부정보들을 면밀히 검토하고 일을 시작하는 것이 필요하다.

• 현실적, 구체적, 체계적인 계획을 세우는 것을 힘들어함(조직적인 일에 미숙함)

새로운 아이디어로 일을 시작하는 것은 좋아하지만 현실적이고 구체적인 계획으로 이어가지 못할 때가 많다. 조직적으로 일을 계획하고 체계적으로 관리하는 일이 이들에게는 어려운 일일 수 있다.

• 반복, 실행, 마무리가 약함

계획에 따른 반복과 실행에 매우 약하다. ENFP는 일상적이고 판에 박힌 일을 반복하는 것을 매우 힘들어한다. 시작은 잘하지만 지속하고 마무리하는 것이 잘되지 않는다.

• 모든 사람을 만족시키려는 경향

ENFP는 인간관계에 있어서도 현실적인 부분을 고려할 필요가 있다. 모든 사람을 만족시킬 수 없다는 것을 인정하고 현실적인 인간관계 플랜을 수립하는 것이 중요하다.

2단계: ENFP의 '마음 설계도' 이해하기

'유미의 세포들'이라는 웹툰이 있다. 드라마로 실사화될 정도로 인기가 많았던 작품이다. 주인공 유미가 연애를 하면서 일어나는 여러 가지 에피소드가 재미있게 묘사되어 있다. 이 작품이 인기가 많았던 가장 큰 요인 중 하나는 유미의 머릿속 세포들을 의인화했기 때문일 것이다. '유미의 세포들'은 유미의 마음속에서 일어나는 반응들을 뇌세포들의 대화를 통해서 그대로 보여준다. 사랑 세포, 이성 세포, 엉큼 세포, 오지랖 세포, 작가 세포 등 다양한 세포들이 등장하며, 이름에서 알 수 있듯이 각 세포들의 개성과 역할은 모두 다르다. 이 웹툰에는 약 70여 종의 세포들이 등장한다.

이러한 수많은 세포들을 진두지휘하며 컨트롤하는 세포가 있는데, 그 세포를 '프라임(Prime) 세포'라고 한다. 프라임 세포는 그 사람을 대표하는 '정체성 세포'라고 할 수 있다. 주인공 유미의 프라임 세포는 사랑 세포다.

각 사람이 가진 프라임 세포의 종류는 다 다르다. 감성 세포가 프라임 세포인 사람도 있고, 이성 세포가 프라임 세포인 사람도 있다. 프라임 세포의 진두지휘하에 여러 세포들이 상호작용하면서 그 사람만의 독특한 반응으로 나타나게 된다.

ENFP의 프라임 세포를 찾아서

ENFP의 마음 안에도 '프라임 세포'가 있다. 사실 MBTI는 마음 안에서 일어나는 심리기능 간의 상호작용에 대한 이론이다. 그것을 보다 쉽게 이해할 수 있도록 겉으로 드러나는 행동 위주로 정리해 놓은 것이다. 지금부터 ENFP의 성격유형 패턴을 만들어내는 '마음의 설계도'를 들여다보려 한다. ENFP의 설계도를 알게 되면 ENFP를 더 깊이 있게 이해할 수 있게 된다. ENFP의 스키마(세상을 이해하고 대처하는 틀)를 알 수 있기 때문이다. 그럼 지금부터 ENFP의 마음속으로 들어가보자.

ENFP의 마음 설계도

ENFP의 마음 설계도에는 4가지의 심리적 세포들이 등장한다. 이 4가지 심리 세포들이 서로 상호작용을 하면서 하나의 패턴을 만들어내는 것이다.

프라임 세포	보조 세포	어린아이 세포	열등 세포
브레인스토머	진실한 사람	논리적인 사람	꼼꼼한 점검자
Ne	Fi	T	Si

Ne, Fi, T, Si는 ENFP의 마음 안에서 영향력을 발휘하고 있는 순위라고 생각하면 된다(시각적 효과를 주기 위해 영향력의 순위에 따라 크기를 달리했다). ENFP의 프라임 세포는 맨 앞쪽에 자리한 Ne이다. Ne를 중심으로 4가지 기능이 활발하게 역동을 일으키고 있는 것이다.

'유미의 세포들'에서 프라임 세포를 중심으로 세포들의 상호작용이 이루어지듯이, 위의 4가지 심리기능들 역시 Ne를 중심으로 서로 상호작용하고 있다. 그 상호작용의 결과가 ENFP의 성격유형 패턴으로 나타나는 것이다.

지금부터는 '유미의 세포들'에서 각 세포를 의인화했던 것처럼, ENFP의 심리기능들도 의인화해서 살펴보고자 한다. 웹툰에 나오는 4명의 세포들을 만난다는 느낌으로 읽어보면 좋을 것 같다.

1) ENFP의 프라임 세포: Ne(브레인스토머)

① Ne: 브레인스토머

Ne는 N+e를 의미한다. N은 직관을 통해 정보를 인식하는 심리기능이다. 현실, 사실보다는 아이디어, 이면의 의미, 미래, 패턴 등에 초점을 둔다. e는 '외향형'을 의미하는 그 e다. 한마디로 Ne는 'N을 외부로 쓰는 사람'이다. 열린 사고방식으로 자유롭게 브레인스토밍을 즐기는 사람의 이미지를 떠올리면 된다(브레인스토머).

Ne의 초점은 미래에 있다. 이들은 미래의 가능성에 초점을 두고 자신만의 비전을 그리려 한다. '미래의 가능성'에서 의미를 느끼며, 넘치는 에너지와 열정으로 아이디어를 쏟아낸다. 보이지 않는 비전과 이면의 의미를 바탕으로 미래의 가능성을 그리면서 즐거움을 느낀다. 그래서 현실적인 S 유형의 사람들에게는 '뜬구름'을 잡는 사람으로 보이기도 한다.

Ne는 ENFP의 '프라임 세포' 역할을 한다. ENFP의 마음 안에서 가장 큰 영향력을 행사하고 있으며, ENFP 성격의 전체적인 방향을 결정한다. ENFP가 가장 신뢰하고, 가치를 두며 의지하는 정신적 세포라고 생각하면 된다. ENFP는 Ne를 중심으로 세상을 감지하고 이해한다. **ENFP의 '스키마**(세상을 이해하고 대처하는 틀)'**를 이해하고 '가중치를 두는 영역'을 이해하는 데 필수적인 심리기능**인 셈이다.

② Ne: '브레인스토머'의 특징

- Ne는 거의 모든 상황에서 '다양한 가능성'을 인식한다. 예를 들어 자취를 하는 '브레인스토머'가 이사를 간다면, 다양한 대안을 떠올릴 것이다. 트럭을 빌릴 수도 있고, 이삿짐센터에 맡길 수도 있으며, 아니면 자가용을 이용해서 여러 번 왕복할 수도 있다. 또는 친구들에게 밥을 사주고 도움을 청할 수도 있

을 것이다.

- 새로운 가능성, 대안, 패턴이 자연스럽게 떠오른다. 누군가 논쟁하는 것을 본다면, Ne의 머릿속에는 다양한 해결 방법과 대안이 자연스럽게 떠오를 것이다. 적정선에서 타협하기, 둘 중 한 사람이 이기는 결론 내기, 다양성을 인정하고 마무리하기, 윈윈 해결책 찾기 등 '다양한 옵션'을 생각한다.

- 패턴을 잘 읽어낸다. 한 가지 사실이나 말보다는 그러한 사실들 간에 연결되는 패턴을 인식하기 때문이다. 예를 들어, 논쟁을 보면서 반복되는 패턴이 있음을 쉽게 발견한다.

- 기존의 아이디어들을 결합해서 새롭게 창조한다. '서로 다른 두 종류 이상의 것을 섞어 새롭게 만든 것'이라는 뜻의 '퓨전(fusion)'은 이들과 매우 잘 어울리는 단어이다.

- 판에 박힌 틀을 깨는 것을 좋아한다. 이들은 브레인스토머라는 별명답게 새로운 도전과 경험을 즐긴다. 예를 들어 보통 사람들이 잘 하지 않는 파격적인 헤어스타일을 시도하는 것이 Ne에게는 그리 어렵지 않은 일이다.

- 새로운 아이디어를 제안하는 것은 즐기지만 막상 그 아이디어가 실행되는 단계에서는 흥미가 급감한다. 그래서 '아이디어는 좋으나 실행력이 약하다'라는 피드백을 받기도 한다.

- 어려운 상황에서도 '긍정적 면'을 잘 찾는다. 이들은 '가능성에

열려 있는 사람들'이다. 현실적으로는 매우 어려운 상황 속에서도 '괜찮아. 비 온 뒤에 땅은 더 굳게 되어 있어'라는 식으로 미래의 긍정적 가능성에 초점을 두려 한다. 이들은 현실적이고 사실적인 정보보다는 미래지향적이고 새로운 가능성을 더 중요하게 여긴다.

③ ENFP의 에너지원: '가중치'를 크게 두는 영역

- Ne는 ENFP가 '가장 중시하는' 기능이므로 ENFP가 활력을 얻는 '에너지원'으로 작용한다.

- '창의적인 접근법'과 '새로운 가능성'을 열정적으로 추구하는 것을 인정하는 업무 환경에서 활력을 얻는다. 혁신적이고 새로운 해결 방안을 창안하는 자유가 주어졌을 때 가장 몰입을 잘한다.

- '다양성'이 존재하고 변화가 많은 환경에서 에너지를 얻는다. 불가능해 보이는 문제에 도전하고 문제 해결의 과정을 자유롭게 선택하고 진행할 수 있을 때 가장 일을 잘한다(과업 성취에 있어서의 자율성 보장).

- 자신의 '독창성'과 '재능'을 인정받고 지지받을 때 최상의 모습을 보인다. 유연성, 다양성, 변화, 심미적인 자기표현 등을 지원하는 환경은 이들의 능력을 극대화하고, 에너지를 증가시

킨다.

- 다양성과 독창성을 존중하는 사람들과 함께 아이디어를 주고 받으면서 성장하는 환경에서 심리적 안정감을 느낀다. 자신의 아이디어들이 인간적인 존중과 배려 속에서 지지받을 때 만족감을 느낀다.

④ ENFP의 스트레스원: '가중치'가 충족되지 않았을 때

- 반대로 Ne적 요소가 충족되지 않거나 Ne와는 반대되는 역할이 요구될 때 이들은 스트레스를 받는다.

- 판에 박힌 업무, 틀 안에서 반복되는 업무만을 해야 하는 환경에서 몰입도가 급격히 떨어진다. 새롭고 도전적이지 않은 업무는 이들의 집중력을 저하시킨다.

- 과도한 규칙과 절차들을 강요받을 때 스트레스를 받는다. 특히 독립성과 자율성이 제한되고 세부적인 요구가 많아질수록 스트레스가 가중된다.

- 자신의 독창성, 재능 등을 인정하지 않고 새로운 아이디어에 대해서 부정적인 입장을 보이는 사람들과 함께 일할 때 심리적 위축감을 느낀다. 특히 그러한 사람들과 갈등을 겪는 상황에서 상당히 스트레스를 받는다.

2) ENFP의 보조 세포: Fi(진실한 사람)

Fi는 ENFP의 프라임 세포인 Ne를 도와서 ENFP만의 강점 패턴을 만드는 심리기능이다.

Fi는 F+i를 의미한다. F는 감정과 관계를 기반으로 의사결정을 하는 심리기능이다(상황을 '개인화'함). i는 '내향형'을 표현하는 바로 그 i다. Fi는 이 둘의 의미가 더해졌다고 생각하면 이해하기 쉽다. 말 그대로 Fi는 'F를 내면에서 쓰는 사람'이다. 친화, 온정, 동정, 자비, 존중과 같은 '인간적인 가치'를 중시하며 그에 따라 인생을 살아가기 원한다(밖으로 잘 표현하지는 않음). 자신의 내적 가치를 충실히 지키며 내면의 진실성(Integrity)을 유지하고 싶은 사람의 이미지를 떠올리면 된다(진실한 사람).

Fi는 Ne를 보완하여 다른 사람들의 가능성과 잠재력을 깨우는 것을 도우려 한다. ENFP가 다른 사람들의 잠재력을 알아보고 동기를 부여하는 데 초점을 두는 이유는 '보조 세포'인 Fi 때문이다. 다양성을 인정하고 민주적이고 협력적인 분위기를 잘 만드는 것, 공감과 지지를 바탕으로 인간적인 멘토 역할을 잘하는 것 역시 Fi가 Ne를 보조하고 도우면서 나타나는 특징이다.

ENFP의 강점 패턴은 'Ne(브레인스토머)'와 'Fi(진실한 사람)'의 '콜라보레이션'에서 기인된 것이다.

3) ENFP의 어린아이 세포: T(논리적인 사람)

T는 ENFP의 약점 패턴을 만드는 심리기능이다. '어린아이'처럼 미숙하고 잘 발달하지 못한 심리기능이다.

T는 논리를 중심으로 의사결정하는 심리기능이다. ENFP는 자신의 아이디어에 대해 논리적으로 평가하고 분석하는 것에 있어 미숙함을 보인다. ENFP가 자신의 신체적, 정신적, 시간적 한계를 논리적, 현실적으로 검토하지 못해 일을 너무 많이 벌이는 이유는 T 기능이 내면의 어린아이 세포로 작용하기 때문이다.

4) ENFP의 열등 세포: Si(꼼꼼한 점검자)

Si는 ENFP의 가장 큰 약점 패턴을 만드는 심리기능이다. ENFP의 프라임 세포인 Ne와 정반대의 기능이다. 가장 미숙하고 발달하지 않은 열등한 심리기능이다.

Si는 S+i를 의미한다. S는 오감을 통해 정보를 인식하는 심리기능이다(현실적, 실용적). i는 '내향형'을 표현하는 바로 그 i다. Si는 이 둘의 의미가 더해졌다고 생각하면 이해하기 쉽다. 말 그대로 Si는 'S를 내면에서 쓰는 사람'이다. 오감을 통해 인식된 현실적, 감각적, 구체적인 정보들을 기반으로 꼼꼼하게 하나하나 체크하는 신중한 사람의 이미지를 떠올리면 된다(꼼꼼한 점검자). Si는 세부적인 계획을 세우고 하나하나 구체적으로 실행해나가는 것에서 강점을 보인다.

ENFP는 현실적 한계를 고려하는 것에 매우 미숙하다. ENFP가 체계적으로 계획을 수립하고 반복, 실행하는 것에서 큰 약점을 보이는 이유는 Si가 열등 세포로 활동하기 때문이다.

ENFP의 약점 패턴은 'T(논리적인 사람)'와 'Si(꼼꼼한 점검자)'의 '콜라보레이션'에서 기인된 것이다.

ENFP의 내면 패턴 기억하기

ENFP의 특징은 내면 설계도에서 나오는 하나의 패턴이다. MBTI 이론의 창시자인 심리학자 칼 융은 우리 마음 안에 '설계도'가 있다고 생각했다. 그러한 심리구조로부터 나타나는 일관된 행동 패턴을 정리한 것이 MBTI다. Ne+Fi로부터 ENFP의 강점 패턴이 나오고 T+Si로부터 약점 패턴이 나오게 되는 것이다. 이러한 심리구조를 이해하고 ENFP와의 소통 방법을 살펴보면 훨씬 더 이해가 잘 될 것이다.

		가능성에 도전 / 강렬한 호기심 / 창의적 / 영감과 통찰력 / 아이디어, 상상력 풍부 / 새로운 만남을 즐김 / 사람을 이해하는 통찰력 / 타인의 열정을 불러일으킴
긍정 패턴	 Ne (브레인스토머) + Fi (진실한 사람)	
역상 패턴	 T (논리적인 사람) + Si (꼼꼼한 점검자)	반복되는 일상에 인내심 부족 / 세부사항 잘 놓침 / 일을 끝내기 전에 다른 일 시작 / 싫증을 잘 냄 / 조직적인 일에 미숙함 / 우선순위 선별 노력 필요 / 꾸준한 실행력 필요(마무리가 잘 안 됨)

3단계: ENFP와 효과적으로 소통하는 법

'프라임 세포'와 '보조 세포'에 주목하기

ENFP가 프라임 세포인 Ne(브레인스토머), 보조 세포인 Fi(진실한 사람)를 중심으로 '스키마(세상을 이해하고 대처하는 틀)'를 형성하고 있다는 점에 주목하자. 프라임 세포는 ENFP가 '가장 신뢰하고 의지하는 심리기능'이다. 이는 '해석의 틀'로 작용한다. 이러한 프라임 세포를 보조 세포인 Fi가 보조하면서 ENFP만의 스키마가 형성된다.

또 하나 기억해야 할 포인트는 '프라임 세포'와 '보조 세포'에 큰 '가중치'가 부여된다는 점이다. 즉, Ne(브레인스토머)와 Fi(진실한 사람)

는 ENFP가 중요시하고 가치 있게 여기는 심리기능이기 때문에 이 부분이 무시되거나 존중받지 못한다고 느낄 때 심각한 갈등을 야기할 수 있다. 반대로 그러한 부분을 이해받고 존중받는다고 느낄수록 마음의 문을 열 가능성이 높아진다.

'어린아이 세포'와 '열등 세포'는 주의할 점을 알려준다

ENFP의 어린아이 세포인 T(논리적인 사람)와 열등 세포인 Si(꼼꼼한 점검자)는 '취약성'과 연관된 심리기능이다. ENFP에게 이 세포들은 미숙할 뿐 아니라 '가중치'가 매우 떨어지는 심리기능이다. 이는 커뮤니케이션의 영역에서도 그대로 나타난다. ENFP와 T, Si를 중심으로 대화하면 신뢰를 얻어내기가 어렵다. 예를 들어 당신이 ENFP에게 논리적이고 비판적인 방식으로 현실적이고 세부적인 내용만 가지고 대화한다면 좋지 못한 결과로 이어질 가능성이 매우 높다. 기본적으로 T, Si의 방식으로 이야기하는 것은 ENFP의 집중력을 현저히 떨어뜨릴 때가 많다.

'프라임 세포와 보조 세포를 중심으로 대화하는 것'이 주요 포인트라는 사실을 기억하면서 ENFP와의 소통법을 살펴보자.

ENFP와의 소통법

1) ENFP의 일반적 의사소통 스타일(Ne+Fi): 스키마 포인트 / 가중치를 두는 영역 파악하기

- 매우 참여적이고 사교적이며, 친근한 모습을 보인다(빠른 관계 형성과 친밀감).
- 활력이 넘치고, 열정적이며, 다른 사람들을 격려한다.
- 상황을 해석하거나 타인을 대할 때 공감을 잘 활용한다.
- 사람의 잠재력을 계발하고, 사람들의 상황을 향상시키기 위한 가능성과 기회를 잘 찾아낸다(사람들의 가능성을 발견하고 계발시키는 것에 관심이 많음, 관계와 성장에 초점)
- 다양성에 가치를 두며 다양한 사람들과 일하는 것을 즐긴다.
- 가르치고, 상담하고, 동기부여하는 것을 선호하며 사람들을 하나로 모으고 갈등을 해결하려 한다.

2) ENFP와의 효과적인 소통 방법(To do): 효과적인 신뢰 구축 방법 이해하기(Ne+Fi)

- 지지적인 분위기를 토대로 분위기를 형성하라. 협력과 협조

에 초점을 두고 대화하라(적대적이거나 경직된 분위기는 이들로 하여금 거부감을 느끼게 한다. 격려와 칭찬 같은 긍정적인 피드백을 많이 제공하라).

- 관련된 사람들 간의 상호작용을 활성화하기 위한 아이디어와 가능성에 대해 논의하라.

- 자유로운 방식으로 자신을 표현할 수 있는 분위기를 제공하라.

- 지시하고 통제하기보다 인격적으로 상호작용하는 코치나 멘토가 되어주어라(이러한 관계가 형성된다면 ENFP는 훨씬 더 업무에 몰입할 것이다. 아울러 당신을 진심으로 도우려 할 것이다).

- 새로운 아이디어와 관점에 열린 마음으로 응하라(현실적이지 않거나 논리적이지 않다는 이유로 이들의 생각을 제한하지 않도록 하라).

- 논리적, 현실적 검토는 브레인스토밍 이후에 진행하라('브레인스토밍 시간'과 '아이디어에 대한 분석, 평가 시간'을 명확히 구분하여 대화하면 훨씬 더 효과적이다).

3) 주의할 점(Not to do): 신뢰를 빠르게 잃는 요인 파악하기(T+Si)

- 권위적인 느낌으로 대하지 말 것(경직되고 권위적인 분위기에서

위축된 모습을 보임)

- 공감대를 형성하지 않은 상태에서 곧장 토론하고, 논쟁하며 비판하지 말 것

- 반복되는 일상적 일, 사실과 세부사항만을 주제로 대화하지 말 것

- 개인이 처한 상황이나 심리적, 감정적 어려움을 무시하지 말 것

- 과도하게 업무지향적인 분위기로 몰아가지 말 것

- 경쟁적인 분위기를 조성하지 말 것(함께 성장하는 분위기에서 일을 잘함)

당신이 ENFP 유형의 사람이라면

소통의 출발점은 항상 '자기와의 대화'이다. 자기 자신을 존중하고 스스로와 건강하게 대화하는 사람이 타인과의 소통도 잘할 가능성이 훨씬 높다. 지금 이 내용을 읽고 있는 당신이 ENFP라면, 먼저 자기 자신을 건강하게 돌보고 있는지부터 확인하라. 그리고 당신과 함께하는 사람들에게 당신에게 적합한 커뮤니케이션 방법이 무엇인지 적절히 설명할 방법을 생각해보라(함께 이 책을 읽으면서 서

로를 존중하는 방법을 찾아가는 것도 좋은 방법이 될 수 있다). 건강한 소통의 출발점은 자신을 이해하고 그것을 건강하게 설명하는 것으로부터 시작된다는 점을 기억하고 꼭 시도해보기 바란다. 어쩌면 생각보다 쉽게 변화의 계기가 만들어질지도 모른다.

가치관, 인성, 태도에 따른 차이를 인식하기

챕터 4에서 이야기했듯이 같은 유형이어도 가치관, 인성, 태도에 따라 큰 차이를 보일 수 있다. 이 세 가지 요인은 성격유형이 발현되는 토양이기 때문이다. 보통 '좋은 사람'이라고 느껴지는 사람은 가치관, 인성, 태도가 좋은 사람이다. MBTI 유형은 그다음 문제다. 같은 ENFP라 해도 가치관, 인성, 태도가 좋지 않을수록 '자기중심적'으로 성격특징이 나타날 것이다. 반면 가치관, 인성, 태도가 좋을수록 보다 유연하고 열린 태도를 보일 가능성이 높다.

개인 역량의 차이를 고려해야 한다

같은 MBTI 유형이라고 해서 역량까지 똑같은 것은 아니다. 역량은 해당 분야의 지식과 경험, 기술 등의 기반 위에서 나타나는 것이기 때문이다. 또한 성격유형 이외에도 흥미, 적성, 재능, 가치관, 자존감 등 다양한 내적 특성들이 함께 고려되어야 한다.

MBTI를 커뮤니케이션 영역에 사용하려면 가치관, 인성, 태도, 역량 수준 등에 따라 같은 유형 간에도 차이가 있을 수 있다는 점을 인식하는 것이 필요하다. '인성의 문제'를 'MBTI 유형의 문제'로 일반화할 수 있기 때문이다. 무엇보다 인성, 태도가 건강한 사람을 만나야 그 유형의 전형적인 모습을 제대로 경험할 수 있다.

이해와 존중에 집중하기

사실 MBTI는 16가지 '유형'에 대한 이야기라기보다는 사람을 이해하고 존중하기 위한 16가지 '심리 패턴'에 대한 이야기이다. 사람을 이해하면 이해할수록 성격유형이라는 틀은 점점 더 희미해진다. 유형의 틀보다는 존중의 과정에 더 집중하게 되기 때문이다.

Chapter

15

—

인간의 내면을
깊이 탐색하는 신념가
- INFJ

```
┌─────────────────────────────────────────────────┐
│                     [주의]                        │
│  PART 1을 읽지 않고 유형 설명 파트만 읽으면 '규정짓기'와 '고정관념'의 오류  │
│  에 빠져들 수 있음. 반드시 PART 1을 먼저 읽고 올 것!            │
└─────────────────────────────────────────────────┘
```

효과적인 커뮤니케이션을 위해서는 먼저 상대방을 이해하는 과정이 선행되어야 한다. 상대방에 대한 이해가 결여된 상태에서 소통 스킬만을 학습하는 것은 오히려 좋지 못한 결과를 초래할 수 있다. 따라서 다음의 3가지 단계를 거쳐서 INFJ와의 소통 방법을 설명하려 한다.

1단계: INFJ의 일반적 특징 이해하기

2단계: INFJ의 행동 원인이 되는 '마음 설계도' 살펴보기. 이 과정을 통해 INFJ의 스키마(세상을 이해하고 대처하는 틀)와 중요시 여기는 '가중치 영역'을 이해하기

3단계: 1, 2단계의 정보들을 기반으로 INFJ와의 효과적인 소통법 학습하기

1단계: INFJ의 일반적 특징 이해하기

INFJ의 별명

• 예언자형

영화나 드라마에서 특별한 예지력을 가지고 미래를 내다보는 예언자를 본 적이 있을 것이다. INFJ는 이와 유사한 이미지를 가진 사람들이다. 이들은 논리적 분석만으로는 내다볼 수 없는 앞날의 일을 예견한다. 갑자기 영감처럼 오는 통찰력을 토대로 상황을 예측하는 것을 선호한다.

• 내 속엔 내가 너무도 많아, 양파

INFJ의 심리세계는 매우 복잡하다. 이들은 내면에 갈등이 많다. 마치 '여러 자아'가 내면에서 각자의 의견을 얘기해서 그것들을 조합하는 데 어려움을 겪고 있다는 느낌을 갖는다. 그래서 어떤 한 가지 결정을 내릴 때도 매우 복잡한 심경을 느낀다. 기본적으로 인생에 대한 고뇌가 많은 타입이다. '까도 까도 속을 알 수 없다'라는 의미의 양파라는 별명도 같은 맥락에서 나온 것이다.

• Why?

INFJ는 기본적으로 '왜'라는 질문을 많이 한다. 만일 INFJ가 오래 사귀던 이성과 헤어졌다면 방에 틀어박혀 '왜 우리가 헤어졌을까?'를 생각하는 데 골몰할 가능성이 높다(내면에 집중). 이들은 자신의 내면세계에 집중하고 성찰하는 것이 자연스러운 사람들이다.

• 의미를 부여하는 사람

이들은 늘 현상 이면을 보려 하고 의미를 부여하려 한다. 예를 들어 누군가 INFJ에게 "오늘 날씨가 너무 안 좋네요"라고 말한다면 '무슨 근심이나 걱정이 있나?'라고 받아들일 수 있다. 상대방의 말을 문자 그대로 듣기보다는 어떤 의미가 담긴 표현으로 듣기 때문이다. INFJ는 항상 이면에 담긴 의미를 생각한다.

• 작가

이들은 '사람의 내면과 관련된 뛰어난 통찰력'을 가지고 있다. 특히 타인의 슬픔, 절망과 같은 우울한 감정에 대한 공감대가 높다. 또한 죽음, 영성, 고독 등 영적이고 본질적인 주제에 대한 관심이 많다. 이들은 내면세계의 주제들을 글로 표현하는 것을 선호한다. INFJ는 시적이고 비유적인 표현을 잘 쓴다. 보통 이들의 글은 매우 복잡하고 추상적이지만, 동시에 매우 고상하고 문학적인 가치를 지니는 경우가 많다. INFJ 성향의 사람들 중에 시인, 작곡가, 소설가가 많은 것은 무척 자연스러운 현상이다.

INFJ의 장점

• 의미와 목적의식

INFJ에게는 일이 갖는 의미가 매우 중요하다. 이들은 일뿐만 아니라 대인관계, 일상생활에서도 의미와 목적을 발견하고자 한다. 또한 그렇게 찾아낸 의미와 목적의식을 토대로 주변 사람들에게도 좋은 영향을 끼칠 때가 많다(조용한 영향력). 자기 내면의 가치와 신념, 통찰과 비전이 연결된 일일수록 깊이 몰입한다.

• 확고한 신념

INFJ는 흔들리지 않는 자신만의 확고한 신념이 있다. 그러한 신념을 바탕으로 자신의 가치와 비전을 열정적으로 구현해나간다. 자신의 가치, 통찰, 신념과 관련한 것들에 깊이 파고드는 타입이다. 다만 신뢰하는 소수의 사람과만 자신의 생각을 공유하는 경향이 있다(다른 사람들이 가치, 신념, 비전 등을 알기 어려울 수 있음). 기본적으로 소수의 사람과 깊이 있고 진실한 관계를 추구하는 타입이다.

• 미래지향적, 창의적 아이디어

상황을 전체적으로 살펴보고 장기적인 목표를 잘 세운다. 그리고 이를 달성하기 위한 창의적이고 독창적인 아이디어를 잘 생각해낸다. INFJ는 기본적으로 미래지향적이다. 기존의 방법보다는 새롭고 혁신적인 방안을 제시하는 것을 통해 기여할 때가 많다. 특히 사람들의 개인적 성장과 관련한 주제에 몰입하는 경향이 있다.

• 사람에 대한 통찰력

사람과 관련된 문제에 비범한 통찰력을 가지고 있다. 타인의 정서에 대한 공감이 뛰어나고, 타인의 동기와 의도를 잘 파악한다. 다른 사람에게 어떻게 동기를 부여하고 인정해주어야 하는지에 대해 특별한 감각을 갖고 있는 경우가 많다. 자신의 이상에 따라 확신을 가지고 조용한 방식으로 주변 사람들을 격려하려 한다. 자신과 타인의 가치, 요구가 존중되고 각자의 방식에 맞게 성장할 수 있는 업무 환경을 조성하고자 한다.

• 상호 신뢰 추구

INFJ는 상호 신뢰하고 지지하는 분위기를 만들어가기 원하는 사람이다. 타인의 말에 귀를 기울이고, 타인의 의견에 기꺼이 협조하려는 태도를 취한다. 명령이나 지시보다는 구성원 간 협력하는 분위기를 형성하고자 한다. 모두에게 도움이 되는 조직과 절차를 만들고 싶어 한다(이상적 가치 추구).

INFJ의 개선점

•단순 작업에 약함(지나친 몰두로 인한 현실 경시)

관념세계에 몰두하는 것이 지나쳐서 현실에 적응하지 못하는 모습을 보일 수 있다. 이들은 단순 반복 작업에 매우 약하다. 아무런 의미도 없는 반복 업무를 무척 힘들어한다(지나친 의미 추구). 때때로 단순 업무에 지나치게 의미를 부여해서 전혀 다른 결과물을 가져오는 경우도 있다. 내면세계에 집중한 나머지 현실적인 세부정보나 약속 등을 잊어버리는 경우도 많다(심한 경우 '단기기억상실증'처럼 보이기도 함).

•현실 감각 부족

자신의 비전, 이상적 계획 등을 상식, 실용성, 실현 가능성 등을 토대로 검토할 필요가 있다(이상과 현실의 조화). INFJ는 내면세계에 집중한 나머지 내적 통찰에 기인한 정보만을 선택적으로 습득하는 경향이 있다.

• 복잡한 내면을 단순화해서 공유하는 과정 필요

이들의 언어는 추상적이고 상징과 비유를 많이 사용하기 때문에 이해하기 어려운 경우가 많다. 타인이 이해하기 쉬운 언어, 대화 방식 등을 연습할 필요가 있다. 적절한 표현을 통해 타인과 공유되지 않은 신념은 갈등을 일으킬 수 있다는 점을 잊지 말아야 한다. 종종 자신의 신념에 대해 고집 세고 완강한 모습을 보일 때가 있는데 먼저 자신의 내면세계가 적절히 공유되었는지를 확인하는 과정이 필요하다.

• 웃는 연습 필요(현재를 즐기려는 노력 필요)

내면세계에 집중하고 슬픔, 우울과 같은 고독한 감정에 집중할 때가 많기 때문에 '지금 여기'를 인식하고 즐기는 연습이 필요하다.

2단계: INFJ의 '마음 설계도' 이해하기

'유미의 세포들'이라는 웹툰이 있다. 드라마로 실사화될 정도로 인기가 많았던 작품이다. 주인공 유미가 연애를 하면서 일어나는 여러 가지 에피소드가 재미있게 묘사되어 있다. 이 작품이 인기가 많았던 가장 큰 요인 중 하나는 유미의 머릿속 세포들을 의인화했기 때문일 것이다. '유미의 세포들'은 유미의 마음속에서 일어나는 반응들을 뇌세포들의 대화를 통해서 그대로 보여준다. 사랑 세포, 이성 세포, 엉큼 세포, 오지랖 세포, 작가 세포 등 다양한 세포들이 등장하며, 이름에서 알 수 있듯이 각 세포들의 개성과 역할은 모두 다르다. 이 웹툰에는 약 70여 종의 세포들이 등장한다.

이러한 수많은 세포들을 진두지휘하며 컨트롤하는 세포가 있는데, 그 세포를 '프라임(Prime) 세포'라고 한다. 프라임 세포는 그 사람을 대표하는 '정체성 세포'라고 할 수 있다. 주인공 유미의 프라임 세포는 사랑 세포다.

각 사람이 가진 프라임 세포의 종류는 다 다르다. 감성 세포가 프라임 세포인 사람도 있고, 이성 세포가 프라임 세포인 사람도 있다. 프라임 세포의 진두지휘하에 여러 세포들이 상호작용하면서 그 사람만의 독특한 반응으로 나타나게 된다.

INFJ의 프라임 세포를 찾아서

INFJ의 마음 안에도 '프라임 세포'가 있다. 사실 MBTI는 마음 안에서 일어나는 심리기능 간의 상호작용에 대한 이론이다. 그것을 보다 쉽게 이해할 수 있도록 겉으로 드러나는 행동 위주로 정리해놓은 것이다. 지금부터 INFJ의 성격유형 패턴을 만들어내는 '마음의 설계도'를 들여다보려 한다. INFJ의 설계도를 알게 되면 INFJ를 더 깊이 있게 이해할 수 있게 된다. INFJ의 스키마(세상을 이해하고 대처하는 틀)를 알 수 있기 때문이다. 그럼 지금부터 INFJ의 마음속으로 들어가보자.

INFJ의 마음 설계도

INFJ의 마음 설계도에는 4가지의 심리적 세포들이 등장한다. 이 4가지 심리 세포들이 서로 상호작용을 하면서 하나의 패턴을 만들어내는 것이다.

프라임 세포	보조 세포	어린아이 세포	열등 세포
예언자	친절한 가이드	논리적인 사람	맛집 탐방가
Ni	**Fe**	T	Se

Ni, Fe, T, Se는 INFJ의 마음 안에서 영향력을 발휘하고 있는 순위라고 생각하면 된다(시각적 효과를 주기 위해 영향력의 순위에 따라 크기를 달리했다). INFJ의 프라임 세포는 맨 앞쪽에 자리한 Ni이다. Ni를 중심으로 4가지 기능이 활발하게 역동을 일으키고 있는 것이다.

'유미의 세포들'에서 프라임 세포를 중심으로 세포들의 상호작용이 이루어지듯이, 위의 4가지 심리기능들 역시 Ni를 중심으로 서로 상호작용하고 있다. 그 상호작용의 결과가 INFJ의 성격유형 패턴으로 나타나는 것이다.

지금부터는 '유미의 세포들'에서 각 세포를 의인화했던 것처럼, INFJ의 심리기능들도 의인화해서 살펴보고자 한다. 웹툰에 나오는 4명의 세포들을 만난다는 느낌으로 읽어보면 좋을 것 같다.

1) INFJ의 프라임 세포: Ni(예언자)

① Ni: 예언자

Ni는 N+i를 의미한다. N은 직관을 통해 정보를 인식하는 심리기능이다. 현실, 사실보다는 아이디어, 이면의 의미, 미래, 패턴 등에 초점을 둔다. i는 '내향형'을 의미하는 그 i다. 한마디로 Ni는 'N을 내부로 쓰는 사람'이다. 영감처럼 나타나는 직관적 통찰력을 바탕으로 세상을 바라보고 해석하는 사람이다. 그래서 '예언자'라는 별명으로 불린다. 예언자는 이면에 내재되어 있는 패턴을 잘 파악하며, 직관적 통찰을 바탕으로 미래를 예측한다.

Ni는 기본적으로 '정신세계가 복잡한 사람'이라는 인상을 준다. 또한 자신의 통찰에 대한 확고한 믿음이 있어 설득하기가 쉽지 않다.

Ni는 INFJ의 '프라임 세포' 역할을 한다. INFJ의 마음 안에서 가장 큰 영향력을 행사하고 있으며, INFJ 성격의 전체적인 방향을 결정한다. INFJ가 가장 신뢰하고, 가치를 두며 의지하는 정신적 세포라고 생각하면 된다. INFJ는 Ni를 중심으로 세상을 감지하고 이해한다. **INFJ의 '스키마**(세상을 이해하고 대처하는 틀)**'를 이해하고 '가중치를 두는 영역'을 이해하는 데 필수적인 심리기능**인 셈이다.

② Ni: '예언자'의 특징

- '직관적으로 떠오르는 통찰력'이 있다. 예를 들어 어디선가 전화가 걸려올 때 누군지 알 것 같다거나 누군가를 보면 '상처가 많은 사람 같다' 하는 식이다. 노벨 물리학상 수상자인 리처드 파인만은 "내가 문제를 푸는 과정을 보면 수학으로 해결하기 전에 어떤 그림 같은 것이 눈앞에 계속 나타나서 시간이 흐를수록 정교해졌다"라고 말했는데 이러한 역할을 하는 심리 세포이다.

- 현실적으로는 아무런 연관이 없어 보이는 '내재적 패턴'과 '연결'을 본다. 어떤 사람을 보며 "선한 마음을 가지고 있어서 앞으로 더 좋은 사람들을 많이 만날 것 같네요"와 같은 식이다. Ni가 예언자(미래를 내다보는 사람)이라고 불리는 이유다.

- 다양한 관점을 반영한다. 만약 Ni가 여러 사람이 토론하는 것을 듣고 있는 상황이라면 거기에 참여한 여러 사람의 관점을 동시에 인식할 것이다. 이들은 다양한 관점에서 상황을 바라본다. 그리고 그러한 다양한 관점을 '자신만의 통합된 이미지'로 정리하려고 한다. 그렇게 정리된 후에야 자신의 인식을 신뢰하고 어떤 행동을 취한다(Ni의 내면세계는 매우 복잡하다. '내 속엔 내가 너무도 많아').

- 이미지, 심볼(Symbol)을 통해 활력을 느낀다. 이미지나 심볼

은 Ni에게 매우 중요한 커뮤니케이션 수단이다. 여러 직관적인 요소들을 함의하고 있기 때문이다. 예를 들어 소설을 읽으면서 자기 자아의 모습이라고 느낀다거나 그림을 보면서 말로 표현할 수 없는 영감을 느낀다.

- 추상적, 관념적인 언어를 잘 사용하며, 비유적인 표현을 즐긴다. '당신을 색깔로 표현한다면? 그 이유는 무엇인가? 그 색깔은 어떤 감정을 주로 느끼는가?'라는 질문을 던진다면 Ni는 어렵지 않게 대답을 할 것이다.

- 이면에 있는 의미나 숨겨진 의미를 해석한다. '비가 올 것 같네'라는 말을 들으면 '저 말을 왜 나한테 하지? 우울함을 표현하고 싶은 건가?'라는 식으로 이면의 의도와 숨겨진 의미를 해석하려 한다. 이들에게는 문자 그대로의 사실만 생각하는 것이 매우 어려운 일일 수 있다. 항상 자연스럽게 자신의 관점에서 재해석하려 한다.

③ INFJ의 에너지원: '가중치'를 크게 두는 영역

 - Ni는 INFJ가 '가장 중시하는' 기능이므로 INFJ가 활력을 얻는 '에너지원'으로 작용한다.

 - 자신의 창의적인 통찰과 비전을 가치 있게 여기고 존중받는 환경에서 활력을 얻는다. 특히 자신의 복잡한 생각을 주의 깊

게 경청하고 이해해주는 상사, 동료가 있을 때 심리적 안정감을 느낀다. 이들은 상호 신뢰를 바탕으로 진솔한 대화를 나눌 수 있는 동료와 함께 일하기 원한다. 또한 심미적으로 자신을 표현할 수 있는 환경을 원한다.

- 사람들의 잠재력을 발견하고 성장을 촉진할 수 있는 업무에 몰입한다. 특히 기존의 것을 넘어서는 혁신적 아이디어를 제시하고 실행할 수 있을 때 몰입감을 느낀다.

- 조직화되고 구조화되어 있으면서도 동시에 독립성과 자율성이 보장된 업무 환경을 선호한다. 이들은 자신만의 시간과 공간 안에서 차분히 생각을 정리하고 전략을 세울 수 있는 환경을 원한다.

④ INFJ의 스트레스원: '가중치'가 충족되지 않았을 때

- 반대로 Ni적 요소가 충족되지 않거나 Ni와는 반대되는 역할이 요구될 때 이들은 스트레스를 받는다.

- 자신의 직관적 통찰력을 활용할 수 없는 업무를 해야 할 때 몰입도가 급격히 떨어진다. 단순 반복되는 업무나 그와 관련된 세부사항을 다루는 일만 해야 하는 상황에서 스트레스를 받는다.

- 비전, 장기 목표, 새로운 아이디어 등 자신의 통찰과 관점을

이해하지 못하는 상사, 동료와 일할 때 상당히 스트레스를 받는다. 특히 상호 존중과 배려가 전제되지 않은 비판과 부정적 피드백을 받을 때 큰 상처를 받을 수 있다.

- 자율성과 독립성이 보장되지 않을 뿐 아니라 매우 시끄럽고 비구조화된 환경에서 스트레스를 받는다.

2) INFJ의 보조 세포: Fe(친절한 가이드)

Fe는 INFJ의 프라임 세포인 Ni를 도와서 INFJ만의 강점 패턴을 만드는 심리기능이다.

Fe는 F+e를 의미한다. F는 감정과 관계를 기반으로 의사결정을 하는 심리기능이다(상황을 '개인화'함). e는 '외향형'을 의미하는 그 e 다. 한마디로 Fe는 'F를 외부로 쓰는 사람'이다. F를 외부로 사용해서 적극적으로 감정적 교류를 하려는 사람의 이미지를 떠올리면 된다. Fe는 온정, 배려, 관심 등을 외부로 적극적으로 표현한다. 또한 상대방의 감정을 공감하고 지지하는 데 초점을 둔다. 밝고 친근한 표정으로 적극적으로 누군가를 돕고 싶어 하는 심리 세포이다(친절한 가이드).

Fe는 Ni를 보완하여 자신과 타인의 잠재력을 발견하고 성장을 촉진하려 한다. Fe는 적극적인 심리 세포이지만, Ni를 보좌하는 역할을 하기 때문에 조용한 지지와 협력, 공감의 형태로 나타난다. INFJ가 사람 중심인 이유는 '보조 세포'인 Fe 때문이다. 이들은 사람들의 요구와 가치 등이 존중받기를 원한다.

INFJ의 강점 패턴은 'Ni(예언자)'와 'Fe(친절한 가이드)'의 '콜라보레이션'에서 기인된 것이다.

3) INFJ의 어린아이 세포: T(논리적인 사람)

T는 INFJ의 약점 패턴을 만드는 심리기능이다. '어린아이'처럼 미숙하고 잘 발달하지 못한 심리기능이다.

T는 논리를 중심으로 의사결정하는 심리기능이다. INFJ는 장기적 비전과 새로운 아이디어를 논리적으로 평가, 분석하는 것에 미숙하다. INFJ가 논리, 분석, 객관적 평가 등의 영역에서 취약성을 보이는 이유는 T 기능이 내면의 어린아이 세포로 작용하기 때문이다.

4) INFJ의 열등 세포: Se(맛집 탐방가)

Se는 INFJ의 가장 큰 약점 패턴을 만드는 심리기능이다. INFJ의 프라임 세포인 Ni와 정반대의 기능이다. 가장 미숙하고 발달하지 않은 열등한 심리기능이다.

Se는 S+e를 의미한다. S는 오감을 통해 정보를 인식하는 심리기능이다(현실적, 실용적). e는 '외향형'을 표현하는 바로 그 e다. Se는 이 둘의 의미가 더해졌다고 생각하면 이해하기 쉽다. 말 그대로 Se는 'S를 외부로 쓰는 사람'이다. 오감을 외부로 사용하여 현실적인 정보를 인식하는 사람의 모습을 떠올려보라. 맛집, 사고 싶은 옷, 패러글라이딩같이 실제 존재하고 경험할 수 있는 것들이 Se의 관심 대상이다. 이들은 늘 현재를 경험하고 즐기기 원한다. 따라서 '먹고 마시고 즐기자'가 Se의 자연스러운 슬로건이 된다. 맛집을 탐방하는 활동적이고 충동적인 사람의 모습을 상상하면 된다(맛집 탐방가).

INFJ는 지금 현재 일어나고 있는 눈앞의 현실적 사항들을 고려하는 것에 매우 미숙하다. 예를 들어 식사를 하면서도 내면세계(추상적, 관념적 세계)에 집중한다.

INFJ의 약점 패턴은 'T(논리적인 사람)'와 'Se(맛집 탐방가)'의 '콜라보레이션'에서 기인된 것이다.

INFJ의 내면 패턴 기억하기

INFJ의 특징은 내면 설계도에서 나오는 하나의 패턴이다. MBTI 이론의 창시자인 심리학자 칼 융은 우리 마음 안에 '설계도'가 있다고 생각했다. 그러한 심리구조로부터 나타나는 일관된 행동 패턴을 정리한 것이 MBTI다. Ni+Fe로부터 INFJ의 강점 패턴이 나오고 T+Se로부터 약점 패턴이 나오게 되는 것이다. 이러한 심리구조를 이해하고 INFJ와의 소통 방법을 살펴보면 훨씬 더 이해가 잘될 것이다.

강점 패턴	Ni (예언자) + Fe (친절한 가이드)	의미를 추구 / 사람에 대한 통찰력(관계, 정서, 감정) / 이면의 의미를 잘 파악함 / 탁월한 영감으로 영향력을 끼침 / 내적 신념 강함 / 내면 탐구의 대가 / 동료애 중시 / 독립심 강함 / 배려
약점 패턴	T (논리적인 사람) + Se (맛집 탐방가)	단순 작업 약함 / 지나친 몰두로 현실 경시 / 현실 감각 필요 / 이상과 현실을 조화시켜 현재를 즐기려는 노력 필요(내적 갈등 많음) / 복잡한 내면을 단순화해서 공유하는 과정 필요 / 비전에 대한 현실적 검토 / 웃는 연습 필요

3단계: INFJ와 효과적으로 소통하는 법

'프라임 세포'와 '보조 세포'에 주목하기

INFJ가 프라임 세포인 Ni(예언자), 보조 세포인 Fe(친절한 가이드)를 중심으로 '스키마(세상을 이해하고 대처하는 틀)'를 형성하고 있다는 점에 주목하자. 프라임 세포는 INFJ가 '가장 신뢰하고 의지하는 심리기능'이다. 이는 '해석의 틀'로 작용한다. 이러한 프라임 세포를 보조세포인 Fe가 보조하면서 INFJ만의 스키마가 형성된다.

또 하나 기억해야 할 포인트는 '프라임 세포'와 '보조 세포'에 큰 '가중치'가 부여된다는 점이다. 즉, Ni(예언자)와 Fe(친절한 가이드)는 INFJ가 중요시하고 가치 있게 여기는 심리기능이기 때문에 이 부분이 무시되거나 존중받지 못한다고 느낄 때 심각한 갈등을 야기할 수 있다. 반대로 그러한 부분을 이해받고 존중받는다고 느낄수록 마음의 문을 열 가능성이 높아진다.

'어린아이 세포'와 '열등 세포'는 주의할 점을 알려준다

INFJ의 어린아이 세포인 T(논리적인 사람)와 열등 세포인 Se(맛집 탐방가)는 '취약성'과 연관된 심리기능이다. INFJ에게 이 세포들은 미숙할 뿐 아니라 '가중치'가 매우 떨어지는 심리기능이다. 이는 커뮤니케이션의 영역에서도 그대로 나타난다. INFJ와 T, Se를 중심으로 대화하면 신뢰를 얻어내기가 어렵다. 예를 들어 당신이 INFJ에게 전체적인 맥락, 이면의 의미, 가치 등에 대한 언급 없이 논리적인 측면만을 강조한다면 좋지 못한 결과로 이어질 가능성이 매우 높다. 기본적으로 T, Se의 방식으로 이야기하는 것은 INFJ의 집중력을 현저히 떨어뜨릴 때가 많다.

'프라임 세포와 보조 세포를 중심으로 대화하는 것'이 주요 포인트라는 사실을 기억하면서 INFJ와의 소통법을 살펴보자.

INFJ와의 소통법

1) INFJ의 일반적 의사소통 스타일(Ni+Fe): 스키마 포인트 / 가중치를 두는 영역 파악하기

- '개인적으로 의미를 느끼는 상황'에서 아이디어를 제시하려 한다(평소에는 매우 조용할 수 있음).
- 조용하게 지지하고 격려한다(조화로운 관계를 추구). 신뢰가 형성되었다고 느낄 때 비로소 자신을 표현한다.
- 사람들을 돕거나 교육하는 일에 관심을 보인다(자신과 타인의 성장, 잠재력 계발을 중요시 여김).
- 목적과 의미를 중시한다(주로 사람들의 개인적 성장과 관련된 영역: 인간 중심적).

- 장기적인 비전과 미래에 초점을 둔 혁신적인 아이디어를 잘 제시한다.
- 자신의 신념, 가치 등이 비판을 받으면 매우 완고한 모습을 보일 때가 있다(자신의 가치와 통찰에 대한 확고한 믿음).

2) INFJ와의 효과적인 소통 방법(To do): 효과적인 신뢰 구축 방법 이해하기(Ni+Fe)

- 진정성을 바탕으로 존중과 지지를 보내라(INFJ는 직관적 통찰력을 통해 꾸며낸 것이나 위선을 잘 알아차리며 그런 사람과 대화하는 것을 원치 않는다). 먼저 인간적인 신뢰 관계를 형성하는 데 초점을 두라. 진솔한 대화로 시작하라.
- 거시적인 관점에서 의견을 제시하라. 너무 세세한 사항에 초점을 맞추지 말고 조직의 원대한 비전과 목표와 연관된 이유를 제시하라.
- 사람들의 성장과 복지에 대한 긍정적인 영향을 강조하라(가치 추구, 의미 중시). 특히 그것이 현재뿐만 아니라 미래에 어떤 면에서 사람들에게 긍정적인 영향을 줄 수 있을지 논의해보면 더욱 좋다.
- 복잡하고 장황한 설명이 이어지더라도 끝까지 들어보라. 비

유, 상징, 추상적 언어에 담긴 가치와 의미가 무엇인지 호기심을 갖고 경청하라(INFJ는 이면의 의미와 가치가 공유되었다고 느낄 때 그 사람과 깊은 신뢰 관계를 맺고자 한다).
- 장기적인 비전과 미래에 초점을 두고 그들의 아이디어를 해석하고 평가하라. 기존의 고정관념을 벗어난 사고방식을 최대한 존중하고 그들이 말하고자 하는 이상적 가치에 집중해 보라.

3) 주의할 점(Not to do): 신뢰를 빠르게 잃는 요인 파악하기(T+Se)

- 과도하게 비판적인 분위기를 형성하지 말 것(존중과 배려의 분위기 속에서 대화할 수 있다는 확신과 심리적 안전감이 매우 중요)
- 의미나 가치에 대한 언급 없이, 논리적인 측면만을 강조하지 말 것
- 전체적인 맥락의 공유나 그에 따른 합리적 근거 없이 갑작스러운 변화를 요구하지 말 것(확고한 신념을 가진 사람임을 인식할 것)
- 크게 중요하지 않은 세부사항이나 일상적인 문제에 초점을 두지 말 것
- 진행 방법에 대해 너무 특정하고 세부적인 사항으로 요구하

지 말 것

- 단기적이고, 즉각적인 상황만을 강조하지 말 것

당신이 INFJ 유형의 사람이라면

소통의 출발점은 항상 '자기와의 대화'이다. 자기 자신을 존중하고 스스로와 건강하게 대화하는 사람이 타인과의 소통도 잘할 가능성이 훨씬 높다. 지금 이 내용을 읽고 있는 당신이 INFJ라면, 먼저 자기 자신을 건강하게 돌보고 있는지부터 확인하라. 그리고 당신과 함께하는 사람들에게 당신에게 적합한 커뮤니케이션 방법이 무엇인지 적절히 설명할 방법을 생각해보라(함께 이 책을 읽으면서 서로를 존중하는 방법을 찾아가는 것도 좋은 방법이 될 수 있다). 건강한 소통의 출발점은 자신을 이해하고 그것을 건강하게 설명하는 것으로부터 시작된다는 점을 기억하고 꼭 시도해보기 바란다. 어쩌면 생각보다 쉽게 변화의 계기가 만들어질지도 모른다.

가치관, 인성, 태도에 따른 차이를 인식하기

챕터 4에서 이야기했듯이 같은 유형이어도 가치관, 인성, 태도에 따라 큰 차이를 보일 수 있다. 이 세 가지 요인은 성격유형이 발현되는 토양이기 때문이다. 보통 '좋은 사람'이라고 느껴지는 사람은 가치관, 인성, 태도가 좋은 사람이다. MBTI 유형은 그다음 문제다. 같은 INFJ라 해도 가치관, 인성, 태도가 좋지 않을수록 '자기중심적'으로 성격특징이 나타날 것이다. 반면 가치관, 인성, 태도가 좋을수록 보다 유연하고 열린 태도를 보일 가능성이 높다.

개인 역량의 차이를 고려해야 한다

같은 MBTI 유형이라고 해서 역량까지 똑같은 것은 아니다. 역량은 해당 분야의 지식과 경험, 기술 등의 기반 위에서 나타나는 것이기 때문이다. 또한 성격유형 이외에도 흥미, 적성, 재능, 가치관, 자존감 등 다양한 내적 특성들이 함께 고려되어야 한다.

MBTI를 커뮤니케이션 영역에 사용하려면 가치관, 인성, 태도, 역량 수준 등에 따라 같은 유형 간에도 차이가 있을 수 있다는 점을 인식하는 것이 필요하다. '인성의 문제'를 'MBTI 유형의 문제'로 일반화할 수 있기 때문이다. 무엇보다 인성, 태도가 건강한 사람을 만나야 그 유형의 전형적인 모습을 제대로 경험할 수 있다.

이해와 존중에 집중하기

나와 상대방의 잠재력을 알아보고, 그에 맞는 존중 방법을 함께 찾아나가는 것이 MBTI의 목적임을 꼭 기억하자. 규정과 판단이 아닌 이해와 존중에 집중해보라. 그러한 관점으로 접근하는 것만으로도 많은 차이가 생길 것이다.

사실 MBTI는 16가지 '유형'에 대한 이야기라기보다는 사람을 이해하고 존중하기 위한 16가지 '심리 패턴'에 대한 이야기이다. 사람을 이해하면 이해할수록 성격유형이라는 틀은 점점 더 희미해진다. 유형의 틀보다는 존중의 과정에 더 집중하게 되기 때문이다.

Chapter
16
–
의미를 중시하는
따뜻한 사람
- INFP

효과적인 커뮤니케이션을 위해서는 먼저 상대방을 이해하는 과정이 선행되어야 한다. 상대방에 대한 이해가 결여된 상태에서 소통 스킬만을 학습하는 것은 오히려 좋지 못한 결과를 초래할 수 있다. 따라서 다음의 3가지 단계를 거쳐서 INFP와의 소통 방법을 설명하려 한다.

1단계: INFP의 일반적 특징 이해하기

2단계: INFP의 행동 원인이 되는 '마음 설계도' 살펴보기. 이 과정을 통해 INFP의 스키마(세상을 이해하고 대처하는 틀)와 중요시 여기는 '가중치 영역'을 이해하기

3단계: 1, 2단계의 정보들을 기반으로 INFP와의 효과적인 소통법 학습하기

1단계: INFP의 일반적 특징 이해하기

INFP의 별명

•몽상가

몽상가의 사전적 의미를 찾아보면 '실현성이 없는 헛된 생각을 즐겨 하는 사람'이라고 나와 있다. 영어로는 Dreamer(꿈속에서 생각하는 사람)이다. INFP를 아주 잘 설명하는 별명이라고 생각한다. 이들에게 몽상은 일상생활이다. 이들은 매우 자주 자신의 상상 안에서 여러 가지 생각 속에 빠진다. INFP는 자신의 몽상 안에서 '아름다운 이상을 꿈꾸는 사람'이다. 종종 현실과의 괴리감으로 인해 어려움에 봉착하기도 하지만, 몽상은 이들을 순수한 이상에 머무르도록 하는 아름다운 수단이 되어준다.

•고독한 로맨티스트

INFP는 자신만의 독특한 감성세계를 가진 고독한 로맨티스트이다. 이러한 감성적 특성으로 인해 평범한 일상 속에서 자신만의 감동 코드를 형성한다. 누군가의 따뜻한 말 한마디, 작은 배려, 스쳐 지나가는 책의 문구 등에서 이들은 자신만의 의미와 감정적 반응을 경험한다. 이러한 감성세계로 인해 다른 이들의 감정을 잘 읽어내고 공감하기도 한다. 이들이 누군가와 사랑에 빠진다면 깊고 특별한 INFP식 감정적 배려를 경험할 수 있을 것이다(물론 상대방 역시 세심한 관심을 가지고 다가가야 INFP의 배려를 제대로 느낄 수 있다). 반면 이들이 '고독한' 로맨티스트인 이유는 자신만이 느끼는 감성세계의 복잡성을 내재하고 있기 때문이다. 그래서 때때로 이들은 깊은 외로움과 혼란을 경험하기도 한다. INFP는 주어진 정보를 그대로 받아들이기보다는 자신만의 '감성적 렌즈'로 재해석하는 사람들이다. 그러한 독특한 세계 안에서 고독감을 느낄 때가 있는 것이다.

• 자유바라기

INFP는 자유를 추구하는 사람이다. 여기에서의 자유란 자신만의 감성세계에서 자신만의 리듬으로 살아가는 것을 의미한다. 이들은 이러한 자기 감성세계의 리듬 안에서 심리적 안전감을 느끼고 싶어 한다. 그래서 예기치 못한 외부세계의 변화와 급작스러운 요구에 대해 민감하게 반응할 때가 많다(물론 겉으로 잘 드러내지는 않는다). 자신의 감정을 있는 그대로 존중받고 이해받는 환경일수록 이들은 자유를 느끼며 자신의 일에 몰입할 가능성이 높아질 것이다. 이러한 부분을 존중해줄 수 있다면 이들은 진심으로 그 존중에 보답하려 할 것이다.

• 3느(느리며, 느끼며, 느긋하게)

INFP는 기본적으로 빡빡한 일정과 계획 안에서 생활하는 것을 힘들어한다. 이들에게 계획, 성과, 추진력은 상대적으로 덜 중요한 영역이다(정반대 유형인 ESTJ에게는 매우 중요한 영역). 이들은 무엇을 하든 자신의 내면적 리듬에 맞게 느리며, 느끼며, 느긋하게 일을 진행하는 것을 선호한다. INFP는 자신만의 리듬과 흐름을 중시한다. 그것이 누군가에게는 매우 답답하고 게을러 보일 수 있지만 INFP에게는 자신만의 꽃을 피워가는 중요한 요인이 된다. INFP에게는 진취적인 압박이 그렇게 효과적인 수단이 될 수 없다는 뜻이다. 그보다는 스스로 그 일을 해야 하는 의미와 목적을 이해하고 공감하도록 하는 것이 훨씬 더 효과적이다. INFP는 스스로 의미를 느끼고 자발적으로 움직일 때 최상의 결과를 도출해내는 사람이다.

INFP의 장점

• 온정적이고 따뜻한 사람

유명한 CF에서 등장하는 '말하지 않아도 알아요'는 INFP를 잘 표현하는 문구다. 이들은 조용히 누군가의 마음을 공감하고 이해하면서 온정적으로 다가가려 한다. 자신의 감정을 적극적으로 표현하진 않지만, 상대방의 마음을 공감하고 지지하려는 사람이다. 주변에 INFP 친구가 있다면 당신의 말을 비판하거나 지적하기보다는 경청하고 공감하고 지지하려 할 것이다. 친한 사람에게는 장난을 통해 친근감을 표현하기도 한다. INFP는 가까운 사람들에 한하여 장난기 있는 모습을 보여준다.

• 이해심 많고 관대한 사람

INFP는 기본적으로 상대의 말을 평가하기보다는 이해하고 공감하려 한다. 그래서 '그럴 수 있지'라는 말을 자주 한다. 이러한 특성으로 인해 타인에게 관대한 사람으로 여겨질 때가 많다. INFP 유형이 성직자, 상담가 중에 많은 것은 자연스러운 현상이다. 주의할 점은 관대하다고 해서 함부로 대하면 안 된다는 것이다. 관대하다는 것이 모든 것을 다 조건 없이 받아준다는 의미는 아니라는 것을 기억해야 한다. INFP는 한번 원한을 품으면 가장 오래가는 유형으로도 알려져 있다. 관대한 사람이지만, 선을 넘었다고 생각하면(중시하는 내면적 가치를 침범했다고 여겨지면) 매우 차가워지는 사람이라는 것을 꼭 기억하자. 친절할수록 더 예의를 갖추면 INFP와 깊은 우정을 형성할 수 있다.

•이면의 의미와 연관성을 잘 파악하는 사람(통찰력이 있는 사람)

INFP는 상대방의 말과 행동의 이면에 있는 의미를 잘 파악한다. 추상적인 개념, 심리적 요인, 큰 그림, 비전, 가치 등 눈에 보이지 않는 이면의 의미와 연관성을 잘 파악하는 사람이다. 특히 인간 심리와 관련된 주제에 관심이 많다.

•의미와 신념을 중시하는 사람

이들은 이상적인 가치를 추구하는 사람들이다. 사람에 대한 관심을 바탕으로 누군가에게 선한 영향력을 미치고 싶어 한다. 단순히 계획을 세우고 성과를 관리하는 일보다는 사람을 돕고 성장시키는 일을 선호한다. 이들에게는 일 자체보다는 일에 대한 '의미'가 중요하다. 이들은 삶 속에서 자신만의 의미를 찾으려 한다.

•자신과 타인의 잠재력을 발휘하도록 돕는 사람

INFP는 타인의 복지를 돌보고 사람들이 자신의 잠재력을 발휘하도록 돕는 사람이다. 다른 사람이 스스로 성장하도록 동기를 부여하고 격려하는 것을 잘한다. 자신이 속한 조직에서 연민, 배려, 조화, 진정성, 동정심을 통해 리더십을 발휘한다.

INFP의 개선점

•모든 사람을 만족시키려 함

온정적이고 따뜻하게 배려를 잘하는 사람이지만, 종종 그것이 지나쳐서 모든 사람을 다 만족시키려는 모습을 보이기도 한다. 이들은 판단과 평가, 냉철한 피드백을 매우 어려워한다. 그러한 면이 매우 필요한 상황에서도 회피하려는 성향을 보인다.

• 마무리가 안 됨

일은 많이 벌이지만 마무리가 잘 안되는 경우가 많다. 이들은 현실적인 계획을 세우고 속도감 있게 일을 추진하는 것을 어려워한다. 자신만의 이상적인 완벽을 추구하기 때문에 끊임없이 생각을 확장하다가 마감일을 놓치는 경우가 많다.

• 이상과 현실 구분이 어려움

이들은 현실 안에서 계획을 세우고 구체적인 성과를 내는 것을 힘들어한다. 종종 이상적인 면이 지나쳐서 목표 자체가 두루뭉술한 경우가 많다. 예를 들어 막연하게 '최고'를 꿈꾸지만 그를 위한 현실적이고 실제적인 계획을 세우는 것은 어려워하는 사람을 떠올리면 된다. 이는 가시화된 성과로 이어지지 못하는 주요 원인이 된다.

2단계: INFP의 '마음 설계도' 이해하기

'유미의 세포들'이라는 웹툰이 있다. 드라마로 실사화될 정도로 인기가 많았던 작품이다. 주인공 유미가 연애를 하면서 일어나는 여러 가지 에피소드가 재미있게 묘사되어 있다. 이 작품이 인기가 많았던 가장 큰 요인 중 하나는 유미의 머릿속 세포들을 의인화했기 때문일 것이다. '유미의 세포들'은 유미의 마음속에서 일어나는 반응들을 뇌세포들의 대화를 통해서 그대로 보여준다. 사랑 세포, 이성 세포, 엉큼 세포, 오지랖 세포, 작가 세포 등 다양한 세포들이 등장하며, 이름에서 알 수 있듯이 각 세포들의 개성과 역할은 모두 다르다. 이 웹툰에는 약 70여 종의 세포들이 등장한다.

이러한 수많은 세포들을 진두지휘하며 컨트롤하는 세포가 있는데, 그 세포를 '프라임(Prime) 세포'라고 한다. 프라임 세포는 그 사람을 대표하는 '정체성 세포'라고 할 수 있다. 주인공 유미의 프라임 세포는 사랑 세포다.

각 사람이 가진 프라임 세포의 종류는 다 다르다. 감성 세포가 프라임 세포인 사람도 있고, 이성 세포가 프라임 세포인 사람도 있다. 프라임 세포의 진두지휘하에 여러 세포들이 상호작용하면서 그 사람만의 독특한 반응으로 나타나게 된다.

INFP의 프라임 세포를 찾아서

INFP의 마음 안에도 '프라임 세포'가 있다. 사실 MBTI는 마음 안에서 일어나는 심리기능 간의 상호작용에 대한 이론이다. 그것을 보다 쉽게 이해할 수 있도록 겉으로 드러나는 행동 위주로 정리해 놓은 것이다. 지금부터 INFP의 성격유형 패턴을 만들어내는 '마음의 설계도'를 들여다보려 한다. INFP의 설계도를 알게 되면 INFP를 더 깊이 있게 이해할 수 있게 된다. INFP의 스키마(세상을 이해하고 대처하는 틀)를 알 수 있기 때문이다. 그럼 지금부터 INFP의 마음속으로 들어가보자.

INFP의 마음 설계도

INFP의 마음 설계도에는 4가지의 심리적 세포들이 등장한다. 이 4가지 심리 세포들이 서로 상호작용을 하면서 하나의 패턴을 만들어내는 것이다.

프라임 세포	보조 세포	어린아이 세포	열등 세포
진실한 사람	브레인스토머	현실적인 사람	논리적 행정가
Fi	Ne	S	Te

Fi, Ne, S, Te는 INFP의 마음 안에서 영향력을 발휘하고 있는 순위라고 생각하면 된다(시각적 효과를 주기 위해 영향력의 순위에 따라 크기를 달리했다). INFP의 프라임 세포는 맨 앞쪽에 자리한 Fi이다. Fi를 중심으로 4가지 기능이 활발하게 역동을 일으키고 있는 것이다.

'유미의 세포들'에서 프라임 세포를 중심으로 세포들의 상호작용이 이루어지듯이, 위의 4가지 심리기능들 역시 Fi를 중심으로 서로 상호작용하고 있다. 그 상호작용의 결과가 INFP의 성격유형 패턴으로 나타나는 것이다.

지금부터는 '유미의 세포들'에서 각 세포를 의인화했던 것처럼, INFP의 심리기능들도 의인화해서 살펴보고자 한다. 웹툰에 나오는 4명의 세포들을 만난다는 느낌으로 읽어보면 좋을 것 같다.

1) INFP의 프라임 세포: Fi(진실한 사람)

① Fi: 진실한 사람

Fi는 F+i를 의미한다. F는 감정과 관계를 기반으로 의사결정을 하는 심리기능이다(상황을 '개인화'함). i는 '내향형'을 표현하는 바로 그 i다. Fi는 이 둘의 의미가 더해졌다고 생각하면 이해하기 쉽다. 말 그대로 Fi는 'F를 내면에서 쓰는 사람'이다. 친화, 온정, 동정, 자비, 존중과 같은 '인간적인 가치'를 중시하며 그에 따라 인생을 살아가기 원한다(밖으로 잘 표현하지는 않음). 자신의 내적 가치를 충실히 지키며 내면의 진실성(Integrity)을 유지하고 싶은 사람의 이미지를 떠올리면 된다(진실한 사람).

Fi는 자신이 중시하는 인간적인 가치를 논리적으로 설명하기보다는 가슴으로 느끼는 사람이다. 예를 들어 학대받는 어린아이들을 보면서 '저러면 안 되는데… 가슴이 너무 아프다'라고 생각하면서 눈물을 흘린다. 논리적인 조언보다는 말없이 가슴으로 느끼고 함께 울어주려 한다. 이들은 자신의 '인간적인 가치'를 충실히 지키고 내적인 조화를 유지하는 데 초점을 둔다. 그러한 가치가 침범당하거나 지켜지지 않았을 때 상처를 받는다.

Fi는 INFP의 '프라임 세포' 역할을 한다. INFP의 마음 안에서 가장 큰 영향력을 행사하고 있으며, INFP 성격의 전체적인 방향을 결정한다. INFP가 가장 신뢰하고, 가치를 두며 의지하는 정신적 세포라고 생각하면 된다. INFP는 Fi를 중심으로 세상을 감지하고 이해한다. **INFP의 '스키마(세상을 이해하고 대처하는 틀)'를 이해하고 '가중치를 두는 영역'을 이해하는 데 필수적인 심리기능**인 셈이다.

② Fi: '진실한 사람'의 특징

- 논리적인 기준으로 옳고 그름을 판단하기보다는 자신에게 중요한 '인간적인 가치'를 가슴으로 느낀다. "왜 그런지는 모르겠는데 저런 말을 들으면 가슴이 아파요"와 같은 반응은 Fi의 전형적인 모습이다.

- 자신의 가치를 말로 설명하는 것을 어려워한다. 감정은 언어로 정확하게 표현하기 어려운 영역이다. Fi는 자신에게 중요한 것이 무엇인지 알지만 말로 표현하는 것이 쉽지 않다고 느낀다. "이유는 분명하게 설명할 수 없지만, 무척 속상하네요"와 같은 반응이 대표적이다.

- '인간적인 가치'를 지킴으로써 진실성을 유지하고 싶어 한다. 친화, 온정, 동정, 자비, 존중과 같은 가치를 지키지 못하는 상황(예컨대 자신의 행동이 상대방에게 상처를 주는 상황)이라면 이들은 큰 거부반응을 보일 것이다. 반대로 가치를 지키기 위해서라면 종종 매우 적극적이고 강렬한 반응을 보이기도 한다.

- '인간적인 가치'는 이들이 의사를 결정하는 중요한 기준이다. '의도적인 상처를 주지 않기'라는 가치를 가진 Fi 부모는 자신의 결정이 아이에게 상처를 줄 것 같으면 다른 방법을 찾으려 할 것이다.
- 늘 상대방을 존중하려 한다. 이들은 상대를 압박하거나 행동의 변화를 강요하는 것을 좋아하지 않는다. 개인적 영역을 침해할 수 있다고 생각하기 때문이다. 이들은 존중하고 경청하는 태도를 지니고 있다. 반면 그러한 면으로 인해 싫은 소리를 잘하지 못한다.
- 자신의 감정을 기민하게 인식하며, 그러한 경험을 바탕으로 상대방의 감정 상태를 파악한다. 이들은 사랑하는 사람의 기쁨, 슬픔, 두려움 등을 자신의 감정처럼 느끼는 경향이 있다.

③ INFP의 에너지원: '가중치'를 크게 두는 영역
- Fi는 INFP가 '가장 중시하는' 기능이므로 INFP가 활력을 얻는 '에너지원'으로 작용한다.
- 배려, 존중, 친화와 같은 '인간적인 가치'를 실현할 수 있는 업무에서 활력을 느낀다. 타인을 돕고 지지하는 역할을 하거나 협력적이고 개방적이며 친절한 분위기에서 능력을 잘 발휘한다.

- 한 개인으로서 자신의 독특성을 인정받고 존중받는 환경에서 일할 때 몰입감을 경험한다. 자신만의 개성과 전문성을 바탕으로 공헌하고 인정받기를 원한다.
- 성취, 업적만을 위해 급하게 일하기보다는 자신의 가치를 중심으로 여유 있게 생각하면서 유연하게 대처할 수 있을 때 심리적 안정감을 느낀다(마감 기한에 쫓기지 않는 방식).

④ INFP의 스트레스원: '가중치'가 충족되지 않았을 때
- 반대로 Fi적 요소가 충족되지 않거나 Fi와는 반대되는 역할이 요구될 때 이들은 스트레스를 받는다.
- 일, 결과에만 초점을 둔 엄격한 업무 구조와 시간적 압박 속에 있을 때 이들은 심리적인 불안감을 느낀다.
- 갈등과 적대감의 분위기가 감지될수록 스트레스를 받는다. 사람들에 대한 통제, 논리적 요구와 갈등 관리 등에 직면해야 할 상황은 이들의 에너지를 빠르게 고갈시킨다.
- 혼자서 충분히 생각하는 시간이 제공되지 않을 때 스트레스를 받는다(Fi는 내향적인 심리기능).
- 자신의 가치와 많이 동떨어진 업무나 절차를 억지로 따라야 하는 상황에서 심한 거부감을 느낄 수 있다.

2) INFP의 보조 세포: Ne(브레인스토머)

Ne는 INFP의 프라임 세포인 Fi를 도와서 INFP만의 강점 패턴을 만드는 심리기능이다.

Ne는 N+e를 의미한다. N은 직관을 통해 정보를 인식하는 심리 기능이다. 현실, 사실보다는 아이디어, 이면의 의미, 미래, 패턴 등에 초점을 둔다. e는 '외향형'을 의미하는 그 e다. 한마디로 Ne는 'N을 외부로 쓰는 사람'이다. 열린 사고방식으로 자유롭게 브레인스토밍을 즐기는 사람의 이미지를 떠올리면 된다(브레인스토머).

Ne는 Fi를 보완하여 사람들의 잠재력과 가능성에 초점을 두고 그들을 돕기 위한 아이디어를 제공한다. INFP가 이면의 의미와 연관성을 잘 파악하고 미래지향적인 이유는 '보조 세포'인 Ne 때문이다. 이들은 인간적인 가치를 중심으로 자신과 타인의 잠재력을 발견하고 성장하도록 돕는 것에 초점을 둔다. INFP가 사람의 가능성과 장점을 알아보고 지지하는 능력이 뛰어난 것은 Fi를 Ne가 보조하고 돕기 때문이다.

INFP의 강점 패턴은 'Fi(진실한 사람)'와 'Ne(브레인스토머)'의 '콜라보레이션'에서 기인된 것이다.

3) INFP의 어린아이 세포: S(현실적인 사람)

S는 INFP의 약점 패턴을 만드는 심리기능이다. '어린아이'처럼 미숙하고 잘 발달하지 못한 심리기능이다.

S는 오감을 통해 정보를 인식하는 현실적, 실용적인 심리기능이다. INFP는 현실적이고 실용적인 것을 고려하는 것에 미숙함을 보일 때가 많으며, 일상적인 현실 감각이 부족하다. INFP가 현실적이고 구체적인 계획을 세우고 실제적인 결과를 만들어내는 것에서 어려움을 느끼는 이유는 S 기능이 내면의 어린아이 세포로 작용하기 때문이다.

4) INFP의 열등 세포: Te(논리적 행정가)

Te는 INFP의 가장 큰 약점 패턴을 만드는 심리기능이다. INFP의 프라임 세포인 Fi와 정반대의 기능이다. 가장 미숙하고 발달하지 않은 열등한 심리기능이다.

Te는 T+e를 의미한다. T는 논리를 기반으로 의사결정을 하는 심리기능이다. e는 '외향형'을 의미하는 그 e다. 한마디로 Te는 'T를 외부로 쓰는 사람'이다. 논리적으로 목표를 세우고 그 목표에 맞게 사람, 시간, 공간 등의 자원을 조직적으로 통제하려는 사람의 이미지를 떠올리면 된다(논리적 행정가).

INFP는 논리적으로 상황을 평가하고 문제를 해결하는 것에 매우 미숙하다(논리적인 토론에 약함). 체계적으로 계획을 세우고 추진력 있게 목표를 달성하는 것에서 큰 약점을 보이는 이유는 Te가 열등 세포로 활동하기 때문이다.

INFP의 약점 패턴은 'S(현실적인 사람)'와 'Te(논리적 행정가)'의 '콜라보레이션'에서 기인된 것이다.

INFP의 내면 패턴 기억하기

INFP의 특징은 내면 설계도에서 나오는 하나의 패턴이다. MBTI 이론의 창시자인 심리학자 칼 융은 우리 마음 안에 '설계도'가 있다고 생각했다. 그러한 심리구조로부터 나타나는 일관된 행동 패턴을 정리한 것이 MBTI다. Fi+Ne로부터 INFP의 강점 패턴이 나오고 S+Te로부터 약점 패턴이 나오게 되는 것이다. 이러한 심리구조를 이해하고 INFP와의 소통 방법을 살펴보면 훨씬 더 이해가 잘될 것이다.

	의미, 관계 중시 / 내적 신념이 은은하게 나옴 / 온정적, 조용함 / 지향하는 이상에 정열적 / 인간 이해, 복지에 기여하고자 함 / 관대함 / 이면을 보는 안목
Fi (진실한 사람) + Ne (브레인스토머)	
	신념을 구조화하지 못함(행동 계획, 실천으로 이어지지 못함) / 마무리가 약함 / 이상과 현실의 괴리를 고려할 필요 / 행동보다 반성에 더 많은 시간 소모 / 타인의 요청을 잘 거절하지 못함 / 객관적 입장을 취하는 것을 어려워함
S (현실적인 사람) + Te (논리적 행정가)	

3단계: INFP와 효과적으로 소통하는 법

'프라임 세포'와 '보조 세포'에 주목하기

INFP가 프라임 세포인 Fi(진실한 사람), 보조 세포인 Ne(브레인스토머)를 중심으로 '스키마(세상을 이해하고 대처하는 틀)'를 형성하고 있다는 점에 주목하자. 프라임 세포는 INFP가 '가장 신뢰하고 의지하는 심리기능'이다. 이는 '해석의 틀'로 작용한다. 이러한 프라임 세포를 보조 세포인 Ne가 보조하면서 INFP만의 스키마가 형성된다.

또 하나 기억해야 할 포인트는 '프라임 세포'와 '보조 세포'에 큰 '가중치'가 부여된다는 점이다. 즉, Fi(진실한 사람)와 Ne(브레인스토머)

는 INFP가 중요시하고 가치 있게 여기는 심리기능이기 때문에 이 부분이 무시되거나 존중받지 못한다고 느낄 때 심각한 갈등을 야기할 수 있다. 반대로 그러한 부분을 이해받고 존중받는다고 느낄수록 마음의 문을 열 가능성이 높아진다.

'어린아이 세포'와 '열등 세포'는 주의할 점을 알려준다

INFP의 어린아이 세포인 S(현실적인 사람)와 열등 세포인 Te(논리적 행정가)는 '취약성'과 연관된 심리기능이다. INFP에게 이 세포들은 미숙할 뿐 아니라 '가중치'가 매우 떨어지는 심리기능이다. 이는 커뮤니케이션의 영역에서도 그대로 나타난다. INFP와 S, Te를 중심으로 대화하면 신뢰를 얻어내기가 어렵다. 예를 들어 당신이 INFP에게 실용적이고 논리적인 것에만 초점을 두고 대화한다면 좋지 못한 결과로 이어질 가능성이 매우 높다. 기본적으로 S, Te의 방식으로 이야기하는 것은 INFP의 집중력을 현저히 떨어뜨릴 때가 많다.

'프라임 세포와 보조 세포를 중심으로 대화하는 것'이 주요 포인트라는 사실을 기억하면서 INFP와의 소통법을 살펴보자.

INFP와의 소통법

1) INFP의 일반적 의사소통 스타일(Fi+Ne): 스키마 포인트 / 가중치를 두는 영역 파악하기

- 조용하고 차분하며 다른 사람의 이야기를 기꺼이 들어주는 지지적인 역할을 한다.
- 개인적인 차이를 인정하고, 각 개인과 상황에 맞는 상호작용을 하려 한다. 융통성이 있으며, 격의 없이 대화하려 한다.
- 미래에 초점을 두고 사람들의 내면적 필요를 충족시킬 창의적인 방법을 찾으려 한다. 사람들의 잠재력을 깨워주고 싶어 한다.
- 동정심이 많고 조화를 유지하려고 노력한다. 이를 위해 때로는 자신의 욕구를 어느 정도 포기하기도 한다(갈등을 피하려는 경향이 있음).
- 넓은 관계보다는 깊이 있는 관계를 선호하며, 관계 안에서 의미를 찾으려 한다(소수의 사람들과 자신의 내면적 가치와 감정을 나누려 함).
- 자신에게 진실하고자 하기 때문에 이상적인 신념에 따라 살지 못하는 자신을 스스로 비판하기도 한다(자책을 할 때가 많음).

2) INFP와의 효과적인 소통 방법(To do): 효과적인 신뢰 구축 방법 이해하기(Fi+Ne)

- 일대일로 대화하라. INFP는 의미와 신념을 중시하는 사람들이다. 이들이 중요시하는 것이 무엇인지 알기 위해서는 개별적으로 접근하고 신뢰를 쌓아가는 시간이 필요하다.
- 진심을 담아 인정과 지지를 보내라. 조용히 수고한 부분을 알아채고 감사한 마음을 전하라.
- 하나의 개인적인 존재로서 존중하고, 독특성을 인정하려는 노력을 보이라. 특히 그들이 중요시하는 신념과 가치를 존중하는 것이 중요하다(이 부분을 무시당했다고 느꼈을 경우 관계가 매우 나빠질 수 있음. 부드러운 사람이지만 한번 원한을 가지면 가장 오랫동안 품는 유형).
- 조용하고 부드럽고 온화한 말투로 대화를 진행하는 것이 효과적이다(거만한 행동과 말투를 매우 싫어함). 피드백을 줄 때는 내용은 분명하게 전달하되 부드러운 방식으로 이야기하라. 긍정적인 부분도 함께 전달하라.
- 친화, 온정, 동정, 자비, 존중과 같은 '인간 중심의 가치'에 초점을 두고, 사람들의 성장과 잠재력을 깨울 수 있는 부분을 공유하라. 이들은 의미를 중시한다. 의미를 느낄 때 집중하

고 몰입한다.

3) 주의할 점(Not to do): 신뢰를 빠르게 잃는 요인 파악하기(S+Te)

- 감정을 배제한 채 논리적 비판으로만 접근하지 말 것(INFP는 비판에 매우 민감하게 반응한다. 모든 것을 개인적인 관점에서 해석하는 경향이 있으며, 상처를 받아도 드러내지 않는다)
- 실용적이고 논리적인 것에만 초점을 두지 말 것(사람들과 상황에 영향을 미치는 개인적인 요소와 의미들을 더 중점적으로 다룰 것)
- 함께하는 사람들과의 관계를 고려하지 않은 상태에서 지나치게 업무 중심적이고 목표지향적으로만 대화하지 말 것
- 이야기를 끝까지 주의 깊게 듣지 않고 이들의 관점을 다 알고 있다는 듯이 반응하지 말 것(개인적 이야기에 담긴 이들의 가치와 신념을 파악하는 것이 중요하다. 특히 중간에 말을 자르는 것은 치명적일 수 있다. 물론 그에 대한 불쾌감은 표현하지 않을 가능성이 높다)
- 지시하고 명령하듯이 이야기하지 말 것(제안과 부탁, 요청의 어투가 좋다)
- 너무 압박하거나 몰아붙이지 말 것(사전에 분명한 기대치를 주고 어느 정도 유연하고 자유로운 업무 환경을 제공해주는 것이 좋음)

당신이 INFP 유형의 사람이라면

소통의 출발점은 항상 '자기와의 대화'이다. 자기 자신을 존중하고 스스로와 건강하게 대화하는 사람이 타인과의 소통도 잘할 가능성이 훨씬 높다. 지금 이 내용을 읽고 있는 당신이 INFP라면, 먼저 자기 자신을 건강하게 돌보고 있는지부터 확인하라. 그리고 당신과 함께하는 사람들에게 당신에게 적합한 커뮤니케이션 방법이 무엇인지 적절히 설명할 방법을 생각해보라(함께 이 책을 읽으면서 서로를 존중하는 방법을 찾아가는 것도 좋은 방법이 될 수 있다). 건강한 소통의 출발점은 자신을 이해하고 그것을 건강하게 설명하는 것으로부터 시작된다는 점을 기억하고 꼭 시도해보기 바란다. 어쩌면 생각보다 쉽게 변화의 계기가 만들어질지도 모른다.

가치관, 인성, 태도에 따른 차이를 인식하기

챕터 4에서 이야기했듯이 같은 유형이어도 가치관, 인성, 태도에 따라 큰 차이를 보일 수 있다. 이 세 가지 요인은 성격유형이 발현되는 토양이기 때문이다. 보통 '좋은 사람'이라고 느껴지는 사람은 가치관, 인성, 태도가 좋은 사람이다. MBTI 유형은 그다음 문제다. 같

은 INFP라 해도 가치관, 인성, 태도가 좋지 않을수록 '자기중심적'으로 성격특징이 나타날 것이다. 반면 가치관, 인성, 태도가 좋을수록 보다 유연하고 열린 태도를 보일 가능성이 높다.

개인 역량의 차이를 고려해야 한다

같은 MBTI 유형이라고 해서 역량까지 똑같은 것은 아니다. 역량은 해당 분야의 지식과 경험, 기술 등의 기반 위에서 나타나는 것이기 때문이다. 또한 성격유형 이외에도 흥미, 적성, 재능, 가치관, 자존감 등 다양한 내적 특성들이 함께 고려되어야 한다.

MBTI를 커뮤니케이션 영역에 사용하려면 가치관, 인성, 태도, 역량 수준 등에 따라 같은 유형 간에도 차이가 있을 수 있다는 점을 인식하는 것이 필요하다. '인성의 문제'를 'MBTI 유형의 문제'로 일반화할 수 있기 때문이다. 무엇보다 인성, 태도가 건강한 사람을 만나야 그 유형의 전형적인 모습을 제대로 경험할 수 있다.

이해와 존중에 집중하기

사실 MBTI는 16가지 '유형'에 대한 이야기라기보다는 사람을 이해하고 존중하기 위한 16가지 '심리 패턴'에 대한 이야기이다. 사람을 이해하면 이해할수록 성격유형이라는 틀은 점점 더 희미해진다. 유형의 틀보다는 존중의 과정에 더 집중하게 되기 때문이다.

Chapter
17
—
혁신적으로 문제를 해결하는
진취적인 사람
- ENTJ

효과적인 커뮤니케이션을 위해서는 먼저 상대방을 이해하는 과정이 선행되어야 한다. 상대방에 대한 이해가 결여된 상태에서 소통 스킬만을 학습하는 것은 오히려 좋지 못한 결과를 초래할 수 있다. 따라서 다음의 3가지 단계를 거쳐서 ENTJ와의 소통 방법을 설명하려 한다.

1단계: ENTJ의 일반적 특징 이해하기

2단계: ENTJ의 행동 원인이 되는 '마음 설계도' 살펴보기. 이 과정을 통해 ENTJ의 스키마(세상을 이해하고 대처하는 틀)와 중요시 여기는 '가중치 영역'을 이해하기

3단계: 1, 2단계의 정보들을 기반으로 ENTJ와의 효과적인 소통법 학습하기

1단계: ENTJ의 일반적 특징 이해하기

ENTJ의 별명

•사령관, 지도자형

ENTJ는 카리스마 넘치는 리더이다. 장기적인 안목을 토대로 큰 그림을 그리고 전략적으로 이끌어가는 사령관의 모습을 떠올리면 된다. 사령관은 부분보다는 전체를 보고 리더십을 발휘해야 하는 사람이다. 이들에게는 전체적인 흐름, 거시적 안목, 비전, 목적 등이 매우 중요하다. 이들은 몇 가지 행동이나 제도가 아닌 전체적인 구조와 운영 원리를 통제하고 관리하려고 한다.

•유아독존(唯我獨尊)

유아독존은 직역하면 '오직 나만 뛰어나다'로 해석될 수 있다. ENTJ는 전체적인 맥락과 논리를 중심으로 자신의 주장을 공격적으로 펼치는 사람이다. 그러한 흐름을 이해하지 못한 사람의 의견을 인정하지 않는 경향이 매우 강하다.

•고독한 개척자

ENTJ를 자기주장이 강한 사람으로만 이해해서는 곤란하다. 강력한 주장의 이면에는 자신만의 '논리적이고 분석적인 개념'에 근거한 '확고한 신념'이 전제되어 있기 때문이다. 따라서 이들의 말을 제대로 이해하려면 어떤 개념적 구조와 전제를 가지고 있는지를 알아야 한다. 이들은 자신만의 철학에 근거한 원칙과 그것을 현실세계에 구체화하기 위한 전략을 가지고 있다. 큰 그림을 그리고 비전과 전략을 세우기 때문에 함께하는 사람들이 생각을 다 이해하지 못하는 경우가 많다. 그래서 고독한 개척자로 불리는 것이다.

•카리스마

큰 그림과 비전을 제시할 뿐 아니라 그것을 전략적으로 제시하고 매우 추진력 있게 이끌어가는 모습에서 사람들은 강력한 카리스마를 느낀다. ENTJ는 비전을 가지고 사람들을 활력적으로 이끌어가는 사람이다.

ENTJ의 장점

•비전과 방향성 제시

ENTJ는 일의 목적과 의미, 방향성을 제시하는 사람이다. 큰 그림을 그리고 비전을 제시하며 뚜렷한 방향을 안내함으로써 리더십을 발휘하려 한다. 팔로워일 경우 조직의 비전, 전체 흐름과 맥락을 잘 파악한다. 이들은 늘 전체를 아우르려는 모습을 보인다. 자신이 맡은 업무 외에도 전체의 업무 흐름과 연결성을 확인하고 싶어 한다.

•뛰어난 전략가

ENTJ는 매우 전략적인 사람이다. 큰 그림 안에서 비전을 세우고 방향을 제시할 뿐 아니라 그것을 달성하기 위한 장단기 계획을 세우려 한다. 자신만의 개념적 모델을 만들고 그것을 토대로 여러 요소들을 종합하여 전략을 수립한다. ENTJ는 독립적으로 자신의 전략을 수립하고 실행할 수 있는 환경에서 가장 일을 잘한다. 논리를 기반으로 전략적 토론과 분석을 할 수 있는 환경을 선호한다.

• 지적 호기심과 아이디어

지적 호기심이 많아서 새로운 이론이나 지식에 관심이 많다. 그러한 지식들을 자신만의 논리로 개념화하고 이론화하는 것을 잘한다. 여러 지식을 연결하여 새로운 아이디어를 탐색하고 자신만의 방식으로 복잡한 문제를 해결하려 한다(논리적 추론에 강함). ENTJ는 기본적으로 전문적 지식이나 기술을 습득하는 것을 선호하며 특정 분야에서 대체 불가한 전문가로 성장하기를 원한다.

• 시스템과 구조화

비논리적이고 비율적인 절차와 구조를 손쉽게 찾아낸다(ENTJ는 패턴을 잘 파악한다). 비전과 목적, 전략에 맞게 사람, 절차, 상황 등이 적절하게 개선될 수 있도록 체계화시키고자 한다. ENTJ는 시스템과 구조를 통해 문제를 해결하는 사람이다.

• 추진력과 목표 달성

ENTJ는 매우 적극적이고, 행동지향적이며, 자신감 넘치는 모습을 보여준다. 이들은 주도적, 목표지향적으로 업무에 임한다. 강력한 추진력으로 약속한 시점에 결과물을 산출한다. 이들은 높은 수준의 성취를 이루기 위해 도전적인 태도를 취하기 때문에 목표 이상의 결과물을 보여줄 때도 많다.

• 단호한 의사결정 능력

ENTJ는 솔직하고 단호한 사람이다. 애매모호하거나 우물쭈물한 것과는 거리가 멀다. 이들은 논리와 분석에 입각하여 신속하게 결단을 내린다.

ENTJ의 개선점

• 경청에 약함

ENTJ는 과유불급을 주의해야 한다. 자신의 전략적 판단에 대한 자신감이 과할 경우 타인의 의견을 무시할 수 있기 때문이다. 또한 업무 중심적으로만 접근하다 보면 다른 사람들의 감정과 기여, 요구 등을 간과할 수 있다. 사람은 기계가 아니라는 점을 명심할 필요가 있다.

•강압적, 독단적 태도

자신의 생각에 확신이 있고 추진력이 뛰어나기 때문에 강하게 밀어붙이는 경향이 있다. 그렇다 보니 강압적, 독단적 태도로 치우칠 때도 적지 않다. 아무리 탁월한 전략과 계획이 있다 할지라도 함께하는 이들이 이해하고 공감하는 시간이 필요하다는 점을 기억해야 한다.

•사람에 대한 인내심이 약함

자신이 생각하는 큰 그림의 비전을 잘 이해하지 못하거나 그 흐름을 잘 따라오지 못하는 사람에 대한 인내심이 부족하다. 무능하다고 판단되는 사람들과 일하는 것을 매우 힘들어한다. 자신의 방식만이 정답이 아닐 수 있음을 기억해야 한다. 사람마다 성과를 내는 패턴과 성공에 대한 기준이 다를 수 있다는 것을 인지하는 것이 중요하다(다양성 존중).

•세부사항을 간과

큰 그림과 비전을 실현하는데 치우쳐서 세부적이고 현실적인 부분들을 놓칠 수 있다. 큰 그림을 향해 나아가는 과정에서의 세부적 필요들을 확인하는 절차가 반드시 필요하다.

2단계: ENTJ의 '마음 설계도' 이해하기

'유미의 세포들'이라는 웹툰이 있다. 드라마로 실사화될 정도로 인기가 많았던 작품이다. 주인공 유미가 연애를 하면서 일어나는 여러 가지 에피소드가 재미있게 묘사되어 있다. 이 작품이 인기가 많았던 가장 큰 요인 중 하나는 유미의 머릿속 세포들을 의인화했기 때문일 것이다. '유미의 세포들'은 유미의 마음속에서 일어나는 반응들을 뇌세포들의 대화를 통해서 그대로 보여준다. 사랑 세포, 이성 세포, 엉큼 세포, 오지랖 세포, 작가 세포 등 다양한 세포들이 등장하며, 이름에서 알 수 있듯이 각 세포들의 개성과 역할은 모두 다르다. 이 웹툰에는 약 70여 종의 세포들이 등장한다.

이러한 수많은 세포들을 진두지휘하며 컨트롤하는 세포가 있는데, 그 세포를 '프라임(Prime) 세포'라고 한다. 프라임 세포는 그 사람을 대표하는 '정체성 세포'라고 할 수 있다. 주인공 유미의 프라임 세포는 사랑 세포다.

각 사람이 가진 프라임 세포의 종류는 다 다르다. 감성 세포가 프라임 세포인 사람도 있고, 이성 세포가 프라임 세포인 사람도 있다. 프라임 세포의 진두지휘하에 여러 세포들이 상호작용하면서 그 사람만의 독특한 반응으로 나타나게 된다.

ENTJ의 프라임 세포를 찾아서

ENTJ의 마음 안에도 '프라임 세포'가 있다. 사실 MBTI는 마음 안에서 일어나는 심리기능 간의 상호작용에 대한 이론이다. 그것을 보다 쉽게 이해할 수 있도록 겉으로 드러나는 행동 위주로 정리해 놓은 것이다. 지금부터 ENTJ의 성격유형 패턴을 만들어내는 '마음의 설계도'를 들여다보려 한다. ENTJ의 설계도를 알게 되면 ENTJ를 더 깊이 있게 이해할 수 있게 된다. ENTJ의 스키마(세상을 이해하고 대처하는 틀)를 알 수 있기 때문이다. 그럼 지금부터 ENTJ의 마음속으로 들어가보자.

ENTJ의 마음 설계도

ENTJ의 마음 설계도에는 4가지의 심리적 세포들이 등장한다. 이 4가지 심리 세포들이 서로 상호작용을 하면서 하나의 패턴을 만들어내는 것이다.

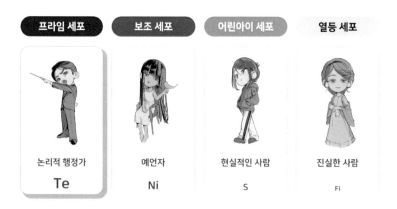

프라임 세포	보조 세포	어린아이 세포	열등 세포
논리적 행정가	예언자	현실적인 사람	진실한 사람
Te	**Ni**	S	Fi

Te, Ni, S, Fi는 ENTJ의 마음 안에서 영향력을 발휘하고 있는 순위라고 생각하면 된다(시각적 효과를 주기 위해 영향력의 순위에 따라 크기를 달리했다). ENTJ의 프라임 세포는 맨 앞쪽에 자리한 Te이다. Te를 중심으로 4가지 기능이 활발하게 역동을 일으키고 있는 것이다.

'유미의 세포들'에서 프라임 세포를 중심으로 세포들의 상호작용이 이루어지듯이, 위의 4가지 심리기능들 역시 Te를 중심으로 서로 상호작용하고 있다. 그 상호작용의 결과가 ENTJ의 성격유형 패턴으로 나타나는 것이다.

지금부터는 '유미의 세포들'에서 각 세포를 의인화했던 것처럼, ENTJ의 심리기능들도 의인화해서 살펴보고자 한다. 웹툰에 나오는 4명의 세포들을 만난다는 느낌으로 읽어보면 좋을 것 같다.

1) ENTJ의 프라임 세포: Te(논리적 행정가)

① Te: 논리적 행정가

Te는 T+e를 의미한다. T는 논리를 기반으로 의사결정을 하는 심리기능이다. e는 '외향형'을 의미하는 그 e다. 한마디로 Te는 'T를 외부로 쓰는 사람'이다. 논리적인 사고를 외부로 사용하면 어떤 모습으로 나타날까? 상황을 객관적으로 분석하고, 구체적인 목표를 세운 다음 그 목표를 달성하기 위해 사람, 시간, 공간 등의 자원을 조직적으로 활용하는 사람을 떠올릴 수 있을 것이다. Te는 최소한의 시간과 노력으로 목표에 도달할 수 있는 효율적 업무 프로세스를 설계하는 것을 좋아한다. 여러 자원을 조직하고 체계화해서 추진력 있게 목표를 달성하는 '논리적 행정가'의 모습을 떠올려보면 이해가 쉬울 것이다.

Te는 ENTJ의 '프라임 세포' 역할을 한다. ENTJ의 마음 안에서 가장 큰 영향력을 행사하고 있으며, ENTJ 성격의 전체적인 방향을 결정한다. ENTJ가 가장 신뢰하고, 가치를 두며 의지하는 정신적 세포라고 생각하면 된다. ENTJ는 Te를 중심으로 세상을 감지하고 이해한다. **ENTJ의 '스키마(세상을 이해하고 대처하는 틀)'를 이해하고 '가중치를 두는 영역'을 이해하는 데 필수적인 심리기능**인 셈이다.

② Te: '논리적 행정가'의 특징

- Te는 매우 목표지향적인 사람이다. 목표를 정확하게 정의하고, 이 일을 해야 하는 이유를 명시하려 한다. 또한 목표를 달성하는 데 필요한 사람, 자원, '해야 할 일'과 '하지 말아야 할 일' 등을 분명하게 정의하고 일을 진행하기 원한다. 일의 진행 과정이 합리성에 기초하지 않고 주먹구구식으로 이루어지는 것을 극도로 싫어한다.
- 이들은 대부분의 상황을 '해결해야 할 문제'로 인식하고 접근하는 경향이 있다. 예를 들어 여자친구가 감정적으로 힘들다고 호소하면 안아주고 공감해주기보다는 그런 감정을 느끼는 원인을 파악하고 문제를 해결해주려 한다.
- 이들은 측정 가능한 목표를 선호한다(막연한 기준을 좋아하지 않음). 이러한 면은 조직의 목표와 성과를 관리하는 영역에서 능력을 발휘한다.

- 논리적이고 간결한 의사소통 방식을 선호한다. '첫째, 둘째…
그래서 결론은 -입니다'와 같은 식이다. 바로 본론으로 들어가
는 것을 선호하며 핵심만 간결하게 전달하기를 원한다. 또한
직설적일 때가 많다(F들에게 상처를 줄 수 있음).
- Te는 상황을 통제하고 싶어 한다. 가장 효율적인 업무 진행
방법을 알고 있다고 생각하기 때문에 일이 효율적으로 진행되
지 못하는 것을 매우 답답해한다. 그래서 지시를 받기보다는
'지시할 수 있는 역할'을 선호한다. 이러한 특성 때문에 자신의
역할과 상관없이 책임을 떠맡으려 할 때가 많다(답답한 것보다
는 직접 관리하는 것이 낫다는 판단).
- 어떤 문제가 발생했을 때 그 문제가 발생하는 원인을 파악해
서 그에 대한 기준과 원칙을 정하기 원한다(시스템과 구조를 통
한 문제 해결).

③ ENTJ의 에너지원: '가중치'를 크게 두는 영역
- Te는 ENTJ가 '가장 중시하는' 기능이므로 ENTJ가 활력을 얻
는 '에너지원'으로 작용한다.
- 논리적 절차, 효율성, 효과성이 중시되는 업무 환경에서 활력
을 느낀다. 논리적인 언어로 편하게 토론하고 평가할 수 있을
때 심리적 안정감을 느낀다.

- 잘 규정되고 구조화된 환경에서 일할 때 몰입감을 경험한다. 시스템과 구조를 통해 예측 가능한 환경을 구축하기 원한다.
- 높은 성취 기준과 도전적 분위기, 전문성을 기반으로 이론, 개념 등에 대해 토론을 하면서 높은 성과를 달성할 수 있을 때 만족감을 느낀다.
- 자신의 비전과 전략적 관점을 자유롭게 실행할 수 있는 리더의 위치에서 편안함을 느낀다.

④ ENTJ의 스트레스원: '가중치'가 충족되지 않았을 때
- 반대로 Te적 요소가 충족되지 않거나 Te와는 반대되는 역할이 요구될 때 이들은 스트레스를 받는다.
- 제대로 정의되지 않은 기준과 절차, 비논리적인 업무 체계, 구조화되지 않은 환경에서 스트레스를 받는다.
- (자신과 타인의) 무능함을 느낄 때 스트레스를 경험한다. 특히 큰 그림의 비전, 전략적 흐름 등을 이해하지 못한 사람들과 일할 때 매우 힘들어할 수 있다.
- 논리적 토론이 어려운 상황에서 스트레스를 받는다. 업무에 대해서 논할 때 개인적이고 감정적인 면을 우선시하는 대화 방식에서 큰 스트레스를 받을 수 있다.
- 무엇보다 이러한 비논리적, 비효율적 상황을 통제할 수 없는

위치에 있을 때 가장 큰 스트레스를 경험한다.

2) ENTJ의 보조 세포: Ni(예언자)

Ni는 ENTJ의 프라임 세포인 Te를 도와서 ENTJ만의 강점 패턴을 만드는 심리기능이다.

Ni는 N+i를 의미한다. N은 직관을 통해 정보를 인식하는 심리기능이다. 현실, 사실보다는 아이디어, 이면의 의미, 미래, 패턴 등에 초점을 둔다. i는 '내향형'을 의미하는 그 i다. 한마디로 Ni는 'N을 내부로 쓰는 사람'이다. 영감처럼 나타나는 직관적 통찰력을 바탕으로 세상을 바라보고 해석하는 사람이다. 그래서 '예언자'라는 별명으로 불린다. 예언자는 이면에 내재되어 있는 패턴을 잘 파악하며, 직관적 통찰을 바탕으로 미래를 예측한다.

Ni는 Te를 보완하여 장기계획과 비전을 세우고 전략을 개발하는 것을 돕는다(현재와 미래 속에 내재된 패턴과 가능성을 파악). ENTJ가 큰 그림을 그리고 여러 요소들을 종합하여 전략을 세우는 것에 능숙한 이유는 '보조 세포'인 Ni 때문이다.

ENTJ의 강점 패턴은 'Te(논리적 행정가)'와 'Ni(예언자)'의 '콜라보레이션'에서 기인된 것이다.

3) ENTJ의 어린아이 세포: S(현실적인 사람)

S는 ENTJ의 약점 패턴을 만드는 심리기능이다. '어린아이'처럼 미숙하고 잘 발달하지 못한 심리기능이다.

S는 오감을 통해 정보를 인식하는 현실적, 실용적인 심리기능이다. ENTJ는 현실적이고 실용적인 것을 고려하는 것에 미숙함을 보일 때가 많으며, 일상적인 현실 감각이 부족하다. ENTJ가 목표를 달성하기 위해 필요한 세부사항과 단계들을 종종 놓치는 이유는 S 기능이 내면의 어린아이 세포로 작용하기 때문이다.

4) ENTJ의 열등 세포: Fi(진실한 사람)

Fi는 ENTJ의 가장 큰 약점 패턴을 만드는 심리기능이다. ENTJ의 프라임 세포인 Te와 정반대의 기능이다. 가장 미숙하고 발달하지 않은 열등한 심리기능이다.

Fi는 F+i를 의미한다. F는 감정과 관계를 기반으로 의사결정을 하는 심리기능이다(상황을 '개인화'함). i는 '내향형'을 표현하는 바로 그 i다. Fi는 이 둘의 의미가 더해졌다고 생각하면 이해하기 쉽다. 말 그대로 Fi는 'F를 내면에서 쓰는 사람'이다. 친화, 온정, 동정, 자비, 존중과 같은 '인간적인 가치'를 중시하며 그에 따라 인생을 살아가기 원한다(밖으로 잘 표현하지는 않음). 자신의 내적 가치를 충실히 지키며 내면의 진실성(Integrity)을 유지하고 싶은 사람의 이미지를 떠올리면 된다(진실한 사람).

ENTJ는 인간적, 감정적인 영향을 고려하는 것에 있어 매우 미숙한 모습을 보인다(존중, 배려와 같은 감정적 요소를 간과하거나 논리에 비해 가중치가 현저히 낮음). 경청, 사람에 대한 인내심 부족 등 정서를 기반으로 한 대인관계 영역에서 큰 약점을 보이는 이유는 Fi가 열등세포로 활동하기 때문이다.

ENTJ의 약점 패턴은 'S(현실적인 사람)'와 'Fi(진실한 사람)'의 '콜라보레이션'에서 기인된 것이다.

ENTJ의 내면 패턴 기억하기

ENTJ의 특징은 내면 설계도에서 나오는 하나의 패턴이다. MBTI 이론의 창시자인 심리학자 칼 융은 우리 마음 안에 '설계도'가 있다고 생각했다. 그러한 심리구조로부터 나타나는 일관된 행동 패턴을 정리한 것이 MBTI다. Te+Ni로부터 ENTJ의 강점 패턴이 나오고 S+Fi로부터 약점 패턴이 나오게 되는 것이다. 이러한 심리구조를 이해하고 ENTJ와의 소통 방법을 살펴보면 훨씬 더 이해가 잘될 것이다.

		활동적, 논리적, 분석적 / 장기 계획에 능함 / 계획하고 조직하고 체계적으로 추진 / 솔직하고 단호한 의사결정 / 통솔력 / 복잡한 문제, 지적 아이디어에 관심 / 논리적 추론에 능함
관심 배터	Te (논리적 행정가) + Ni (예언자)	
악심 배터	S (현실적인 사람) + Fi (진실한 사람)	관념에 집중하므로 사람과 현실 사항에 소홀함 / 속단속결 / 강압적, 독선적이 되기 쉬움 / 경청이 약함 / 자신의 느낌, 감정을 솔직히 인정하고 표현하는 것 필요 / 직설적인 표현주의 / 지나친 일 중심

3단계: ENTJ와 효과적으로 소통하는 법

'프라임 세포'와 '보조 세포'에 주목하기

ENTJ가 프라임 세포인 Te(논리적 행정가), 보조 세포인 Ni(예언자)를 중심으로 '스키마(세상을 이해하고 대처하는 틀)'를 형성하고 있다는 점에 주목하자. 프라임 세포는 ENTJ가 '가장 신뢰하고 의지하는 심리기능'이다. 이는 '해석의 틀'로 작용한다. 이러한 프라임 세포를 보조 세포인 Ni가 보조하면서 ENTJ만의 스키마가 형성된다.

또 하나 기억해야 할 포인트는 '프라임 세포'와 '보조 세포'에 큰 '가중치'가 부여된다는 점이다. 즉, Te(논리적 행정가)와 Ni(예언자)는

ENTJ가 중요시하고 가치 있게 여기는 심리기능이기 때문에 이 부분이 무시되거나 존중받지 못한다고 느낄 때 심각한 갈등을 야기할 수 있다. 반대로 그러한 부분을 이해받고 존중받는다고 느낄수록 마음의 문을 열 가능성이 높아진다.

'어린아이 세포'와 '열등 세포'는 주의할 점을 알려준다

ENTJ의 어린아이 세포인 S(현실적인 사람)와 열등 세포인 Fi(진실한 사람)는 '취약성'과 연관된 심리기능이다. ENTJ에게 이 세포들은 미숙할 뿐 아니라 '가중치'가 매우 떨어지는 심리기능이다. 이는 커뮤니케이션의 영역에서도 그대로 나타난다. ENTJ와 S, Fi를 중심으로 대화하면 신뢰를 얻어내기가 어렵다. 예를 들어 당신이 ENTJ에게 단기적이고 실용적인 측면에만 초점을 두고 대화하거나 감정적 호소에 근거한 주장만을 펼친다면 좋지 못한 결과로 이어질 가능성이 매우 높다. 기본적으로 S, Fi의 방식으로 이야기하는 것은 ENTJ의 집중력을 현저히 떨어뜨릴 때가 많다.

'프라임 세포와 보조 세포를 중심으로 대화하는 것'이 주요 포인트라는 사실을 기억하면서 ENTJ와의 소통법을 살펴보자.

ENTJ와의 소통법

1) ENTJ의 일반적 의사소통 스타일(Te+Ni): 스키마 포인트 / 가중치를 두는 영역 파악하기

- 도전적, 주도적이며 전체 상황을 통제해서 신속하게 문제를 해결하려 한다. 주도권을 가지고 다른 사람들을 이끌기 원하며 사람들이 따라주기를 기대한다.
- 논리와 효율성을 토대로 시스템, 프로세스 등을 재구성하려 한다. 기존의 구조와 시스템을 평가하고 비판하며 효율적으로 개선, 발전시키기를 원한다.
- 자신의 의견을 거침없이 표현한다. 성취지향적이며 자신의 지식과 능력을 나타내 보이고 싶어 한다. 토론을 좋아하고 혁신적인 아이디어와 의미에 대해 논쟁하는 것을 선호한다 (감정적 요소를 배제한 논리적 토론을 선호).
- 자신의 논리적 근거를 설명하는 데 대화의 많은 시간을 할애한다.
- 거시적인 안목으로 비전을 제시하며, 비전을 실현하기 위한 장기적이고 전략적인 접근을 선호한다.
- 정보를 통합하고 종합하여, 복잡한 프로젝트를 동시에 관리

할 수 있다.

- 격려하고 동기부여를 하기보다는 통제하고 지시하는 경향이
있다.

- 천천히 늘어지는 것을 참지 못한다. 마감 기한을 넘기거나
준비되지 않은 상태로 회의에 참석하는 것은 ENTJ와의 관계
에 치명적인 영향을 줄 수 있다.

2) ENTJ와의 효과적인 소통 방법(To do): 효과적인 신뢰 구축 방법 이해하기(Te+Ni)

- 핵심에 곧바로 접근하라. 논리에 입각한 의견이라면 바로 본
론으로 들어가도 좋다. ENTJ는 빙빙 돌려 말하는 것을 좋아
하지 않는다.

- 일의 목적과 비전, 그것을 실현하기 위한 장기적인 전략과 계
획이 충분히 이해될 때까지 경청하라(이 부분이 이해가 되지 않
았다고 느끼면 깊이 있는 대화는 어려울 것이다).

- 자신의 제안에 대해 철저히 준비하고 자신감 있는 모습을 보
이라. 상대방이 해당 분야에 전문성을 갖추고 있고 유능하다
고 느낄수록 ENTJ는 더욱 대화에 몰입할 것이다.

- 스스로 연구하고 결론을 도출해낼 수 있는 시간과 환경을

제공하라. 스스로 이해하고 받아들인 제안이 아니라면 이들은 따르지 않을 것이다(몰입도 저하).

- 비판과 도전이 있을 것을 예측하라. ENTJ는 감정이 배제된 논리적 대화를 선호한다. 어떤 형태로든 비판과 의문을 제기하는 반응이 있을 것이라는 것을 예측하라. 감정적으로 반응하지 말고 최대한 논리적으로 차근차근 설명하라.

3) 주의할 점(Not to do): 신뢰를 빠르게 잃는 요인 파악하기(S+Fi)

- 단기적이고, 실용적인 결과만을 강조하지 말 것
- 일을 진행함에 있어 필수적이지 않은 사실과 세부사항을 너무 자세히 다루지 말 것
- ENTJ의 분석과 비판을 개인적인 의미로 받아들이고 반응하지 말 것(감정이 상한 부분이 있다면 어떤 부분 때문에 그랬는지 최대한 논리적으로 설명할 것)
- 감정에 호소하거나 개인적인 어려움을 변명처럼 제시하지 말 것(차라리 어느 부분이 잘못되었는지 깨끗이 인정하고 앞으로 주의하겠다고 하는 것이 나을 수 있음)
- 논리적이지 않은 정보와 의견을 가급적 제시하지 말 것(감정을 표현할 때도 그것을 표현하는 이유와 당위성이 분명할수록 효과적임)

당신이 ENTJ 유형의 사람이라면

소통의 출발점은 항상 '자기와의 대화'이다. 자기 자신을 존중하고 스스로와 건강하게 대화하는 사람이 타인과의 소통도 잘할 가능성이 훨씬 높다. 지금 이 내용을 읽고 있는 당신이 ENTJ라면, 먼저 자기 자신을 건강하게 돌보고 있는지부터 확인하라. 그리고 당신과 함께하는 사람들에게 당신에게 적합한 커뮤니케이션 방법이 무엇인지 적절히 설명할 방법을 생각해보라(함께 이 책을 읽으면서 서로를 존중하는 방법을 찾아가는 것도 좋은 방법이 될 수 있다). 건강한 소통의 출발점은 자신을 이해하고 그것을 건강하게 설명하는 것으로부터 시작된다는 점을 기억하고 꼭 시도해보기 바란다. 어쩌면 생각보다 쉽게 변화의 계기가 만들어질지도 모른다.

가치관, 인성, 태도에 따른 차이를 인식하기

챕터 4에서 이야기했듯이 같은 유형이어도 가치관, 인성, 태도에 따라 큰 차이를 보일 수 있다. 이 세 가지 요인은 성격유형이 발현되는 토양이기 때문이다. 보통 '좋은 사람'이라고 느껴지는 사람은 가치관, 인성, 태도가 좋은 사람이다. MBTI 유형은 그다음 문제다. 같

은 ENTJ라 해도 가치관, 인성, 태도가 좋지 않을수록 '자기중심적'으로 성격특징이 나타날 것이다. 반면 가치관, 인성, 태도가 좋을수록 보다 유연하고 열린 태도를 보일 가능성이 높다.

개인 역량의 차이를 고려해야 한다

같은 MBTI 유형이라고 해서 역량까지 똑같은 것은 아니다. 역량은 해당 분야의 지식과 경험, 기술 등의 기반 위에서 나타나는 것이기 때문이다. 또한 성격유형 이외에도 흥미, 적성, 재능, 가치관, 자존감 등 다양한 내적 특성들이 함께 고려되어야 한다.

MBTI를 커뮤니케이션 영역에 사용하려면 가치관, 인성, 태도, 역량 수준 등에 따라 같은 유형 간에도 차이가 있을 수 있다는 점을 인식하는 것이 필요하다. '인성의 문제'를 'MBTI 유형의 문제'로 일반화할 수 있기 때문이다. 무엇보다 인성, 태도가 건강한 사람을 만나야 그 유형의 전형적인 모습을 제대로 경험할 수 있다.

이해와 존중에 집중하기

사실 MBTI는 16가지 '유형'에 대한 이야기라기보다는 사람을 이해하고 존중하기 위한 16가지 '심리 패턴'에 대한 이야기이다. 사람을 이해하면 이해할수록 성격유형이라는 틀은 점점 더 희미해진다. 유형의 틀보다는 존중의 과정에 더 집중하게 되기 때문이다.

Chapter

18

—

논리적인 브레인스토머
- ENTP

효과적인 커뮤니케이션을 위해서는 먼저 상대방을 이해하는 과정이 선행되어야 한다. 상대방에 대한 이해가 결여된 상태에서 소통 스킬만을 학습하는 것은 오히려 좋지 못한 결과를 초래할 수 있다. 따라서 다음의 3가지 단계를 거쳐서 ENTP와의 소통 방법을 설명하려 한다.

1단계: ENTP의 일반적 특징 이해하기

2단계: ENTP의 행동 원인이 되는 '마음 설계도' 살펴보기. 이 과정을 통해 ENTP의 스키마(세상을 이해하고 대처하는 틀)와 중요시 여기는 '가중치 영역'을 이해하기

3단계: 1, 2단계의 정보들을 기반으로 ENTP와의 효과적인 소통법 학습하기

1단계: ENTP의 일반적 특징 이해하기

ENTP의 별명

• 발명가형, 상상초월

ENTP는 풍부한 상상력을 바탕으로 새로운 것에 도전하는 것을 즐기는 사람이다. 판에 박힌 틀을 깨는 혁신적인 아이디어를 잘 생각해낸다. 일상생활에서도 상식에서 탈피하는 행동을 자주 보여준다. 예를 들어 장롱을 책꽂이로 쓰거나 냉장고를 부엌이 아닌 방 안 침대 옆에 배치하는 식의 창의적 발상을 보여준다("냉장고가 꼭 부엌에 있어야만 해?"라는 식). 이러한 모습이 현실적인 누군가에게는 매우 파격적이고 새로운 행동으로 다가오는 것이다.

• 카오스 이론

카오스 이론이란 복잡하고 불규칙적이어서 미래에 대한 실질적인 예측이 불가능한 양상을 가리킨다(그래서 혼돈 이론이라고도 한다). ENTP는 럭비공처럼 어디로 튈지 예측하기가 어려운 사람이다. 예기치 못한 관점과 질문을 통해 상대방을 당황시킬 때가 많다.

• 맞짱

ENTP는 흐름을 잘 파악할 뿐 아니라 논리적 모순을 잘 발견하는 사람들이다. 또한 자신이 발견한 모순적인 면에 대해 서슴없이 비판한다. 소위 '돌직구'를 잘 날리는 스타일이다. 전통적인 사고방식을 가진 누군가에게는 이런 모습이 상당히 도전적으로 다가올 수 있다.

• 만능 아이디어맨

'가능성, 미래, 꿈, 새로운 것'에 대해 항상 열려 있기 때문에 보통이들은 다방면에 관심과 재능이 많다. 이러한 성향 때문에 보통 한 직장에서 정년퇴직하는 것이 가장 쉽지 않은 사람들이기도 하다. 전공도 자주 바뀌는 경우가 많다. 다재다능하지만 그로 인해 깊이가 결여될 위험도 있는 타입이다.

ENTP의 장점

•새로운 가능성에 열려 있는 독창적 혁신가

변화와 혁신에 개방적이며, 새로운 아이디어를 바탕으로 새로운 프로젝트를 시도하는 것을 좋아한다. 이들은 새로운 일에 도전하는 것을 어려워하지 않는다. 기존의 규칙, 전통, 권위 등이 합리적이지 않다고 판단되면 과감하게 그 틀을 깨려 한다.

•넓은 안목(흐름 파악에 능함)

ENTP는 전반적인 흐름과 맥락을 잘 파악하는 사람이다. 이러한 특성으로 인해 주변으로부터 이해력이 좋고 영리하다는 이야기를 자주 듣는다. 다양한 관점에서 문제에 접근하며 명확하지 않은 일의 흐름을 잘 파악한다. 관련 있는 여러 요소들을 폭넓게 고려하여 통합적 관점에서 문제를 해결하려 한다.

•개념적 틀을 만들고 전략적으로 접근함

이론적이고 개념적이면서 호기심이 많다. 어렵고 복잡해 보이는 문제를 맡아 자신만의 독특한 방식으로 해결해나가는 것을 선호한다(기존의 방식이 아닌 새롭고 혁신적인 방법을 찾음). 개념적 틀을 만들고 전략적으로 접근하여 자신만의 해결 방안을 제시한다.

• 논리적 분석과 비판을 잘함

자신만의 논리적 관점을 바탕으로 상황을 해석하고 비판한다. ENTP는 논리적인 사람이다. 타인이 제시하는 해결책, 의견에 대해 기본적으로 의문을 갖고 비판적 관점으로 분석한다. 그러한 분석을 기반으로 쟁점이나 문제에 대해 다양한 관점을 제공한다. ENTP는 논리를 기반으로 한 난상토론을 즐긴다. 자유로운 분위기에서 다양한 의견을 나누는 것을 선호하며 그러한 분위기를 잘 만든다.

• 자신감, 열정, 활기가 넘치는 사람

ENTP는 자신감과 열정이 넘치는 사람이다. 새로운 도전을 하는 것에 거침이 없고 열정적이고 활기찬 모습을 보여준다. 이러한 모습은 다른 사람들의 생각과 행동에도 자극을 줄 때가 많다.

ENTP의 개선점

• 아이디어만 제시하고 실행에는 관심이 거의 없음

새로운 관점, 아이디어를 제시하는 것은 좋아하지만 막상 그 아이디어가 실행되는 단계에서는 에너지가 급격하게 떨어지는 경향이 있다. 그래서 종종 '아이디어는 좋으나 불성실하다'라는 평을 듣기도 한다.

• 세부사항, 일상적인 것들을 가벼이 여김

새롭지 않은 일상적인 것에는 관심이 없어서 세부사항을 경시하거나 일상적인 반복을 지루해한다. 이는 업무에 대한 태도 문제로 이어질 때가 많다. 예를 들어 전달사항을 세세하게 읽지 않고 회의에 참석하거나 정기적으로 전달해야 하는 정보를 누락할 수 있다.

• 이론에 강하나 현실적인 부분이 취약함

이론적이고 개념적인 아이디어가 구체적으로 실현되려면 현실적인 요소들을 세세하게 고려하는 것이 필요하다. ENTP는 이러한 현실적 제약들을 고려하는 것에서 취약성을 보일 때가 많다. 현실적인 우선순위를 세우고 계획을 수립해나가는 연습이 필요하다.

• 타인에 대한 배려 필요

새로운 관점과 아이디어를 잘 받아들이지 못하는 사람을 존중하고 배려하는 것이 필요하다. 특히 타인의 감정을 고려하지 않고 논리적, 직설적으로만 말하는 것을 주의해야 한다. 또한 타인의 노력과 기여를 인정하고 칭찬, 격려하는 것을 연습할 필요가 있다.

2단계: ENTP의 '마음 설계도' 이해하기

'유미의 세포들'이라는 웹툰이 있다. 드라마로 실사화될 정도로 인기가 많았던 작품이다. 주인공 유미가 연애를 하면서 일어나는 여러 가지 에피소드가 재미있게 묘사되어 있다. 이 작품이 인기가 많았던 가장 큰 요인 중 하나는 유미의 머릿속 세포들을 의인화했기 때문일 것이다. '유미의 세포들'은 유미의 마음속에서 일어나는 반응들을 뇌세포들의 대화를 통해서 그대로 보여준다. 사랑 세포,

이성 세포, 엉큼 세포, 오지랖 세포, 작가 세포 등 다양한 세포들이 등장하며, 이름에서 알 수 있듯이 각 세포들의 개성과 역할은 모두 다르다. 이 웹툰에는 약 70여 종의 세포들이 등장한다.

이러한 수많은 세포들을 진두지휘하며 컨트롤하는 세포가 있는데, 그 세포를 '프라임(Prime) 세포'라고 한다. 프라임 세포는 그 사람을 대표하는 '정체성 세포'라고 할 수 있다. 주인공 유미의 프라임 세포는 사랑 세포다.

각 사람이 가진 프라임 세포의 종류는 다 다르다. 감성 세포가 프라임 세포인 사람도 있고, 이성 세포가 프라임 세포인 사람도 있다. 프라임 세포의 진두지휘하에 여러 세포들이 상호작용하면서 그 사람만의 독특한 반응으로 나타나게 된다.

ENTP의 프라임 세포를 찾아서

ENTP의 마음 안에도 '프라임 세포'가 있다. 사실 MBTI는 마음 안에서 일어나는 심리기능 간의 상호작용에 대한 이론이다. 그것을 보다 쉽게 이해할 수 있도록 겉으로 드러나는 행동 위주로 정리해 놓은 것이다. 지금부터 ENTP의 성격유형 패턴을 만들어내는 '마음의 설계도'를 들여다보려 한다. ENTP의 설계도를 알게 되면 ENTP

를 더 깊이 있게 이해할 수 있게 된다. ENTP의 스키마(세상을 이해하고 대처하는 틀)를 알 수 있기 때문이다. 그럼 지금부터 ENTP의 마음속으로 들어가보자.

ENTP의 마음 설계도

ENTP의 마음 설계도에는 4가지의 심리적 세포들이 등장한다. 이 4가지 심리 세포들이 서로 상호작용을 하면서 하나의 패턴을 만들어내는 것이다.

Ne, Ti, F, Si는 ENTP의 마음 안에서 영향력을 발휘하고 있는 순위라고 생각하면 된다(시각적 효과를 주기 위해 영향력의 순위에 따라 크기를 달리했다). ENTP의 프라임 세포는 맨 앞쪽에 자리한 Ne이다. Ne를 중심으로 4가지 기능이 활발하게 역동을 일으키고 있는 것이다.

'유미의 세포들'에서 프라임 세포를 중심으로 세포들의 상호작용이 이루어지듯이, 위의 4가지 심리기능들 역시 Ne를 중심으로 서로 상호작용하고 있다. 그 상호작용의 결과가 ENTP의 성격유형 패턴으로 나타나는 것이다.

지금부터는 '유미의 세포들'에서 각 세포를 의인화했던 것처럼, ENTP의 심리기능들도 의인화해서 살펴보고자 한다. 웹툰에 나오는 4명의 세포들을 만난다는 느낌으로 읽어보면 좋을 것 같다.

1) ENTP의 프라임 세포: Ne(브레인스토머)

① Ne: 브레인스토머

Ne는 N+e를 의미한다. N은 직관을 통해 정보를 인식하는 심리기능이다. 현실, 사실보다는 아이디어, 이면의 의미, 미래, 패턴 등에 초점을 둔다. e는 '외향형'을 의미하는 그 e다. 한마디로 Ne는 'N을 외부로 쓰는 사람'이다. 열린 사고방식으로 자유롭게 브레인스토밍을 즐기는 사람의 이미지를 떠올리면 된다(브레인스토머).

Ne의 초점은 미래에 있다. 이들은 미래의 가능성에 초점을 두고 자신만의 비전을 그리려 한다. '미래의 가능성'에서 의미를 느끼며, 넘치는 에너지와 열정으로 아이디어를 쏟아낸다. 보이지 않는 비전과 이면의 의미를 바탕으로 미래의 모습을 상상하면서 즐거움을 느낀다. 그래서 현실적인 S 유형의 사람들에게는 '뜬구름'을 잡는 사람으로 보이기도 한다.

Ne는 ENTP의 '프라임 세포' 역할을 한다. ENTP의 마음 안에서 가장 큰 영향력을 행사하고 있으며, ENTP 성격의 전체적인 방향을 결정한다. ENTP가 가장 신뢰하고, 가치를 두며 의지하는 정신적 세포라고 생각하면 된다. ENTP는 Ne를 중심으로 세상을 감지하고 이해한다. **ENTP의 '스키마(세상을 이해하고 대처하는 틀)'를 이해하고 '가중치를 두는 영역'을 이해하는 데 필수적인 심리기능**인 셈이다.

② Ne: '브레인스토머'의 특징

- Ne는 거의 모든 상황에서 '다양한 가능성'을 인식한다. 예를 들어 자취를 하는 '브레인스토머'가 이사를 간다면, 다양한 대안을 떠올릴 것이다. 트럭을 빌릴 수도 있고, 이삿짐센터에 맡길 수도 있으며, 아니면 자가용을 이용해서 여러 번 왕복할 수도 있다. 또는 친구들에게 밥을 사주고 도움을 청할 수도 있

을 것이다.

- 새로운 가능성, 대안, 패턴이 자연스럽게 떠오른다. 누군가 논쟁하는 것을 본다면, Ne의 머릿속에는 다양한 해결 방법과 대안이 자연스럽게 떠오를 것이다. 적정선에서 타협하기, 둘 중 한 사람이 이기는 결론 내기, 다양성을 인정하고 마무리하기, 윈윈 해결책 찾기 등 '다양한 옵션'을 생각한다.

- 패턴을 잘 읽어낸다. 한 가지 사실이나 말보다는 그러한 사실들 간에 연결되는 패턴을 인식하기 때문이다. 예를 들어, 논쟁을 보면서 반복되는 패턴이 있음을 쉽게 발견한다.

- 기존의 아이디어들을 결합해서 새롭게 창조한다. '서로 다른 두 종류 이상의 것을 섞어 새롭게 만든 것'이라는 뜻의 '퓨전 (fusion)'은 이들과 매우 잘 어울리는 단어이다.

- 판에 박힌 틀을 깨는 것을 좋아한다. 이들은 브레인스토머라는 별명답게 새로운 도전과 경험을 즐긴다. 예를 들어 보통 사람들이 잘 하지 않는 파격적인 헤어스타일을 시도하는 것이 Ne에게는 그리 어렵지 않은 일이다.

- 새로운 아이디어를 제안하는 것은 즐기지만 막상 그 아이디어가 실행되는 단계에서는 흥미가 급감한다. 그래서 '아이디어는 좋으나 실행력이 약하다'라는 피드백을 받기도 한다.

- 어려운 상황에서도 '긍정적 면'을 잘 찾는다. 이들은 '가능성에

열려 있는 사람들'이다. 현실적으로는 매우 어려운 상황 속에
서도 '괜찮아. 비 온 뒤에 땅은 더 굳게 되어 있어'라는 식으로
미래의 긍정적 가능성에 초점을 두려 한다. 이들은 현실적이
고 사실적인 정보보다는 미래지향적이고 새로운 가능성을 더
중요하게 여긴다.

③ ENTP의 에너지원: '가중치'를 크게 두는 영역

- Ne는 ENTP가 '가장 중시하는' 기능이므로 ENTP가 활력을
  얻는 '에너지원'으로 작용한다.
- '창의적인 접근법'과 '새로운 가능성'을 열정적으로 추구하는
  것을 인정하는 업무 환경에서 활력을 얻는다. 혁신적이고 새
  로운 해결 방안을 창안하는 자유가 주어졌을 때 가장 몰입을
  잘한다.
- '다양성'이 존재하고 변화가 많은 환경에서 에너지를 얻는다.
  불가능해 보이는 문제에 도전하고 문제 해결의 과정을 자유롭
  게 선택하고 진행할 수 있을 때 가장 일을 잘한다(과업 성취에
  있어서의 자율성 보장).
- 자신의 '독창성'과 '재능'을 인정받고 지지받을 때 최상의 모습
  을 보인다. 유연성, 다양성, 변화, 심미적인 자기표현 등을 지
  원하는 환경은 이들의 능력을 극대화하고, 에너지를 증가시

킨다.

- 다양성과 독창성을 존중하는 사람들과 함께 아이디어를 주고 받으면서 자유롭게 토론할 수 있는 분위기에서 심리적 안정감을 느낀다. 자신의 비판적 관점이 합리적인 방식으로 대우받고 존중받을 때 만족감을 느낀다.

④ ENTP의 스트레스원: '가중치'가 충족되지 않았을 때

- 반대로 Ne적 요소가 충족되지 않거나 Ne와는 반대되는 역할이 요구될 때 이들은 스트레스를 받는다.
- 판에 박힌 틀에서 반복되는 업무만을 해야 하는 환경에서 몰입도가 급격히 떨어진다. 새롭고 도전적이지 않은 업무는 이들의 집중력을 저하시킨다.
- 과도한 규칙과 절차들을 강요받을 때 스트레스를 받는다. 특히 독립성과 자율성이 제한되고 세부적인 요구가 많아질수록 스트레스가 가중된다.
- 자신의 독창성, 재능 등을 인정하지 않고 새로운 아이디어에 대해서 부정적인 입장을 보이는 사람들과 함께 일할 때 답답함을 느낀다. 특히 동료나 상사가 자신의 아이디어를 객관적으로 분석하고 평가할 수 있는 능력이 없다고 생각될 때 스트레스를 받는다(무능한 동료, 상사와 일하는 것을 매우 힘들어한다).

2) ENTP의 보조 세포: Ti(논리적 분석가)

Ti는 ENTP의 프라임 세포인 Ne를 도와서 ENTP만의 강점 패턴을 만드는 심리기능이다.

Ti는 T+i를 의미한다. T는 논리를 기반으로 의사결정을 하는 심리기능이다(상황과 자신을 분리해서 판단). i는 '내향형'을 표현하는 바로 그 i다. Ti는 이 둘의 의미가 더해졌다고 생각하면 이해하기 쉽다. 말 그대로 Ti는 'T를 내면에서 쓰는 사람'이다. 자신만의 논리체계로 상황을 관찰하고 해석하는 사람의 이미지를 떠올리면 된다(논리적 분석가). 이들은 상황을 조용히 관찰하고 논리를 바탕으로 심사숙고한다. Ti는 인생을 흥미로운 수수께끼로 여긴다. 그러나 좀처럼 자신의 생각을 표현하지는 않는다. 인간관계에 무관심하며 홀로 자신의 관심사에 몰입한 학자와 같은 심리 세포이다. 마치 어떤 것에도 얽매이지 않을 것 같은 초연한 이미지를 가지고 있다.

Ti는 Ne를 보완하여 아이디어와 계획 실행 과정을 논리적으로 분석하고 평가한다. ENTP가 논리적, 객관적으로 상황을 분석하고 혁신적인 문제 해결 방법을 잘 떠올리는 이유는 '보조 세포'인 Ti 때문이다. 토론에 강하고, 개념적 틀을 만들고 전략적으로 접근하는 능력 역시 Ti가 Ne를 보조하고 도우면서 나타나는 특징이다.

ENTP의 강점 패턴은 'Ne(브레인스토머)'와 'Ti(논리적 분석가)'의 '콜라보레이션'에서 기인된 것이다.

3) ENTP의 어린아이 세포: F(따뜻한 지지자)

F는 ENTP의 약점 패턴을 만드는 심리기능이다. '어린아이'처럼 미숙하고 잘 발달하지 못한 심리기능이다.

F는 감정과 관계를 중심으로 의사결정하는 심리기능이다(상황을 '개인화'해서 받아들임). ENTP는 자신의 결정이 사람들에게 어떤 영향을 미치는지 잘 고려하지 못한다. 다른 사람의 감정을 적절히 배려하는 것에 미숙함을 보인다. ENTP가 종종 직설적인 언어로 상대방에게 상처를 주거나 칭찬, 격려의 표현이 서툰 이유는 F 기능이 내면의 어린아이 세포로 작용하기 때문이다.

4) ENTP의 열등 세포: Si(꼼꼼한 점검자)

Si는 ENTP의 가장 큰 약점 패턴을 만드는 심리기능이다. ENTP의 프라임 세포인 Ne와 정반대의 기능이다. 가장 미숙하고 발달하지 않은 열등한 심리기능이다.

Si는 S+i를 의미한다. S는 오감을 통해 정보를 인식하는 심리기능이다(현실적, 실용적). i는 '내향형'을 표현하는 바로 그 i다. Si는 이 둘의 의미가 더해졌다고 생각하면 이해하기 쉽다. 말 그대로 Si는 'S를 내면에서 쓰는 사람'이다. 오감을 통해 인식된 현실적, 감각적, 구체적인 정보들을 기반으로 꼼꼼하게 하나하나 체크하는 신중한 사람의 이미지를 떠올리면 된다(꼼꼼한 점검자). Si는 세부적인 계획을 세우고 하나하나 구체적으로 실행해 나가는 것에서 강점을 보인다.

ENTP는 현실적 한계를 고려하는 것에 매우 미숙하다. ENTP가 체계적으로 계획을 수립하고 반복, 실행하는 것에서 큰 약점을 보이는 이유는 Si가 열등 세포로 활동하기 때문이다.

ENTP의 약점 패턴은 'F(따뜻한 지지자)'와 'Si(꼼꼼한 점검자)'의 '콜라보레이션'에서 기인된 것이다.

ENTP의 내면 패턴 기억하기

ENTP의 특징은 내면 설계도에서 나오는 하나의 패턴이다. MBTI 이론의 창시자인 심리학자 칼 융은 우리 마음 안에 '설계도'가 있다고 생각했다. 그러한 심리구조로부터 나타나는 일관된 행동 패턴을 정리한 것이 MBTI다. Ne+Ti로부터 ENTP의 강점 패턴이 나오고 F+Si로부터 약점 패턴이 나오게 되는 것이다. 이러한 심리구조를 이해하고 ENTP와의 소통 방법을 살펴보면 훨씬 더 이해가 잘될 것이다.

강점 패턴	 Ne (브레인스토머) + Ti (논리적 분석가)	새롭고 도전적인 문제 해결에 능함 / 넓은 안목(흐름 파악에 능함) / 다재다능 / 독창적 혁신가 / 논쟁에 강함(찬반 어느 쪽에서든) / 박식함 / 열정적 / 활기참
약점 패턴	 F (따뜻한 지지자) + Si (꼼꼼한 점검자)	일상 반복 취약 / 세부사항 경시 / 이론에 강하나 현실 취약 / 아이디어만 제시하고 실행에는 관심이 거의 없음 / 현실적 우선순위에 계획 수립 필요 / 말을 할 때 상대방 감정을 고려해서 할 필요 / 칭찬, 격려, 인정 필요

3단계: ENTP와 효과적으로 소통하는 법

'프라임 세포'와 '보조 세포'에 주목하기

ENTP가 프라임 세포인 Ne(브레인스토머), 보조 세포인 Ti(논리적 분석가)를 중심으로 '스키마(세상을 이해하고 대처하는 틀)'를 형성하고 있다는 점에 주목하자. 프라임 세포는 ENTP가 '가장 신뢰하고 의지하는 심리기능'이다. 이는 '해석의 틀'로 작용한다. 이러한 프라임 세포를 보조 세포인 Ti가 보조하면서 ENTP만의 스키마가 형성된다.

또 하나 기억해야 할 포인트는 '프라임 세포'와 '보조 세포'에 큰 '가중치'가 부여된다는 점이다. 즉, Ne(브레인스토머)와 Ti(논리적 분석가)는 ENTP가 중요시하고 가치 있게 여기는 심리기능이기 때문에 이 부분이 무시되거나 존중받지 못한다고 느낄 때 심각한 갈등을 야기할 수 있다. 반대로 그러한 부분을 이해받고 존중받는다고 느낄수록 마음의 문을 열 가능성이 높아진다.

'어린아이 세포'와 '열등 세포'는 주의할 점을 알려준다

ENTP의 어린아이 세포인 F(따뜻한 지지자)와 열등 세포인 Si(꼼꼼한 점검자)는 '취약성'과 연관된 심리기능이다. ENTP에게 이 세포들은 미숙할 뿐 아니라 '가중치'가 매우 떨어지는 심리기능이다. 이는 커뮤니케이션의 영역에서도 그대로 나타난다. ENTP와 F, Si를 중심으로 대화하면 신뢰를 얻어내기가 어렵다. 예를 들어 당신이 ENTP의 감정에 호소하거나 새로운 자극이 없는 일상적, 현실적 주제로만 대화를 나눈다면 좋지 못한 결과로 이어질 가능성이 매우 높다. 기본적으로 F, Si의 방식으로 이야기하는 것은 ENTP의 집중력을 현저히 떨어뜨릴 때가 많다.

'프라임 세포와 보조 세포를 중심으로 대화하는 것'이 주요 포인트라는 사실을 기억하면서 ENTP와의 소통법을 살펴보자.

ENTP와의 소통법

1) ENTP의 일반적 의사소통 스타일(Ne+Ti): 스키마 포인트 / 가중치를 두는 영역 파악하기

- 자신의 아이디어에 확신을 가지고 자신감 있게 제시한다. 여러 자료를 연결, 통합하여 자신만의 논리를 설득력 있게 제시한다.
- 미래 가능성에 초점을 둔 혁신적 아이디어를 잘 생각해낸다. 열린 사고로 새롭고 시도되지 않은 문제 해결 방식을 선호한다.
- 에너지가 넘치고 열정적이다. 자신의 비전을 실현할 프로젝트에 심취하는 경향이 있다.
- 자유롭고 독립적인 업무 환경을 원한다.
- 논리적 분석을 토대로 문제의 근본 원인을 알아내려 한다 ('왜', '어떻게'를 알고 싶어 함).
- 여러 사실들 간에 연관성을 파악하고 다양한 의견을 빠르게 통합한다.
- 공개 토론하는 것을 선호한다(난상토론의 고수). 자유롭게 비판하고 토론하기를 원한다. 논리적 비판을 개인적으로 받아

들이는 사람들을 잘 이해하지 못한다.

- 반복하는 것을 싫어하고, 세부사항을 설명하는 것을 좋아하
지 않는다(큰 그림 선호).

2) ENTP와의 효과적인 소통 방법(To do): 효과적인 신뢰 구축 방법 이해하기(Ne+Ti)

- 독립적으로 자유롭게 일할 수 있는 환경을 제공하라(틀에 얽매이면 이들의 역량은 급격히 감소한다).
- 논리와 근거를 제시하라. 또한 돌발적인 질문이나 비판이 있을 것을 염두에 두라(어디로 튈지 모르는 럭비공처럼 이들의 질문은 전혀 다른 관점에서 시작될 수 있다). 그러한 도전을 하나의 토론으로 여기는 태도를 보여주면 신뢰도가 급상승할 것이다.
- 큰 그림, 맥락을 파악할 수 있는 정보를 제공하라. 세세한 정보를 설명하는 데 너무 많은 비중을 두지 않는 것이 좋다(이들은 나무보다는 숲에 관심이 있다).
- 자유로운 브레인스토밍 시간을 충분히 제공하라. 기존의 틀에 대해서도 자유롭게 비판할 수 있는 분위기를 감지하면 이들은 더욱 적극적으로 대화에 참여하려 할 것이다.
- 한번 정해진 사안이 변경될 수 있음을 염두에 두라. 이들은

새로운 정보가 인지되면 결정을 번복할 수 있다(새로운 가능성에 열려 있음).

3) 주의할 점(Not to do): 신뢰를 빠르게 잃는 요인 파악하기(F+Si)

- 업무 상황에서 개인적, 감정적인 대화에 초점을 두지 말 것
- 논리적인 근거를 통해 정당성을 확보할 수 없는 정보나 의견을 제시하지 말 것
- 세부적이고 꼼꼼한 지침을 요구하거나, 그런 식으로 상황을 통제하고 관리해달라고 요구하지 말 것(ENTP는 단순 반복, 관리 업무를 매우 싫어한다)
- 일상적이고 간단한 업무에 대해 토론을 요구하지 말 것(굉장히 의미 없는 대화라고 여길 가능성이 큼. 무능한 사람으로 여겨질 수도 있음)
- ENTP가 이미 큰 그림을 파악했다면, 너무 세부적인 사항까지 계속 이야기하지 말 것(꼭 말해야 하는 사안이라면 그 정보를 알아야 하는 주요 이유를 먼저 설명할 것)

당신이 ENTP 유형의 사람이라면

소통의 출발점은 항상 '자기와의 대화'이다. 자기 자신을 존중하고 스스로와 건강하게 대화하는 사람이 타인과의 소통도 잘할 가능성이 훨씬 높다. 지금 이 내용을 읽고 있는 당신이 ENTP라면, 먼저 자기 자신을 건강하게 돌보고 있는지부터 확인하라. 그리고 당신과 함께하는 사람들에게 당신에게 적합한 커뮤니케이션 방법이 무엇인지 적절히 설명할 방법을 생각해보라(함께 이 책을 읽으면서 서로를 존중하는 방법을 찾아가는 것도 좋은 방법이 될 수 있다). 건강한 소통의 출발점은 자신을 이해하고 그것을 건강하게 설명하는 것으로부터 시작된다는 점을 기억하고 꼭 시도해보기 바란다. 어쩌면 생각보다 쉽게 변화의 계기가 만들어질지도 모른다.

가치관, 인성, 태도에 따른 차이를 인식하기

챕터 4에서 이야기했듯이 같은 유형이어도 가치관, 인성, 태도에 따라 큰 차이를 보일 수 있다. 이 세 가지 요인은 성격유형이 발현되는 토양이기 때문이다. 보통 '좋은 사람'이라고 느껴지는 사람은 가치관, 인성, 태도가 좋은 사람이다. MBTI 유형은 그다음 문제다. 같

은 ENTP라 해도 가치관, 인성, 태도가 좋지 않을수록 '자기중심적'으로 성격특징이 나타날 것이다. 반면 가치관, 인성, 태도가 좋을수록 보다 유연하고 열린 태도를 보일 가능성이 높다.

개인 역량의 차이를 고려해야 한다

같은 MBTI 유형이라고 해서 역량까지 똑같은 것은 아니다. 역량은 해당 분야의 지식과 경험, 기술 등의 기반 위에서 나타나는 것이기 때문이다. 또한 성격유형 이외에도 흥미, 적성, 재능, 가치관, 자존감 등 다양한 내적 특성들이 함께 고려되어야 한다.

MBTI를 커뮤니케이션 영역에 사용하려면 가치관, 인성, 태도, 역량 수준 등에 따라 같은 유형 간에도 차이가 있을 수 있다는 점을 인식하는 것이 필요하다. '인성의 문제'를 'MBTI 유형의 문제'로 일반화할 수 있기 때문이다. 무엇보다 인성, 태도가 건강한 사람을 만나야 그 유형의 전형적인 모습을 제대로 경험할 수 있다.

이해와 존중에 집중하기

사실 MBTI는 16가지 '유형'에 대한 이야기라기보다는 사람을 이

해하고 존중하기 위한 16가지 '심리 패턴'에 대한 이야기이다. 사람을 이해하면 이해할수록 성격유형이라는 틀은 점점 더 희미해진다. 유형의 틀보다는 존중의 과정에 더 집중하게 되기 때문이다.

Chapter
19
–
관념세계에 집중하는
지적이고 독립적인 사람
- INTJ

효과적인 커뮤니케이션을 위해서는 먼저 상대방을 이해하는 과정이 선행되어야 한다. 상대방에 대한 이해가 결여된 상태에서 소통 스킬만을 학습하는 것은 오히려 좋지 못한 결과를 초래할 수 있다. 따라서 다음의 3가지 단계를 거쳐서 INTJ와의 소통 방법을 설명하려 한다.

1단계: INTJ의 일반적 특징 이해하기

2단계: INTJ의 행동 원인이 되는 '마음 설계도' 살펴보기. 이 과정을 통해 INTJ의 스키마(세상을 이해하고 대처하는 틀)와 중요시 여기는 '가중치 영역'을 이해하기

3단계: 1, 2단계의 정보들을 기반으로 INTJ와의 효과적인 소통법 학습하기

1단계: INTJ의 일반적 특징 이해하기

INTJ의 별명

• 과학자형

연구실에 틀어박혀 연구에 몰두하는 과학자의 모습을 떠올려보라. INTJ는 과학자와 같이 자신의 관심 분야를 깊게 파고 드는 사람이다. 'INTJ들은 머리가 아프면 수학문제를 푼다'라는 말이 있을 정도로 진지하게 자신만의 논리와 관념세계에 몰두하는 것을 선호한다. 특히 추상적 개념, 이면의 의미와 패턴, 복잡한 원리 등을 잘 이해하고 논리적으로 정리한다. 보통 이들은 특정 분야의 전문가로 활동한다(꼭 과학 과목만을 좋아한다는 의미는 아님. 관심 분야는 다양할 수 있음).

• 지적 카리스마, 날 설득해봐

INTJ는 한 분야를 깊게 파고들어 자신만의 지적인 영역을 형성한다. 그렇게 정교하게 형성된 논리는 쉽게 변하지 않기 때문에 설득하기가 매우 어렵다. 이들은 자신만의 뚜렷한 신념과 비전을 가지고 있으며, 독립적이고 단호하다.

• Not exactly

이들의 내면에는 매우 복잡하게 연결된 논리구조가 있다. 그렇게 정교하게 구축된 논리로 인해 작은 차이까지 인식하고 다름을 인식한다. 학자들이 작은 개념적 뉘앙스까지 지적하면서 토론하는 모습과 유사하다. INTJ는 여러 생각과 개념이 복잡하게 연결된 자신만의 논리와 비전이 있다.

• 로뎅의 생각하는 사람

INTJ는 '생각하는 사람'이다. 앞서 살펴봤던 것처럼 이들은 '관념세계'에서 자신만의 논리를 '개념화'하는 것에 집중한다. 여러 개념들을 자신만의 논리로 전체적으로 연결하고 조합하여 자신만의 비전을 제시한다. 다만 이들의 언어는 관념적이고 추상적이기 때문에 무엇을 말하는지 정확히 이해하기가 매우 어려울 수 있다. 한 가지 단어 안에도 여러 개념들이 함축되어 있는 경우가 많기 때문이다.

INTJ의 장점

• 미래지향적인 전략가

INTJ는 미래를 전략적으로 예측하는 사람이다. 이들은 큰 그림의 비전을 그릴 뿐 아니라 그러한 비전을 달성하기 위한 논리적 시스템을 구축하려 한다. 복잡한 이론과 추상적 개념을 통합하여 자신만의 개념적 틀을 잘 만든다(매우 독창적임). 새로운 관점, 통찰, 비전 등을 잘 제시한다.

• 명철한 분석과 논리

자신의 통찰에 대한 확고한 신념을 가지고 있으며 이를 명확한 사고, 논증, 논리를 활용하여 설득력 있게 제시한다. 어려운 상황을 두려워하지 않고, 미래에 예측되는 복잡한 문제에 대비하여 다양한 요인과 전반적인 이슈를 객관적으로 분석한다.

• 복잡한 문제를 잘 다룸

어려운 문제, 특히 이론이나 시스템과 관련된 문제 해결을 좋아한다. 전체와 부분의 관계를 파악하여 혁신적이고 독특한 해결책을 제시한다(처음 듣는 사람들은 이해하기 어려울 때가 많음). 미래에 발생 가능한 일을 고려하여 현재의 시스템과 방법을 개선하려 한다.

• 목적에 대한 의지와 결단력

목적을 실현하려는 의지가 강하고 결단력과 인내심이 있다. 목적 과 결과를 분명히 하고 다른 사람들도 그 방향에서 벗어나지 않고 나아가도록 촉진한다. 자신이 세운 목표를 흔들림 없이 달성해나가 려 하기 때문에, 필요하다고 판단될 경우 매우 단호하고 강경한 태 도를 보인다. 규율, 규범에 엄격하다.

• 높은 기준

INTJ는 기본적으로 자신과 팀 동료들이 높은 수준의 역량을 갖 추기를 기대하며 전문적인 지식을 추구한다. 이러한 면으로 인해 일 정 수준의 목표를 초과 달성하는 경우가 많다.

• 독립적인 사람

자신만의 논리가 뚜렷할 뿐 아니라 분위기에 눌리지 않고 자기주
장을 잘 펼친다. 이들은 의존적이지 않다. 자신만의 독립성이 존중
받을 때 훨씬 더 일을 잘한다.

INTJ의 개선점

• 독단적 위험(단호하며 고집이 너무 셀 수 있음)

자신만의 관념세계와 논리를 지나치게 확신하여 독단적인 모습
을 보일 수 있다. 자신의 '전략적 관점의 범위 안에 들어오지 않는
내용은 다 틀리다' 하는 식의 독단적 태도를 주의해야 한다. 자신이
인지하지 못한 세부적, 현실적 정보들이 있을 수 있다는 것을 인식
하고 열린 태도를 보이는 것이 필요하다.

• 독선적 일 처리

독단적 태도는 독선적 일 처리로 이어질 수 있다. 팀 프로젝트조

차 일을 나누거나 위임하지 않고 혼자 알아서 처리하려 하거나 자신만의 논리를 내세우며 독선적으로 처리할 수 있다. 조금 더 시간이 걸리더라도 사람들과 함께 성장해나갈 방법을 모색하는 과정 역시 중요하다는 점을 기억해야 한다. 모든 일을 혼자 다 할 수는 없기 때문이다.

• 타인 관점 경시

자신의 비전과 전략적 관점을 바로 이해하지 못한 사람들을 이해하지 못하는 경향이 있다. 자신의 언어가 추상적, 관념적이라는 것과 모든 사람이 자신과 같이 큰 그림과 이면의 의미를 쉽게 이해하고 받아들이는 것은 아니라는 사실을 기억할 필요가 있다. 특히 목적 달성에만 집중하여 구성원들의 감정과 가치 등의 인간적인 면을 간과하는 것을 주의해야 한다.

2단계: INTJ의 '마음 설계도' 이해하기

'유미의 세포들'이라는 웹툰이 있다. 드라마로 실사화될 정도로 인기가 많았던 작품이다. 주인공 유미가 연애를 하면서 일어나는 여러 가지 에피소드가 재미있게 묘사되어 있다. 이 작품이 인기가 많았던 가장 큰 요인 중 하나는 유미의 머릿속 세포들을 의인화했기 때문일 것이다. '유미의 세포들'은 유미의 마음속에서 일어나는 반응들을 뇌세포들의 대화를 통해서 그대로 보여준다. 사랑 세포, 이성 세포, 엉큼 세포, 오지랖 세포, 작가 세포 등 다양한 세포들이 등장하며, 이름에서 알 수 있듯이 각 세포들의 개성과 역할은 모두 다르다. 이 웹툰에는 약 70여 종의 세포들이 등장한다.

이러한 수많은 세포들을 진두지휘하며 컨트롤하는 세포가 있는데, 그 세포를 '프라임(Prime) 세포'라고 한다. 프라임 세포는 그 사람을 대표하는 '정체성 세포'라고 할 수 있다. 주인공 유미의 프라임 세포는 사랑 세포다.

각 사람이 가진 프라임 세포의 종류는 다 다르다. 감성 세포가 프라임 세포인 사람도 있고, 이성 세포가 프라임 세포인 사람도 있다. 프라임 세포의 진두지휘하에 여러 세포들이 상호작용하면서 그 사람만의 독특한 반응으로 나타나게 된다.

INTJ의 프라임 세포를 찾아서

INTJ의 마음 안에도 '프라임 세포'가 있다. 사실 MBTI는 마음 안에서 일어나는 심리기능 간의 상호작용에 대한 이론이다. 그것을 보다 쉽게 이해할 수 있도록 겉으로 드러나는 행동 위주로 정리해놓은 것이다. 지금부터 INTJ의 성격유형 패턴을 만들어내는 '마음의 설계도'를 들여다보려 한다. INTJ의 설계도를 알게 되면 INTJ를 더 깊이 있게 이해할 수 있게 된다. INTJ의 스키마(세상을 이해하고 대처하는 틀)를 알 수 있기 때문이다. 그럼 지금부터 INTJ의 마음속으로 들어가보자.

INTJ의 마음 설계도

INTJ의 마음 설계도에는 4가지의 심리적 세포들이 등장한다. 이 4가지 심리 세포들이 서로 상호작용을 하면서 하나의 패턴을 만들어내는 것이다.

프라임 세포	보조 세포	어린아이 세포	열등 세포
예언자	논리적 행정가	따뜻한 지지자	맛집 탐방가
Ni	Te	F	Se

Ni, Te, F, Se는 INTJ의 마음 안에서 영향력을 발휘하고 있는 순위라고 생각하면 된다(시각적 효과를 주기 위해 영향력의 순위에 따라 크기를 달리했다). INTJ의 프라임 세포는 맨 앞쪽에 자리한 Ni이다. Ni를 중심으로 4가지 기능이 활발하게 역동을 일으키고 있는 것이다.

'유미의 세포들'에서 프라임 세포를 중심으로 세포들의 상호작용이 이루어지듯이, 위의 4가지 심리기능들 역시 Ni를 중심으로 서로 상호작용하고 있다. 그 상호작용의 결과가 INTJ의 성격유형 패턴으로 나타나는 것이다.

지금부터는 '유미의 세포들'에서 각 세포를 의인화했던 것처럼, INTJ의 심리기능들도 의인화해서 살펴보고자 한다. 웹툰에 나오는 4명의 세포들을 만난다는 느낌으로 읽어보면 좋을 것 같다.

1) INTJ의 프라임 세포: Ni(예언자)

① Ni: 예언자

Ni는 N+i를 의미한다. N은 직관을 통해 정보를 인식하는 심리기능이다. 현실, 사실보다는 아이디어, 이면의 의미, 미래, 패턴 등에 초점을 둔다. i는 '내향형'을 의미하는 그 i다. 한마디로 Ni는 'N을 내부로 쓰는 사람'이다. 영감처럼 나타나는 직관적 통찰력을 바탕으로 세상을 바라보고 해석하는 사람이다. 그래서 '예언자'라는 별명으로 불린다. 예언자는 이면에 내재되어 있는 패턴을 잘 파악하며, 직관적 통찰을 바탕으로 미래를 예측한다.

Ni는 기본적으로 '정신세계가 복잡한 사람'이라는 인상을 준다. 또한 자신의 통찰에 대한 확고한 믿음이 있어 설득하기가 쉽지 않다.

Ni는 INTJ의 '프라임 세포' 역할을 한다. INTJ의 마음 안에서 가장 큰 영향력을 행사하고 있으며, INTJ 성격의 전체적인 방향을 결정한다. INTJ가 가장 신뢰하고, 가치를 두며 의지하는 정신적 세포라고 생각하면 된다. INTJ는 Ni를 중심으로 세상을 감지하고 이해한다. **INTJ의 '스키마**(세상을 이해하고 대처하는 틀)'**를 이해하고 '가중치를 두는 영역'을 이해하는 데 필수적인 심리기능**인 셈이다.

② Ni: '예언자'의 특징

- '직관적으로 떠오르는 통찰력'이 있다. 예를 들어 어디선가 전화가 걸려올 때 누군지 알 것 같다거나 누군가를 보면 '상처가 많은 사람 같다' 하는 식이다. 노벨 물리학상 수상자인 리처드 파인만은 "내가 문제를 푸는 과정을 보면 수학으로 해결하기 전에 어떤 그림 같은 것이 눈앞에 계속 나타나서 시간이 흐를수록 정교해졌다"라고 말했는데 이러한 역할을 하는 심리 세포이다.

- 현실적으로는 아무런 연관이 없어 보이는 '내재적 패턴'과 '연결'을 본다. 어떤 사람을 보며 "선한 마음을 가지고 있어서 앞으로 더 좋은 사람들을 많이 만날 것 같네요"와 같은 식이다. Ni가 예언자(미래를 내다보는 사람)이라고 불리는 이유다.

- 다양한 관점을 반영한다. 만약 Ni가 여러 사람이 토론하는 것을 듣고 있는 상황이라면 거기에 참여한 여러 사람의 관점을 동시에 인식할 것이다. 이들은 다양한 관점에서 상황을 바라본다. 그리고 그러한 다양한 관점을 '자신만의 통합된 이미지'로 정리하려고 한다. 그렇게 정리된 후에야 자신의 인식을 신뢰하고 어떤 행동을 취한다(Ni의 내면세계는 매우 복잡하다. '내 속엔 내가 너무도 많아').

- 이미지, 심볼(Symbol)을 통해 활력을 느낀다. 이미지나 심볼

은 Ni에게 매우 중요한 커뮤니케이션 수단이다. 여러 직관적인 요소들을 함의하고 있기 때문이다. 예를 들어 소설을 읽으면서 자기 자아의 모습이라고 느낀다거나 그림을 보면서 말로 표현할 수 없는 영감을 느낀다.

- 추상적, 관념적인 언어를 잘 사용하며, 비유적인 표현을 즐긴다. '당신을 색깔로 표현한다면? 그 이유는 무엇인가? 그 색깔은 어떤 감정을 주로 느끼는가?'라는 질문을 던진다면 Ni는 어렵지 않게 대답을 할 것이다.

- 이면에 있는 의미나 숨겨진 의미를 해석한다. '비가 올 것 같네'라는 말을 들으면 '저 말을 왜 나한테 하지? 우울함을 표현하고 싶은 건가?'라는 식으로 이면의 의도와 숨겨진 의미를 해석하려 한다. 이들에게는 문자 그대로의 사실만 생각하는 것이 매우 어려운 일일 수 있다. 항상 자연스럽게 자신의 관점에서 재해석하려 한다.

③ INTJ의 에너지원: '가중치'를 크게 두는 영역
  - Ni는 INTJ가 '가장 중시하는' 기능이므로 INTJ가 활력을 얻는 '에너지원'으로 작용한다.
  - 비전, 장기적 전략, 문제에 대한 자신의 창의적인 통찰과 분석을 가치 있게 여기고 존중받는 환경에서 활력을 얻는다. 특히

자신의 전략적 관점을 잘 이해하고 반응해주는 상사, 동료가 있을 때 심리적 안정감을 느낀다. 이들은 원대한 목적을 공유하고 높은 성취 기준을 가진 역량 있는 동료와 함께 일하기 원한다.

- 자신의 전문성이 존중받고, 기존의 것을 넘어서는 혁신적 문제 해결 능력을 발휘할 수 있을 때 몰입감을 느낀다.

- 조직화되고 구조화되어 있으면서도 동시에 독립성과 자율성이 보장된 업무 환경을 선호한다. 이들은 자신만의 시간과 공간 안에서 차분히 생각을 정리하고 전략을 세울 수 있는 환경을 원한다.

④ INTJ의 스트레스원: '가중치'가 충족되지 않았을 때

- 반대로 Ni적 요소가 충족되지 않거나 Ni와는 반대되는 역할이 요구될 때 이들은 스트레스를 받는다.

- 자신의 직관적 통찰력을 활용할 수 없는 업무를 해야 할 때 몰입도가 급격히 떨어진다. 단순 반복되는 업무나 그와 관련된 세부사항을 다루는 일만 해야 하는 상황에서 스트레스를 받는다.

- 비전, 장기 전략, 혁신적 해결책 등 자신의 관점을 이해하지 못하는 무지하고, 비이성적이고, 비논리적인 상사, 동료와 일

할 때 상당히 스트레스를 받는다. 자신의 기준에서 역량, 성취도가 낮은 사람과 함께 일하는 것이 이들에게는 매우 힘든 일이다.

- 자율성과 독립성이 보장되지 않을 뿐 아니라 매우 시끄럽고 비구조화된 환경에서 스트레스를 받는다.

2) INTJ의 보조 세포: Te(논리적 행정가)

Te는 INTJ의 프라임 세포인 Ni를 도와서 INTJ만의 강점 패턴을 만드는 심리기능이다.

Te는 T+e를 의미한다. T는 논리를 기반으로 의사결정을 하는 심리기능이다. e는 '외향형'을 의미하는 그 e다. 한마디로 Te는 'T를 외부로 쓰는 사람'이다. 논리적으로 목표를 세우고 그 목표에 맞게 사람, 시간, 공간 등의 자원을 조직적으로 통제하려는 사람의 이미지를 떠올리면 된다(논리적 행정가).

Te는 Ni를 보완하여 추상적 아이디어들이 미래 비전, 장기 전략 등의 논리적 형태로 정리되고 구조화되도록 돕는다. 또한 그러한 계획들이 실행될 수 있도록 외부세계를 논리적으로 조직하고 체계화하려 한다. INTJ가 업무 중심인 이유는 '보조 세포'인 Te 때문이다. 이들은 과업 성취에 초점을 둔다.

INTJ의 강점 패턴은 'Ni(예언자)'와 'Te(논리적 행정가)'의 '콜라보레이션'에서 기인된 것이다.

3) INTJ의 어린아이 세포: F(따뜻한 지지자)

F는 INTJ의 약점 패턴을 만드는 심리기능이다. '어린아이'처럼 미숙하고 잘 발달하지 못한 심리기능이다.

F는 감정과 관계를 중심으로 의사결정하는 심리기능이다. INTJ는 자신의 결정이 사람들에게 어떤 영향을 미치는지 잘 고려하지 못한다. INTJ는 정서적이고 관계적인 부분에서 취약성을 드러낼 때가 많다. INTJ가 정서적 지지와 칭찬에 인색하고 타인의 감정을 배려하는 것에서 어려움을 느끼는 이유는 마음속에서 F가 어린아이 세포로 활동하고 있기 때문이다. INTJ는 기본적으로 정서적 교류에 기반한 인간관계에 큰 가중치를 부여하지 않는다.

4) INTJ의 열등 세포: Se(맛집 탐방가)

Se는 INTJ의 가장 큰 약점 패턴을 만드는 심리기능이다. INTJ의 프라임 세포인 Ni와 정반대의 기능이다. 가장 미숙하고 발달하지 않은 열등한 심리기능이다.

Se는 S+e를 의미한다. S는 오감을 통해 정보를 인식하는 심리기능이다(현실적, 실용적). e는 '외향형'을 표현하는 바로 그 e다. Se는 이 둘의 의미가 더해졌다고 생각하면 이해하기 쉽다. 말 그대로 Se는 'S를 외부로 쓰는 사람'이다. 오감을 외부로 사용하여 현실적인 정보를 인식하는 사람의 모습을 떠올려보라. 맛집, 사고 싶은 옷, 패러글라이딩같이 실제 존재하고 경험할 수 있는 것들이 Se의 관심 대상이다. 이들은 늘 현재를 경험하고 즐기기 원한다. 따라서 '먹고 마시고 즐기자'가 Se의 자연스러운 슬로건이 된다. 맛집을 탐방하는 활동적이고 충동적인 사람의 모습을 상상하면 된다(맛집 탐방가).

INTJ는 지금 현재 일어나고 있는 눈앞의 현실적 사항들을 고려하는 것에 매우 미숙하다. 예를 들어 식사를 하면서도 내적 생각(비전, 목적, 전략, 추상적, 관념적 생각 등)에 집중한다.

INTJ의 약점 패턴은 'F(따뜻한 지지자)'와 'Se(맛집 탐방가)'의 '콜라보레이션'에서 기인된 것이다.

INTJ의 내면 패턴 기억하기

INTJ의 특징은 내면 설계도에서 나오는 하나의 패턴이다. MBTI 이론의 창시자인 심리학자 칼 융은 우리 마음 안에 '설계도'가 있다고 생각했다. 그러한 심리구조로부터 나타나는 일관된 행동 패턴을 정리한 것이 MBTI다. Ni+Te로부터 INTJ의 강점 패턴이 나오고 F+Se로부터 약점 패턴이 나오게 되는 것이다. 이러한 심리구조를 이해하고 INTJ와의 소통 방법을 살펴보면 훨씬 더 이해가 잘될 것이다.

강점 패턴	Ni (예언자) + Te (논리적 행정가)	강한 내적 신념과 비전(설득 어려움) / 목적에 대한 의지와 결단력 / 복잡한 문제를 다루기 좋아함 / 냉철한 분석 / 자기 논리가 뚜렷함 / 분위기에 눌리지 않고 본질을 파헤침
약점 패턴	F (따뜻한 지지자) + Se (맛집 탐방가)	일과 사생활 균형 필요 / 팀으로 일해보는 경험 필요 / 독단적 위험(단호하며 고집이 너무 셈) / 목적 중시로 타인 관점 경시 / 타인 감정 배려 소홀하고 잘 인지하지 못함 / 독선적 처리 스타일 / 지나친 자기 확신

3단계: INTJ와 효과적으로 소통하는 법

'프라임 세포'와 '보조 세포'에 주목하기

INTJ가 프라임 세포인 Ni(예언자), 보조 세포인 Te(논리적 행정가)

를 중심으로 '스키마(세상을 이해하고 대처하는 틀)'를 형성하고 있다는 점에 주목하자. 프라임 세포는 INTJ가 '가장 신뢰하고 의지하는 심리기능'이다. 이는 '해석의 틀'로 작용한다. 이러한 프라임 세포를 보조 세포인 Te가 보조하면서 INTJ만의 스키마가 형성된다.

또 하나 기억해야 할 포인트는 '프라임 세포'와 '보조 세포'에 큰 '가중치'가 부여된다는 점이다. 즉, Ni(예언자)와 Te(논리적 행정가)는 INTJ가 중요시하고 가치 있게 여기는 심리기능이기 때문에 이 부분이 무시되거나 존중받지 못한다고 느낄 때 심각한 갈등을 야기할 수 있다. 반대로 그러한 부분을 이해받고 존중받는다고 느낄수록 마음의 문을 열 가능성이 높아진다.

'어린아이 세포'와 '열등 세포'는 주의할 점을 알려준다

INTJ의 어린아이 세포인 F(따뜻한 지지자)와 열등 세포인 Se(맛집 탐방가)는 '취약성'과 연관된 심리기능이다. INTJ에게 이 세포들은 미숙할 뿐 아니라 '가중치'가 매우 떨어지는 심리기능이다. 이는 커뮤니케이션의 영역에서도 그대로 나타난다. INTJ와 F, Se를 중심으로 대화하면 신뢰를 얻어내기가 어렵다. 예를 들어 당신이 INTJ에게 정서적으로 교감하는 것에 집중하고 목적, 전략 등과 상관없는 현실적 정보만 나열한다면 좋지 못한 결과로 이어질 가능성이 매우 높다. 기본적으로 F, Se의 방식으로 이야기하는 것은 INTJ의 집중력을 현저히 떨어뜨릴 때가 많다.

'프라임 세포와 보조 세포를 중심으로 대화하는 것'이 주요 포인트라는 사실을 기억하면서 INTJ와의 소통법을 살펴보자.

INTJ와의 소통법

1) INTJ의 일반적 의사소통 스타일(Ni+Te): 스키마 포인트 / 가중치를 두는 영역 파악하기

- 업무 중심적인 대화를 선호한다(차갑고 무뚝뚝한 느낌). 목적, 목표, 전략과 같은 큰 그림과 이면의 패턴을 다루는 주제로 이야기하기 원한다.
- 핵심 포인트가 강조된 논리적인 의사소통을 원한다.
- 미래, 혁신, 아이디어 등에 초점을 두고 문제를 해결하려 한다.
- 전체와 부분을 전반적으로 고려한 체계적이고 폭넓은 사고 방식으로 문제에 접근한다.

- 비전을 제시하고, 혁신적인 가능성과 광범위한 해결책을 함께 고려한다.
- 독립적인 느낌이 강하며, 자신의 아이디어와 통찰에 대한 확신이 강하다.
- 사람들이 자신의 비전과 통찰을 이해하지 못할 때 불편함을 느낀다('이렇게 분명한 그림이 이해가 안 되나?').

2) INTJ와의 효과적인 소통 방법(To do): 효과적인 신뢰 구축 방법 이해하기(Ni+Te)

- 독립적으로 일할 수 있는 시간과 공간을 제공하라(독립성, 자율성 보장).
- 항상 논리적이고 객관적으로 정보를 제시하라(단순 나열 No! 구조화한 정보 제시 중요).
- 예리하고 냉철한 비평과 질문이 이어질 것을 예측하라(그러한 흐름을 자연스럽게 받아들일수록 대화 분위기가 좋을 것이다).
- 당신의 제안이 합당한 이유를 거시적인 관점에서 비전, 목적과 연계하여 설명하라(거시적인 목적, 목표와 연관된 전략적 이유).
- 세부적인 지침보다는 일의 목적, 측정 가능한 목표 기준을

전달하고, 실행 방법에 대해서는 스스로 알아서 할 수 있도록 해주는 것이 좋다(독립성, 자율성 보장).

- 칭찬이나 감사의 말을 크게 기대하지 마라. INTJ는 칭찬이나 감사의 표현을 불필요하고 의미 없는 것이라 여기는 경우가 많다(긍정 피드백보다는 잘못을 지적하는 피드백을 더 많이 함). INTJ는 타인뿐 아니라 자신에게도 비판적인 사람이라는 것을 기억하라.

3) 주의할 점(Not to do): 신뢰를 빠르게 잃는 요인 파악하기(F+Se)

- 업무 상황에서 감정적이고 사적인 대화에 초점을 두지 말 것
- 전체적인 맥락의 공유나 논리적인 근거 제시 없이 변화를 요구하지 말 것
- 크게 중요하지 않은 세부사항이나 일상적인 문제에 초점을 두지 말 것
- 업무를 진행하는 방법에 대해 너무 특정하고 세부적인 방식으로 요구하지 말 것
- 단기적이고 즉각적인 상황, 결과만을 강조하지 말 것

당신이 INTJ 유형의 사람이라면

소통의 출발점은 항상 '자기와의 대화'이다. 자기 자신을 존중하고 스스로와 건강하게 대화하는 사람이 타인과의 소통도 잘할 가능성이 훨씬 높다. 지금 이 내용을 읽고 있는 당신이 INTJ라면, 먼저 자기 자신을 건강하게 돌보고 있는지부터 확인하라. 그리고 당신과 함께하는 사람들에게 당신에게 적합한 커뮤니케이션 방법이 무엇인지 적절히 설명할 방법을 생각해보라(함께 이 책을 읽으면서 서로를 존중하는 방법을 찾아가는 것도 좋은 방법이 될 수 있다). 건강한 소통의 출발점은 자신을 이해하고 그것을 건강하게 설명하는 것으로부터 시작된다는 점을 기억하고 꼭 시도해보기 바란다. 어쩌면 생각보다 쉽게 변화의 계기가 만들어질지도 모른다.

가치관, 인성, 태도에 따른 차이를 인식하기

챕터 4에서 이야기했듯이 같은 유형이어도 가치관, 인성, 태도에 따라 큰 차이를 보일 수 있다. 이 세 가지 요인은 성격유형이 발현되는 토양이기 때문이다. 보통 '좋은 사람'이라고 느껴지는 사람은 가치관, 인성, 태도가 좋은 사람이다. MBTI 유형은 그다음 문제다. 같

은 INTJ라 해도 가치관, 인성, 태도가 좋지 않을수록 '자기중심적'으로 성격특징이 나타날 것이다. 반면 가치관, 인성, 태도가 좋을수록 보다 유연하고 열린 태도를 보일 가능성이 높다.

개인 역량의 차이를 고려해야 한다

같은 MBTI 유형이라고 해서 역량까지 똑같은 것은 아니다. 역량은 해당 분야의 지식과 경험, 기술 등의 기반 위에서 나타나는 것이기 때문이다. 또한 성격유형 이외에도 흥미, 적성, 재능, 가치관, 자존감 등 다양한 내적 특성들이 함께 고려되어야 한다.

MBTI를 커뮤니케이션 영역에 사용하려면 가치관, 인성, 태도, 역량 수준 등에 따라 같은 유형 간에도 차이가 있을 수 있다는 점을 인식하는 것이 필요하다. '인성의 문제'를 'MBTI 유형의 문제'로 일반화할 수 있기 때문이다. 무엇보다 인성, 태도가 건강한 사람을 만나야 그 유형의 전형적인 모습을 제대로 경험할 수 있다.

이해와 존중에 집중하기

나와 상대방의 잠재력을 알아보고, 그에 맞는 존중 방법을 함께 찾아나가는 것이 MBTI의 목적임을 꼭 기억하자. 규정과 판단이 아닌 이해와 존중에 집중해보라. 그러한 관점으로 접근하는 것만으로도 많은 차이가 생길 것이다.

사실 MBTI는 16가지 '유형'에 대한 이야기라기보다는 사람을 이해하고 존중하기 위한 16가지 '심리 패턴'에 대한 이야기이다. 사람을 이해하면 이해할수록 성격유형이라는 틀은 점점 더 희미해진다. 유형의 틀보다는 존중의 과정에 더 집중하게 되기 때문이다.

Chapter

20

–

독창적인 분석가
- INTP

효과적인 커뮤니케이션을 위해서는 먼저 상대방을 이해하는 과
정이 선행되어야 한다. 상대방에 대한 이해가 결여된 상태에서 소통
스킬만을 학습하는 것은 오히려 좋지 못한 결과를 초래할 수 있다.
따라서 다음의 3가지 단계를 거쳐서 INTP와의 소통 방법을 설명하
려 한다.

1단계: INTP의 일반적 특징 이해하기

2단계: INTP의 행동 원인이 되는 '마음 설계도' 살펴보기. 이 과
정을 통해 INTP의 스키마(세상을 이해하고 대처하는 틀)와 중
요시 여기는 '가중치 영역'을 이해하기

3단계: 1, 2단계의 정보들을 기반으로 INTP와의 효과적인 소통
법 학습하기

1단계: INTP의 일반적 특징 이해하기

INTP의 별명

• 아이디어 뱅크형

INTP는 관념적이고 이론적인 영역을 논리적으로 손쉽게 분석하는 사람이다. 또한 자신만의 독창적, 분석적인 관점으로 새로운 문제 해결 방식을 잘 고안해낸다. 다만 아이디어 뱅크형이라는 별명에서도 알 수 있듯이 행동하는 것을 선호하지 않는다. 행동을 꼭 필요로 하는 상황이 아니라면, 해결책을 실행에 옮기는 것보다는 해결 방안을 찾는 것에 더 큰 흥미를 느낀다.

• 심리적 아웃사이더

이들은 인간관계보다는 자신의 이론적 관심 분야에 몰두하는 것을 좋아한다. 자기만의 관념세계에 몰입하여 외부세계, 인간관계에는 상대적으로 관심을 덜 기울인다. 이러한 특성은 타인에 무관심한 듯한 모습으로 나타난다.

• 사오정

'날아라 수퍼보드'라는 애니메이션에 나오는 사오정은 가는귀가 먹어서 말귀를 제대로 알아듣지 못한다. 그래서 늘 엉뚱한 이야기를 한다. INTP 역시 자신만의 관심 분야에 몰두하여 상대방의 이야기를 잘 듣지 못할 때가 많다. 그래서 '듣고 싶은 것만 듣는다'라는 핀잔을 듣기도 한다.

• 이론과 사상의 건축가

단지 공상에 빠지는 것이 아니라 자신만의 짜임새 있는 사고체계를 지속적으로 발전시키려 한다. 자신의 관심 분야에 지속적으로 파고들어 자신만의 정교한 논리적 모델로 정립해나가는 것을 선호한다.

• Let it be(내버려둬)

INTP는 매우 독립적인 사람이다. 자신이 관심 있는 분야에 몰두하는 것도 그렇지만, 기본적으로 누군가의 간섭을 받는 것을 좋아하지 않는다. 자신이 원하는 생활방식에 따라 유연하고 자유롭게 살아가기 원한다. 규칙적이고 틀에 얽매이는 것을 매우 싫어한다.

INTP의 장점

• 객관적, 논리적, 분석적인 사람

INTP는 매우 논리적인 사람이다. 논제를 잘 파악하고 문제의 핵심을 손쉽게 분석한다. 일관적이지 않고 논리적이지 않은 것을 빠르게 찾아내며, 상황, 제안, 계획 등의 논리적 오류를 잘 발견해낸다. 자신의 관심 분야라면 복잡한 문제일수록 객관적 비평과 분석을 중심으로 깊게 파고들려고 한다.

• 이론과 추상적인 주제를 잘 다루는 사람

지적 호기심이 많고, 지식 탐구 그 자체를 선호한다. 자신이 관심 있는 분야에 대한 이론이나 도서에 몰입하는 경향이 있다. 또한 이론과 추상적 주제에 대해 논의하는 것을 매우 좋아한다(평소엔 과묵하지만 자신이 관심을 가진 분야에 대해서는 말을 잘한다). 학술, 이론, 공학, 컴퓨터 프로그램, 과학, 건축 등 여러 학문 분야에 INTP가 많은 것은 무척 자연스러운 현상이다.

• 원리 파악을 잘하는 사람

실제 발생하고 있는 문제 자체보다는 문제나 상황이 안고 있는 가능성에 관심이 많다. 어떤 현상이나 아이디어 속에 내재된 중요한 원칙을 찾아내고 분석하려 한다. 장시간의 탐색을 통해 사건과 상황의 원리를 깊이 있게 분석하는 일을 선호한다.

• 창의적이고 독창적으로 문제를 해결하는 사람

INTP는 미래지향적이고 전체 그림을 그리는 사람이다. 전략, 실행 계획 등이 가져올 장기적인 결과를 잘 파악하고 예측한다. 현재 상황에 대한 명확한 분석과 함께 향후의 변화를 위한 청사진을 기획하는 것을 좋아한다. 논리적인 분석, 이론과 원리 파악, 미래지향적인 사고 등이 어우러져 INTP만의 독창적인 문제 해결 방법을 만들어내는 경우가 많다.

- 유연하고 융통성이 있는 사람

틀에 박힌 것을 좋아하지 않는다. 유연하고 융통성이 있는 분위기를 선호하며 자율성이 허용되는 분위기를 좋아한다. 처음에는 다소 거리감이 느껴지고 무관심한 듯한 인상을 줄 수 있지만, 일단 친분이 형성되고 나면 너그럽고 격식 없이 대한다. 권위적, 수직적이지 않으며 자율적이고 유연한 분위기를 잘 조성한다.

INTP의 개선점

- 실행력 미약(이론 중심)

뛰어난 사고력에 비해 실행력이 많이 떨어진다. 그로 인해 좋은 아이디어들이 가시적 성과로 이어지지 못하는 경우가 많다.

- 일상생활과 상식에 약함

관심 분야에서는 매우 날카로운 통찰력과 논리를 내세우지만 그 외의 분야에 대해서는 어리숙한 모습을 보인다. 특히 논리가 결여된 일상적 대화를 매우 힘들어한다. 자신만의 관념과 논리에 빠져 현실적인 상황과 흐름을 간과할 수 있다는 점을 기억할 필요가 있다. 그렇지 않으면 '현실에서의 기본적 의무와 책임을 다하지 않는 이론가'에 머무를 수 있다.

• 정서적 영향을 고려하지 못함

비판적인 표현으로 본의 아니게 상처를 주는 경우가 많다. 자신이 하는 말이 상대에게 어떤 영향을 미칠 것인가에 대한 배려가 필요하다. 기본적으로 정서적 표현을 잘 하지 않는다(인간미가 없어 보임). 또한 독립적인 성격 때문에 연인이나 가족, 함께 일하는 동료들에게 서운함을 주기도 한다(팀 활동 미흡).

2단계: INTP의 '마음 설계도' 이해하기

'유미의 세포들'이라는 웹툰이 있다. 드라마로 실사화될 정도로 인기가 많았던 작품이다. 주인공 유미가 연애를 하면서 일어나는 여러 가지 에피소드가 재미있게 묘사되어 있다. 이 작품이 인기가 많았던 가장 큰 요인 중 하나는 유미의 머릿속 세포들을 의인화했기 때문일 것이다. '유미의 세포들'은 유미의 마음속에서 일어나는 반응들을 뇌세포들의 대화를 통해서 그대로 보여준다. 사랑 세포, 이성 세포, 엉큼 세포, 오지랖 세포, 작가 세포 등 다양한 세포들이 등장하며, 이름에서 알 수 있듯이 각 세포들의 개성과 역할은 모두 다르다. 이 웹툰에는 약 70여 종의 세포들이 등장한다.

이러한 수많은 세포들을 진두지휘하며 컨트롤하는 세포가 있는데, 그 세포를 '프라임(Prime) 세포'라고 한다. 프라임 세포는 그 사람을 대표하는 '정체성 세포'라고 할 수 있다. 주인공 유미의 프라임 세포는 사랑 세포다.

각 사람이 가진 프라임 세포의 종류는 다 다르다. 감성 세포가 프라임 세포인 사람도 있고, 이성 세포가 프라임 세포인 사람도 있다. 프라임 세포의 진두지휘하에 여러 세포들이 상호작용하면서 그 사람만의 독특한 반응으로 나타나게 된다.

INTP의 프라임 세포를 찾아서

INTP의 마음 안에도 '프라임 세포'가 있다. 사실 MBTI는 마음 안에서 일어나는 심리기능 간의 상호작용에 대한 이론이다. 그것을 보다 쉽게 이해할 수 있도록 겉으로 드러나는 행동 위주로 정리해 놓은 것이다. 지금부터 INTP의 성격유형 패턴을 만들어내는 '마음의 설계도'를 들여다보려 한다. INTP의 설계도를 알게 되면 INTP를 더 깊이 있게 이해할 수 있게 된다. INTP의 스키마(세상을 이해하고 대처하는 틀)를 알 수 있기 때문이다. 그럼 지금부터 INTP의 마음속으로 들어가보자.

INTP의 마음 설계도

INTP의 마음 설계도에는 4가지의 심리적 세포들이 등장한다. 이 4가지 심리 세포들이 서로 상호작용을 하면서 하나의 패턴을 만들어내는 것이다.

프라임 세포	보조 세포	어린아이 세포	열등 세포
논리적 분석가	브레인스토머	현실적인 사람	친절한 가이드
Ti	Ne	S	Fe

Ti, Ne, S, Fe는 INTP의 마음 안에서 영향력을 발휘하고 있는 순위라고 생각하면 된다(시각적 효과를 주기 위해 영향력의 순위에 따라 크기를 달리했다). INTP의 프라임 세포는 맨 앞쪽에 자리한 Ti이다. Ti를 중심으로 4가지 기능이 활발하게 역동을 일으키고 있는 것이다.

'유미의 세포들'에서 프라임 세포를 중심으로 세포들의 상호작용이 이루어지듯이, 위의 4가지 심리기능들 역시 Ti를 중심으로 서로 상호작용하고 있다. 그 상호작용의 결과가 INTP의 성격유형 패턴으로 나타나는 것이다.

지금부터는 '유미의 세포들'에서 각 세포를 의인화했던 것처럼, INTP의 심리기능들도 의인화해서 살펴보고자 한다. 웹툰에 나오는 4명의 세포들을 만난다는 느낌으로 읽어보면 좋을 것 같다.

1) INTP의 프라임 세포: Ti(논리적 분석가)

① Ti: 논리적 분석가

Ti는 T+i를 의미한다. T는 논리를 기반으로 의사결정을 하는 심리기능이다(상황과 자신을 분리해서 판단). i는 '내향형'을 표현하는 바로 그 i다. Ti는 이 둘의 의미가 더해졌다고 생각하면 이해하기 쉽다. 말 그대로 Ti는 'T를 내면에서 쓰는 사람'이다. 자신만의 논리체계로 상황을 관찰하고 해석하는 사람의 이미지를 떠올리면 된다(논리적 분석가). 이들은 상황을 조용히 관찰하고 논리를 바탕으로 심사숙고한다. Ti는 인생을 흥미로운 수수께끼로 여긴다. 그러나 좀처럼 자신의 생각을 표현하지는 않는다. 인간관계에 무관심하며 홀로 자신의 관심사에 몰입한 학자와 같은 심리 세포이다. 마치 어떤 것에도 얽매이지 않을 것 같은 초연한 이미지를 가지고 있다. Ti는 상대방의 개인적인 문제에 굳이 얽히고 싶어 하지 않는다. 이들이 말을 많이 할 때는 자신의 관심 분야에 대해 이야기할 때이다.

Ti는 INTP의 '프라임 세포' 역할을 한다. INTP의 마음 안에서 가장 큰 영향력을 행사하고 있으며, INTP 성격의 전체적인 방향을 결정한다. INTP가 가장 신뢰하고, 가치를 두며 의지하는 정신적 세포라고 생각하면 된다. INTP는 Ti를 중심으로 세상을 감지하고 이해한다. **INTP의 '스키마**(세상을 이해하고 대처하는 틀)'**를 이해하고 '가중치를 두는 영역'을 이해하는 데 필수적인 심리기능**인 셈이다.

② Ti: '논리적 분석가'의 특징
  - 이들의 내면에는 논리적인 모델, 틀이 구축되어 있다. 이들은 그러한 틀을 중심으로 정보를 분류하고 체계화한다. 예를 들어 책장에 10권의 책이 꽂혀 있다면 자신의 논리적 틀을 중심으로 '2권은 시사, 3권은 교양, 3권은 상식, 2권은 역사'와 같은 식으로 분류한다.

- 굳이 노력하지 않아도 어떤 주제에 대해 자신만의 논리적 카테고리로 분류하는 것이 자연스럽다. 특히 관심 분야에 대해서는 훨씬 더 복잡하고 정교한 논리체계를 가지고 있다.
- 자신만의 '논리적 틀'을 중심으로 상황을 분석하고 비평한다. 예를 들어 '역사란 고증이다. 추론과 예측은 역사의 주변적인 부분이다'라는 정의를 내렸다면 역사와 관련한 여러 이슈들을 이러한 틀을 기준으로 분석하고 비평한다. 평소에는 과묵하지만 자신의 관심 분야에서는 손쉽게 비평적인 발언들을 쏟아놓는다.
- 자신의 논리적 분류체계를 지속적으로 발달시킨다. 논리적인 분류체계를 세우고 그 안에 데이터를 채워보는 것을 반복하면서 자신만의 정교한 논리적 모델을 만들어나간다.
- 사물이 작동하는 근본적인 원리를 이해하려고 한다. 예를 들어 거울의 원리에 관심을 가지고 있다면 거울을 보면서 왼쪽에 있는 사물이 오른쪽에 있고, 오른쪽에 있는 사물은 왼쪽에 있는 이유를 알아내고자 한다.
- 추리소설 같은 장르를 좋아하는 경우가 많다. 논리적인 분석을 통해 인과관계를 따져보고 유추해보는 과정은 Ti에게 매우 흥미로운 일이다.
- 정밀한 언어를 사용한다. 자신의 논리적 생각을 적절하게 묘

사하기 위해 정확한 단어나 구절을 사용하려고 한다. 정확한 언어로 자신의 논리적 분류체계를 정의하고자 한다. 예를 들어 누군가 "우와, 저것 좀 봐. 붉은 새다"라고 한다면 "저것은 붉은 새가 아니라 북부 홍관조라는 새야"라고 말하는 식이다.

③ INTP의 에너지원: '가중치'를 크게 두는 영역

- Ti는 INTP가 '가장 중시하는' 기능이므로 INTP가 활력을 얻는 '에너지원'으로 작용한다.

- 독립적으로 정보를 수집하고, 분석하고, 해석할 수 있는 업무 환경에서 에너지를 얻는다. 자신만의 시간 계획과 방식으로 일할 수 있기를 원하며, 원하는 프로젝트에 장시간 집중할 수 있는 환경을 선호한다(자율성, 독립성).

- 자신의 논리와 관점을 이해하고 존중하는 동료와 함께 일하는 것을 선호한다(합리적 토론이 가능한 문화). 특히 자신의 논리적 의견이 중요한 결정에 반영되고 그 가치를 인정받을 때 깊은 만족감을 느낀다.

- 유연성, 다양성, 새로운 아이디어, 변화가 허용되는 환경에서 보다 능력을 발휘한다. 자신만의 독특한 관점과 심미적 표현이 가능한 환경을 원하며, 자신만의 특별한 전문성에 대해 존중받을 때 에너지를 얻는다.

④ INTP의 스트레스원: '가중치'가 충족되지 않았을 때

- 반대로 Ti적 요소가 충족되지 않거나 Ti와는 반대되는 역할
  이 요구될 때 이들은 스트레스를 받는다.
- 엄격한 규칙과 규제하에 일할 때 스트레스를 받는다. 특히 그
  모든 과정이 비논리적이고 부당하고 불공정하다고 판단될수
  록 상당히 스트레스를 받는다.
- 무능하다고 생각되는 사람을 관리해야 하거나, 무능한 사람에
  게 관리를 받는 상황을 매우 힘들어한다. 특히 그러한 사람들
  의 업무 결과까지 책임져야 하는 상황에서 매우 큰 스트레스
  를 경험한다.
- 혼자 있는 시간이 너무 적고, 너무 많은 사람과 함께 일해야
  할 때 심리적인 어려움을 느낀다. 특히 외향적인 반응이나 정
  서적 교감을 요구받는 업무 환경을 매우 힘들어한다.

2) INTP의 보조 세포: Ne(브레인스토머)

Ne는 INTP의 프라임 세포인 Ti를 도와서 INTP만의 강점 패턴을
만드는 심리기능이다.

Ne는 N+e를 의미한다. N은 직관을 통해 정보를 인식하는 심리
기능이다. 현실, 사실보다는 아이디어, 이면의 의미, 미래, 패턴 등

에 초점을 둔다. e는 '외향형'을 의미하는 그 e다. 한마디로 Ne는 'N을 외부로 쓰는 사람'이다. 열린 사고방식으로 자유롭게 브레인스토밍을 즐기는 사람의 이미지를 떠올리면 된다(브레인스토머).

Ne는 Ti를 보완하여 미래 가능성, 패턴 등에 초점을 두고 지적 호기심을 자극한다. INTP가 이면의 의미와 연관성을 잘 파악하고 미래지향적인 이유는 '보조 세포'인 Ne 때문이다. 이론과 추상적인 주제를 잘 다루고, 현상 이면의 원리를 파악하며, 창의적이고 독창적인 대안을 잘 제시하는 것 역시 Ne가 Ti를 보완하면서 나타나는 성격 패턴이다.

INTP의 강점 패턴은 'Ti(논리적 분석가)'와 'Ne(브레인스토머)'의 '콜라보레이션'에서 기인된 것이다.

3) INTP의 어린아이 세포: S(현실적인 사람)

S는 INTP의 약점 패턴을 만드는 심리기능이다. '어린아이'처럼 미숙하고 잘 발달하지 못한 심리기능이다.

S는 오감을 통해 정보를 인식하는 현실적, 실용적인 심리기능이다. INTP는 현실적이고 실용적인 것을 고려하는 것에 미숙함을 보일 때가 많으며, 일상적인 현실 감각이 부족하다. INTP가 뛰어난 사고력에 비해 실행력이 많이 떨어지고 일상생활과 상식에 약한 이유

는 S 기능이 내면의 어린아이 세포로 작용하기 때문이다.

4) INTP의 열등 세포: Fe(친절한 가이드)

Fe는 INTP의 가장 큰 약점 패턴을 만드는 심리기능이다. INTP의 프라임 세포인 Ti와 정반대의 기능이다. 가장 미숙하고 발달하지 않은 열등한 심리기능이다.

Fe는 F+e를 의미한다. F는 감정과 관계를 기반으로 의사결정을 하는 심리기능이다(상황을 '개인화'함). e는 '외향형'을 의미하는 그 e다. 한마디로 Fe는 'F를 외부로 쓰는 사람'이다. F를 외부로 사용해서 적극적으로 감정적 교류를 하려는 사람의 이미지를 떠올리면 된다. Fe는 온정, 배려, 관심 등을 외부로 적극적으로 표현한다. 또한 상대방의 감정을 공감하고 지지하는 데 초점을 둔다. 밝고 친근한 표정으로 적극적으로 누군가를 돕고 싶어하는 심리 세포이다(친절한 가이드).

INTP는 정서적인 영향을 잘 고려하지 못한다. 특히 사람들의 감정적 요구에 적절히 반응하는 것에 있어 매우 미숙하다. 냉철한 비판으로 감정적인 상처를 주거나, 가족 또는 주변 동료들과 정서적 교감을 하는 데 있어 큰 약점을 보이는 이유는 Fe가 열등 세포로 활동하기 때문이다.

INTP의 약점 패턴은 'S(현실적인 사람)'와 'Fe(친절한 가이드)'의 '콜라보레이션'에서 기인된 것이다.

INTP의 내면 패턴 기억하기

INTP의 특징은 내면 설계도에서 나오는 하나의 패턴이다. MBTI 이론의 창시자인 심리학자 칼 융은 우리 마음 안에 '설계도'가 있다고 생각했다. 그러한 심리구조로부터 나타나는 일관된 행동 패턴을 정리한 것이 MBTI다. Ti+Ne로부터 INTP의 강점 패턴이 나오고 S+Fe로부터 약점 패턴이 나오게 되는 것이다. 이러한 심리구조를 이해하고 INTP와의 소통 방법을 살펴보면 훨씬 더 이해가 잘될 것이다.

강점 패턴		관념적이고 이론적인 부분에 내적 분석과 비판의 틀을 형성 / 원리 파악, 직관적 통찰력이 탁월함 / 새로운 아이디어에 관심이 많음 / 분석적, 논리적, 객관적 비평을 잘함 / 이해력과 연구력이 탁월함 / 사고 언어의 정밀성, 질을 추구 / 지적 호기심
	Ti (논리적 분석가) + Ne (브레인스토머)	
약점 패턴		팀 활동 미흡 / 대인관계에서도 비판적, 분석적 사고 적용으로 인간미 없어 보임 / 타인의 개인적 관심사를 무시하거나 소홀히 취급하기 쉬움 / 지나치게 추상적이어서 비현실적일 수 있음 / 이론 중심으로 실행력은 미약
	S (현실적인 사람) + Fe (친절한 가이드)	

3단계: INTP와 효과적으로 소통하는 법

'프라임 세포'와 '보조 세포'에 주목하기

INTP가 프라임 세포인 Ti(논리적 분석가), 보조 세포인 Ne(브레인스토머)를 중심으로 '스키마(세상을 이해하고 대처하는 틀)'를 형성하고 있다는 점에 주목하자. 프라임 세포는 INTP가 '가장 신뢰하고 의지하는 심리기능'이다. 이는 '해석의 틀'로 작용한다. 이러한 프라임 세포를 보조 세포인 Ne가 보조하면서 INTP만의 스키마가 형성된다.

또 하나 기억해야 할 포인트는 '프라임 세포'와 '보조 세포'에 큰 '가중치'가 부여된다는 점이다. 즉, Ti(논리적 분석가)와 Ne(브레인스토머)는 INTP가 중요시하고 가치 있게 여기는 심리기능이기 때문에 이 부분이 무시되거나 존중받지 못한다고 느낄 때 심각한 갈등을 야기할 수 있다. 반대로 그러한 부분을 이해받고 존중받는다고 느낄수록 마음의 문을 열 가능성이 높아진다.

'어린아이 세포'와 '열등 세포'는 주의할 점을 알려준다

INTP의 어린아이 세포인 S(현실적인 사람)와 열등 세포인 Fe(친절한 가이드)는 '취약성'과 연관된 심리기능이다. INTP에게 이 세포들은 미숙할 뿐 아니라 '가중치'가 매우 떨어지는 심리기능이다. 이는 커뮤니케이션의 영역에서도 그대로 나타난다. INTP와 S, Fe를 중심으로 대화하면 신뢰를 얻어내기가 어렵다. 예를 들어 당신이 INTP에게 실용적인 부분만을 강조하거나 감정적인 교감을 요구하는 방식으로 대화한다면 좋지 못한 결과로 이어질 가능성이 매우 높다. 기본적으로 S, Fe의 방식으로 이야기하는 것은 INTP의 집중력을 현저히 떨어뜨릴 때가 많다.

'프라임 세포와 보조 세포를 중심으로 대화하는 것'이 주요 포인트라는 사실을 기억하면서 INTP와의 소통법을 살펴보자.

INTP와의 소통법

1) INTP의 일반적 의사소통 스타일(Ti+Ne): 스키마 포인트 / 가중치를 두는 영역 파악하기

- 처음에는 다소 거리감이 느껴지고 인간미가 없어 보일 수 있다. 친해지고 나면 너그럽고 격식 없는 모습을 보여준다.
- 복잡한 문제일수록 더욱 흥미를 보이는 경향이 있다(체계적 사고를 통해 복잡한 모형과 구조를 만들어내는 것을 좋아함).
- 핵심 문제를 요약하고, 통합하여 문제의 근본 원인에 초점을 두고 대화하려 한다.
- 일관적이지 않거나 논리적이지 않은 부분을 지적하며, 약점을 분석하려 한다.
- 장기적 전략, 해결책 등을 개념화하고 정의한 상태에서 일을 시작하려 한다. INTP에게 일의 목적, 정의, 전략 등을 이론적으로 개념화하는 것은 무척 중요하다.
- 자율성과 독립성을 존중받기 원한다. 자신만의 시간 계획과 방식으로 일하는 것을 선호한다.
- 고정관념을 깨는 사고를 즐기며, 시도되지 않았던 방식으로 문제를 해결하는 것을 좋아한다.

2) INTP와의 효과적인 소통 방법(To do): 효과적인 신뢰 구축 방법 이해하기(Ti+Ne)

- 논리와 근거를 분명하게 제시하라.
- 순서도, 체계도와 같은 전체적인 그림을 확인할 수 있는 정보를 제시하라(큰 그림).
- 토론과 논쟁을 할 준비를 하라. 비판과 문제 제기가 있을 것을 예상하라(합리적인 토론의 분위기는 INTP의 마음을 얻기 위한 기본 전제 조건임을 기억하라).
- 정보를 분석하고 통합할 수 있는 시간을 제공하라.
- 독립적, 자율적으로 일할 수 있는 환경을 제공하라(독립성, 자율성).
- 관심 있는 주제를 파악하고, 그에 대해 충분히 이야기할 수 있도록 기회를 주어라(평소엔 조용하지만 자신의 관심 분야가 나오면 말을 많이 할 것이다).
- 논리적인 상호작용이 가능하다면 금상첨화다. 이들은 자신의 논리적인 관점을 이해하고 존중하는 사람들과 관계를 맺고 싶어 한다. 특히 그들의 논리성, 전문성의 가치를 알아본다는 생각이 들면 깊은 대화를 나누려 할 것이다.

3) 주의할 점(Not to do): 신뢰를 빠르게 잃는 요인 파악하기(S+Fe)

- 업무적인 상황에서 감정적, 개인적인 주제로 소통하는 것에 초점을 두지 말 것
- 감정에 호소하는 방식으로 주장을 펼치지 말 것
- 세세하고 현실적인 문제에만 집중하지 말 것(세세한 부분을 얘기할 때는 논리적 흐름과 당위성을 함께 표현하는 것이 좋음)
- 세부사항, 단기적인 의미와 결과에만 초점을 두고 대화하지 말 것(INTP는 큰 그림을 그리고 미래지향적인 아이디어와 도전에 초점을 두는 사람임을 기억하자)
- 이미 큰 그림을 파악했는데도 세부사항을 하나하나 나열하지 말 것. 꼭 필요한 사항이라면 그 필요성을 논리적으로 설명하고 스스로 검토해보도록 할 것
- 감정적 표현이나 인간적인 반응을 억지로 요구하지 말 것(그러한 반응을 억지로 끌어내려 한다는 느낌이 클수록 INTP의 마음은 닫힐 것이다)

당신이 INTP 유형의 사람이라면

소통의 출발점은 항상 '자기와의 대화'이다. 자기 자신을 존중하고 스스로와 건강하게 대화하는 사람이 타인과의 소통도 잘할 가능성이 훨씬 높다. 지금 이 내용을 읽고 있는 당신이 INTP라면, 먼저 자기 자신을 건강하게 돌보고 있는지부터 확인하라. 그리고 당신과 함께하는 사람들에게 당신에게 적합한 커뮤니케이션 방법이 무엇인지 적절히 설명할 방법을 생각해보라(함께 이 책을 읽으면서 서로를 존중하는 방법을 찾아가는 것도 좋은 방법이 될 수 있다). 건강한 소통의 출발점은 자신을 이해하고 그것을 건강하게 설명하는 것으로부터 시작된다는 점을 기억하고 꼭 시도해보기 바란다. 어쩌면 생각보다 쉽게 변화의 계기가 만들어질지도 모른다.

가치관, 인성, 태도에 따른 차이를 인식하기

챕터 4에서 이야기했듯이 같은 유형이어도 가치관, 인성, 태도에 따라 큰 차이를 보일 수 있다. 이 세 가지 요인은 성격유형이 발현되는 토양이기 때문이다. 보통 '좋은 사람'이라고 느껴지는 사람은 가치관, 인성, 태도가 좋은 사람이다. MBTI 유형은 그다음 문제다. 같

은 INTP라 해도 가치관, 인성, 태도가 좋지 않을수록 '자기중심적'
으로 성격특징이 나타날 것이다. 반면 가치관, 인성, 태도가 좋을수
록 보다 유연하고 열린 태도를 보일 가능성이 높다.

개인 역량의 차이를 고려해야 한다

같은 MBTI 유형이라고 해서 역량까지 똑같은 것은 아니다. 역량
은 해당 분야의 지식과 경험, 기술 등의 기반 위에서 나타나는 것이
기 때문이다. 또한 성격유형 이외에도 흥미, 적성, 재능, 가치관, 자
존감 등 다양한 내적 특성들이 함께 고려되어야 한다.

MBTI를 커뮤니케이션 영역에 사용하려면 가치관, 인성, 태도, 역
량 수준 등에 따라 같은 유형 간에도 차이가 있을 수 있다는 점을
인식하는 것이 필요하다. '인성의 문제'를 'MBTI 유형의 문제'로 일반
화할 수 있기 때문이다. 무엇보다 인성, 태도가 건강한 사람을 만나
야 그 유형의 전형적인 모습을 제대로 경험할 수 있다.

이해와 존중에 집중하기

사실 MBTI는 16가지 '유형'에 대한 이야기라기보다는 사람을 이해하고 존중하기 위한 16가지 '심리 패턴'에 대한 이야기이다. 사람을 이해하면 이해할수록 성격유형이라는 틀은 점점 더 희미해진다. 유형의 틀보다는 존중의 과정에 더 집중하게 되기 때문이다.

사랑의 가장 깊은 경지인 '존중'을 향하여

많은 이들이 사랑하는 사람을 아프게 한다. 자녀, 연인, 배우자를 사랑한다고 말하지만 정작 그들을 가장 힘들게 하는 경우가 많다. 왜 그럴까? 사랑하는 대상에 대한 이해가 결여된 상태에서 자신의 방식으로 아껴주려 하기 때문이다. 자신이 사랑하는 대상이 무엇을 진정으로 원하며 어떠한 상태에 있는지를 바로 알지 못하면 그 사랑은 사랑이 아니라 소유와 지배가 될 수 있다. 아무리 열심히 사랑할지라도 대상에 대해 무지하다면 그 사랑은 상대를 힘들고 괴롭게 만들 수 있다.

사랑의 가장 깊은 경지라고 할 수 있는 '존중'의 단계에 이르려면 그 전제가 되는 대상에 대한 '이해'가 필요하다. 이해가 결여된 상태에서 존중을 말하는 것은 어불성설이다. 존중이란 상대방의 존재를 있는 그대로 수용하는 것이기 때문이다. '너는 도대체 왜 그렇게 생겨 먹은 거야?'라고 비난하는 것이 아니라 '그렇게 하는 것이 너의 존재방식이구나'라고 인정할 때 우리는 존중감을 경험하게 된다.

MBTI는 상대의 '존재방식'을 이해할 수 있도록 구체적인 방향을 제시해준다. '성격유형이 다르다'라는 말 속에는 '각 사람마다 가장 편안하고 존중감을 느끼는 존재방식이 있다'라는 사실이 전제되어 있다. 자신의 '존재방식'을 존중받은 사람은 심리적 안정감 속에 성장해나갈 수 있다. 마치 식물이 그 재배 방법에 맞게 존중을 받으면 자연스럽게 성장하듯이 말이다. MBTI가 서로를 이해하고 존중하는 것을 돕기 위해 존재하는 도구라는 사실을 잊지 않도록 하자.

이 책을 덮기 전에 마지막으로 스스로에게 질문을 던져보기 바란다. '나는 나 자신을 진정으로 잘 알고 존중하고 있는가?', '나는 내가 사랑하는 대상에 대해 잘 알고 있는가?'

모쪼록 더 많은 이들이 자기 자신과 자신이 사랑하는 대상을 존중하는 방법을 끊임없이 탐구해가기 바란다. 그 과정에서 이 책이 의미 있는 디딤돌이 될 수 있다면 더 바랄 것이 없겠다.